Yilin Classics

ΠΛΆΤΩΝ

经/典/译/林

Πολιτεία

理想国

[古希腊] 柏拉图 著

张竹明 译

译林出版社

图书在版编目（CIP）数据

理想国 /（古希腊）柏拉图著；张竹明译.— 南京：译林出版社，2021.1（2023.8 重印）
（经典译林）
ISBN 978-7-5447-8520-4

Ⅰ.①理… Ⅱ.①柏… ②张… Ⅲ.①古希腊罗马哲学 Ⅳ.① B502.232

中国版本图书馆 CIP 数据核字（2020）第 244704 号

理想国 ［古希腊］柏拉图/著 张竹明/译

责任编辑 张海波
策划编辑 陈秋实
装帧设计 陈天岷
责任校对 孙玉兰
责任印制 董 虎

原文出版 G. P. Putnam's Sons, 1930
出版发行 译林出版社
地 址 南京市湖南路 1 号 A 楼
邮 箱 yilin@yilin.com
网 址 www.yilin.com
市场热线 025-86633278
排 版 南京展望文化发展有限公司
印 刷 江苏凤凰盐城印刷有限公司
开 本 880 毫米 × 1240 毫米 1/32
印 张 11.5
插 页 4
字 数 346 千
版 次 2021年1月第1版
印 次 2023年8月第11次印刷
书 号 ISBN 978-7-5447-8520-4
定 价 45.00元

柏拉图论正义
——《理想国》导言

《理想国》是一部典型的大综合的著作。哲学、政治、伦理、教育、心理、社会、家庭、宗教、艺术等等,诸多问题结合在一起,你中有我,我中有你,错综复杂。我遇到不少读者,反映这部书不好读。对此,我理解读者的难处主要可能有两点:一是形象的语言讲抽象的理论,二是抓不住全书线索。前一个问题要靠专家们帮助。第二个问题我想在这个版本出版之际尝试着帮助读者理一理头绪,能不能成功,说不准。

据我的理解,《理想国》主要讨论正义问题。包括究竟什么是正义?怎么才能实现正义?

古希腊哲学到苏格拉底发生了历史性的转折。"认识你自己"的口号把哲学从对自然的研究拉向了对人自身的研究。苏格拉底看到人类本质上是思想的动物,他认为人类应当不断地追求智慧、追求真理,并倡导一种获得知识的方法,即提出定义并通过讨论或辩驳对之进行检验。以人为中心,对各种人生问题讨论"××是什么?",就是通过寻找事物的定义弄清楚事物的本质。柏拉图的《理想国》就是通过苏格拉底(作为柏拉图的代言人)和谈话对手们的反复诘难来寻求正义定义的推理过程。

(一) 四种错误的正义观

柏拉图在《理想国》第一卷首先列出四种流行的正义观:(一) 正义就

是有话实说有债照还;(二) 正义是帮助朋友伤害敌人;(三) 正义是强者的利益;(四) 不正义比正义有利,即,正义的人总是吃亏,不正义的人总是得利。柏拉图用苏格拉底式的反诘法,即,苏格拉底提问题,别人回答,经过几个反复之后让对方发现结论完全走到了反面。柏拉图从驳斥错误的观点开始,先破后立,在这里也为后人树立了一种立论的式样。

那么柏拉图是怎么驳斥这四个定义的呢?关于第一个定义,柏拉图指出,如果借了别人的武器,现在那个人疯了,把武器还给他显然是不正义的,对他说真话也是不正义的。关于第二个定义,柏拉图指出,如果“朋友”是坏人,“敌人”是好人,那么,帮助朋友伤害敌人就是不正义的。关于第三个定义,他指出掌权的统治者(强者)有时也会犯错误,制定出对自己不利而对被统治者有利的法规要被统治者执行,正义便变成“弱者的利益”了。关于第四个定义,准确地说,这不是一个定义,是一个命题或主张。这里包括连续的三个内容:(1) 不正义是“算计好”(348D),即,不正义是智慧和善;(2)“不正义比正义强有力”(351A);(3) 因而,不正义的人生活得好,幸福。这是当时的一个社会政治现实。因此柏拉图只能从理论上驳倒它。

关于(1),他从“正义者跟又智慧又善的人同类,而不正义者跟又无知又恶的人同类”,以及“每个人都和同类的人相同”这两个前提推导出结论:“正义的人又智慧又善,不正义的人又无知又恶”(350C)。关于(2),他说不正义不论在国家、军队、家庭或任何团体里所到之处使人们彼此仇恨、互相倾轧,不能一致行动;不正义在个人身上,也起这种作用,使他本人自我分裂、自相矛盾,拿不出主见,不能行动(351D 以下)。所以不正义使人什么事都做不成功,只能造成无力和失败。关于(3),他指出心灵的特有功能是管理、指挥、计划;事物之所以能发挥它特有的功能是由于有它特有的美德;正义是心灵的美德,不正义是心灵的邪恶,心灵失去了美德的不正义者还怎能计划管理得好,怎能有好的生活呢?正义者才能生活得快乐和幸福

(353D—354)。

柏拉图就这样用苏格拉底式问答法推翻了上述四个关于正义的定义。这种问答法有一个名称,叫作“理智助产术”。它是一种消极的辩论法,只能指出别人的错误,不能得到积极的结果。所以在《理想国》第一卷最后,苏格拉底宣布他自己还是“一无所获”。他还是“既不知道什么是正义,也无法知道正义是不是美德,拥有正义的人是痛苦还是快乐”。

柏拉图《理想国》书名希腊文原文意思是“城邦论”,还有一个副标题“论正义,政治的”。都跟城邦政治有关系。但是以上四个定义中准确地说,第一个是“诚实”“信用”,第二个是“义气”,应该属于个人的日常行为范畴。第三个定义和第四个定义才是“政治的”,包含“强者”“弱者”“利益”“幸福”等等,下面正面回答“什么是正义”时这些问题是不能回避的。

(二)国家的正义

柏拉图批驳了四种错误的定义或主张,但正确的主张是什么呢?这要从城邦的起源说起。城邦起源说见于《理想国》第二卷369A—376C。在这里柏拉图说,人活着有多方面的需求,需要粮食、衣服、住房等等。但个人的天赋不同,能力有限,不能单靠自己满足自己的需求,需要分工合作互相帮助。有的种田、有的纺织、有的造屋。各人生产一种产品和别人交换。这样能把工作做得更好,对大家都有好处。这种生产、交换、消费引来许多人的聚居,形成公共居住区,这便是城邦。柏拉图的城邦起源观是社会和国家不分的,这里实际上说的是社会起源。他继续说,由于需求的提高,各种各样的人进来了,厨师、造家具的、做装饰品的、保姆、家庭教师、画家、诗人、医生、放牧的、打猎的、卖苦力的来了。社会发展了,再加上自然繁衍,人口增加了。现在土地不够了,势必要从邻居那里抢一块来,如果邻居也不以已有的土地为满足,势必也要夺取一块别人的土地;这样就要战争了,于是城邦就需要一支军队了。这里要注意的是,战争一出现军队一出现,城邦就发生质变了。战争不但掠夺土地掠夺财富,还掠夺人口,把俘虏变为奴隶。城邦已成为奴隶主镇压奴隶的国家机器了。这才是国家的起源。战争也使自由民内部发生分化,穷人、富人,统治者、被统治者。柏拉图设计的“理想国”里不谈奴隶和奴隶主的关系,因此不涉及国体,只讨论自由民之间的关系,即政体问题。他把自由民划分为生产者、军人和从军人中分化出来的统治者。从城邦的起源看城邦的本质,柏拉图把各种匠人、农民和商人之间的关系看作是分工合作和互相帮助的关系,把生产者、军人和从军人中分化出来的统治者之间的关系也看作一种分工互助的关系。因此柏拉图设计理想的城邦只是为了确立城邦三个等级之间的分工合作互相帮助的关系,以达到全体公民的普遍幸福。

《理想国》433E,柏拉图也提到法律上的正义。法律上的正义是法官在审理有平等权利的公民之间财产案件时秉持的原则,即“每一个人都不拿别人的东西,也不让别人占有自己的东西”。

《理想国》主题是讨论政治上的正义。该书433A有一个明白的表述:“我们在建立我们这个国家的时候,曾经规定下一条总的原则。这条原则就是:必须每个人在国家里执行一种最适合他天赋的职务。”天赋原则要求适合种地的种地,适合做鞋的做鞋。作战勇敢的做军人,有管理能力的担当统治者。三种人各做各的事,这就是正义。433B和434A以下进一步说,正义乃是每个人只做自己的事,“不改做”也“不兼做”别人的事。

他警告说,假定一个木匠做鞋匠的事,或者一个鞋匠做木匠的事,假定他们相互交换工具或地位,甚至假定同一个人企图兼做这两种事,这种互相交换职业对国家不会有很大的危害。但是如果一个人天生是一个手艺人或者一个生意人，但是由于有财富，或者能够控制选举，或者身强力壮，或者有其他这类的有利条件而又受到蛊惑怂恿，企图爬上军人等级，或者一个军人企图爬上他们不配的立法者或护国者等级，或者这几种人相互交换工具和地位，或者同一个人同时执行所有这些职务，这种交换和干涉会意味着国家的毁灭。改做或兼做就是不正义。相反，当生意人、辅助者和护国者这三种人在国家里各做各的事而不相互干扰时，便有了正义，从而也就使国家成为正义的国家了。

政治上的正义是国家的美德，国家的善，它有一种能力，“能使节制、勇敢、智慧这三种美德在城邦里产生，并在它们产生之后一直保护着它们”。

正义的城邦一定是智慧的、勇敢的和节制的。

它是智慧的。因为在这个国家中清清楚楚看到的第一件东西便是智慧美德(428B 以下)。人们可以发现这个国家是有很好的谋划的。而好的谋划这东西显然是一种知识。因为，其所以有好的谋划，乃是由于有知识而不是由于无知。在一个国家里有多种多样的知识。一个国家之所以称为有智慧，不是由于它的木工知识、铜匠的知识或农民的知识，而是由于它具有另外一种知识。这种知识不是用来考虑国中某个特定方面事情的，而只是用来考虑整个国家大事，改进它的对内对外关系的。唯有这种知识才配称为智慧，而能够具有这种知识的人按照自然规律总是最少数。他们是在严格意义下称为护国者的那些统治者。

它是勇敢的。因为在这样建立起来的国家里有勇敢的美德。勇敢之德存在于为保卫正义城邦而上战场打仗的那一部分人中。因为人们可以看到“这部分人无论在什么情形之下都能保持住法律通过教育所建立起来的关于可怕事物——什么样的事情才应当害怕——的信念。所谓‘无论在什么情形之下’的意思，是说他们无论处于苦恼还是快乐中，或处于欲望还是害怕中,都能永远保持这种信念而不抛弃它”。“立法者和护国者挑选战士并给以音乐和体操的教育,也是竭力要达到这个目标,即,要他们像羊毛接受染色一样,最完全地相信并接受城邦的法律,使他们关于可怕事情和另外一些事情的信念都能因为有良好的天性和得到教育培养而牢牢地生根,并且使他们的这种颜色不致被快乐这种对人们的信念具有极强褪色能力的碱水所洗褪,也不致被苦恼、害怕和欲望这些比任何别的碱水褪色能力都强的碱水所洗褪。”这种精神上的能力,这种关于可怕事物和不可怕事物的符合法律精神的正确信念之完全保持就是勇敢。

在这样建立起来的国家里也一定有节制的美德。它首先表现为人“靠理性和正确信念帮助,由人的思考指导着的简单而有分寸的欲望”。这只能在少数人中见到,只能在那些“天分最好且又受过最好教育的人”中间见到。接着表现为“为数众多的下等人的欲望被少数优秀人物的欲望和智慧统治着”。最后在政治上表现为“这个国家的统治者和被统治者,在应当由谁来统治这个问题上具有一致的意见”。

节制的作用和勇敢、智慧的作用不同,勇敢和智慧分别处于国家的不同部分中而使国家成为勇敢的和智慧的。节制不是这样起作用的。它“贯穿全体公民,把最强的、最弱的和中间的(不管是指智慧方面,还是指力量方面,或者还是指人数方面、财富方面,或其他诸如此类的方面)都结合起来,造成和谐,就像贯穿整个音阶,把各种强弱的音符结合起来,产生一支和谐的交响乐一样”。因此可以正确地肯定说,“节制就是天赋优秀的部分和天赋低劣的部分在谁应当统治,谁应当被统治——不管是在国家里还是在个人身上——这个问题上所表现出来的这种一致性和协调”。

“各做各的事”应用于国家已被证明适合作为正义的定义。但这个定义还不能就这么定下来,还要看它能不能适用于个人。柏拉图在法治和德治之间偏向德治,国家的善决定于人心的善,所以要看这个定义用在个人身上是否合适。如果这个定义应用在个人身上也是合适的,那时才能定下来。(434D)不过,在这里柏拉图提前提醒读者,所谓“定下来”,到那时也只是“一定程度上的”,因为现在的论证方法还是不完善的,还要走一条漫长而曲折的路。他暗示这里还离不开“假设”,等到后面作了日喻、线喻、穴喻,应用辩证法,达到善的理念,才能最后证明这个定义的正确。(435D)

(三)个人的正义

为了证明个人的正义也是“各做各的事”,柏拉图从分析心灵的结构着手。他指出,正如城邦有三种人,人的心灵也由三个部分组成:理性、欲望和激情。但这是一个微观世界,眼睛看不见的,需要实验的证明。后人把这叫作“柏拉图的心理学”。

柏拉图举一个事例:一个人感到渴但不想要饮。这表明心灵有两种力量,一个牵引着去饮,另一个阻止。它们彼此不同。一个是人们用以思考推理的,可以称为灵魂的理性部分;另一个是人们用以感觉爱、饿、渴等物欲之骚动的,可以称为心灵的无理性部分或欲望部分,亦即种种满足和快乐的伙伴。

人的心灵还有第三种力量,为证明这一点,柏拉图讲了一个故事。故事说:阿格莱翁之子勒翁提俄斯从比雷埃夫斯进城去,路过北城墙下,发现刑场上躺着几具尸体,他感觉到想要看看但又害怕而嫌恶它们,他暂时耐住了,把头蒙了起来,但终于屈服于欲望的力量,他张大眼睛冲到尸体跟前骂自己的眼睛说:“瞧吧,坏家伙,把这美景瞧个够吧!”这个故事的寓意在于告诉人:愤怒有时作为欲望之外的一个东西和欲望发生冲突。这证明激情(愤怒)是不同于欲望的另一种东西。同样,它也能被证明是不同于理性的另一种东西。人们在小孩身上可以看到:他们差不多一出世就充满了激情,但是有些孩子我们从未看到他们使用理性,而大多数孩子能使用理性则都是很迟很迟以后的事情。

到此可见,在国家里存在的东西在每一个个人的灵魂里也存在着,且数目相同。据此可以立即得到必然的推论:“个人的智慧和国家的智慧是同一智慧,使个人得到智慧之名的东西和使国家得到智慧之名的东西是同一东西。”也可以推论:“个人的勇敢和国家的勇敢是同一勇敢,使个人得到勇敢之名的东西和使国家得到勇敢之名的东西是同一东西。”并且,“在其他所有美德方面个人和国家也都有这种关系”。

“以什么为根据承认国家是正义的,也可以同样的根据承认个人是正义的。”前已证明过国家的正义在于三种人在国家里各做各的事。因此,这里我们可以说:如果一个人自身内的各部分在自身内各起各的作用,那么这个人也是正义的,即也是做他本分的事情的。

理性“既然被假定为个人身上懂得三个部分各自利益,也懂得三个部分共同利益的”,因而是智慧的。它在为整个心灵的利益而谋划着。激情“无论在快乐还是在苦恼中,都保持不忘理性所教给的关于什么应当惧怕什么不应当惧怕的信条”,因而它是勇敢的,它在协助理性。

前面柏拉图主张给年轻人以音乐和体育的教育,现在看来是有道理的。因为音乐和体育协同作用可以使理性和激情得到协调。因为“它们用优雅的言词和良好的教训培养和加强理性,又用和声与韵律使激情变得温和平稳而又文明”。“理性和激情既受到这样的教养、教育并被训练了真正起自己本分的作用,它们就会去领导欲望——它占每个人灵魂的最大部分,并且本性是最贪得财富的——它们就会监视着它,以免它会因充满了所谓的肉体快乐而变大变强不再恪守本分,企图去控制支配那些它所不应该控制支配的部分,从而毁了人的整个生命。”

当人的这三个部分彼此友好和谐,“理性起领导作用,激情和欲望一致赞成由它领导而不反叛”,这样的人就是有节制的正义的人,一个善人。这种人——如果把金银财宝交给他管——是决不会鲸吞盗用的,这样的人也是决不会渎神、偷窃,在私人关系中出卖朋友,在政治生活中背叛祖国的。他也是无论如何都不会不信守誓言或别的协约的。这样的人是决不会染上通奸、不尊敬父母、不履行宗教义务的罪恶的,尽管有别人犯这种罪恶。这一切的原因全在于,他“心灵的各个部分各起各的作用,领导的领导着,被领导的被领导着”。(443B) 到此,正义的定义已经“在根本上”得到证实了。因为国家的大治原本决定于人心。

到此看来,只还剩下一个问题要探讨的了:做正义的事、实践正义、做正义的人(不论是否有人知道他是这样的)有利呢,还是做不正义的人、做不正义的事(只要不受到惩罚和纠正)有利呢?对这个问题,柏拉图的回答是:正如,若身体的本质已坏,虽拥有一切食物和饮料,拥有一切财富和权力,它也被认为是死了。若我们赖以活着的生命要素的本质已遭破坏和灭亡,活着也没有价值了。同样,“正义已坏的人尽管可以做任何别的他想做的事,只是不能摆脱不正义和邪恶,不能赢得正义和善了”。

(四) 三 喻

(504B 以下)柏拉图告诉读者,以上关于国家的正义和个人的正义之定义,虽然已经分别做了解释,证明了国家的正义是国家所由组成的三个等级之间关系的善,个人的正义是心灵的三个组成部分之间关系的善,但这个解释还是不够的,还不能说“在根本上证实了”。原因在于推论中使用了“假设”。假设“善”对于所有的人都是自明的,因此,柏拉图再次提醒读者,“要最完善地认识正义、节制、勇敢、智慧这些美德,需要另走一条更长的曲折的道路,才可以清楚地看得见它们”。下面柏拉图作了三个比喻,日喻、线喻、穴喻,使用辩证法,摆脱了“假设”,达到了善的理念,以善的理念照亮一切,才有可能最透彻地理解正义之类的善。

日 喻

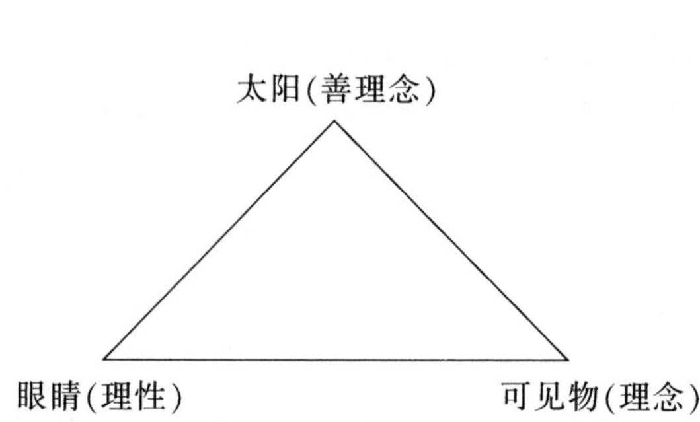

柏拉图根据太阳能使眼睛看见事物和太阳本身的常识,说明善的理念能够使心灵的理性认识事物的理念和善理念,又能够使事物的理念和善理念被理性认识的道理。这就是著名的日喻。

(《理想国》第六卷504D以下)柏拉图把日喻归结为以下几点:

(1) 光是把视觉和可见性连结起来的纽带,天上有一位神,他的光使我们的眼睛能够很好地看见,使事物能够很好地被看见。这个神就是太阳。人所有的器官中眼睛最像太阳。眼睛所具有的能力作为一种射流,取自太阳所放出的射流。因此,太阳一方面不是视觉,另一方面是视觉的原因,又是被视觉所看见的。太阳跟视觉和可见事物的关系,正好像可理知世界里面善的理念跟理性和可理知事物的关系一样。

当事物的颜色不再被白天的阳光所照耀而只被夜晚的微光所照的时

候,你用眼睛去看它们,你的眼睛就会很模糊,差不多像瞎的一样,就好像你的眼睛里根本没有清楚的视觉一样。但是,当你的眼睛朝太阳所照耀的东西看的时候,你的眼睛就会看得很清楚,同是这双眼睛,却显得有了视觉。

(2) 人的心灵就好像眼睛一样。当它注视被真理与实在所照耀的对象时,它便能知道它们了解它们,显得是有了理性。但是,当它转而去看那暗淡的生灭世界时,它便模糊起来了,只有变动不定的意见了,又显得好像是没有理性了。

这个给予知识的对象以真理,给予知识的主体以认识能力的东西,就是善的理念。它乃是知识和认识中的真理的原因。真理和知识都是美的,但善的理念比这两者更美。正如前面的比喻可以把光和视觉看成好像太阳而不就是太阳一样,在这里我们也可以把真理和知识看成好像善,但是不能把它们看成就是善。善是更可敬得多的。

(3) 太阳不仅使看见的对象能被看见,并且还使它们产生、成长和得到营养,虽然太阳本身不是产生。同样,知识的对象不仅从善得到它们的可知性,而且从善得到它们自己的存在和实在,虽然善本身不是实在,而是在地位和能力上都高于实在的东西。所以说,有两个王,一个统治着可知世界,另一个统治着可见世界。

“善的理念是最大的知识问题,关于正义等等的知识只有从它演绎出来的才是有用的有益的。”因此,肩负治国重任的护国者只有在拥有善的理念之后才能清楚地知道正义,监督城邦的政治制度,这个国家才能完全地走上轨道。

线 喻

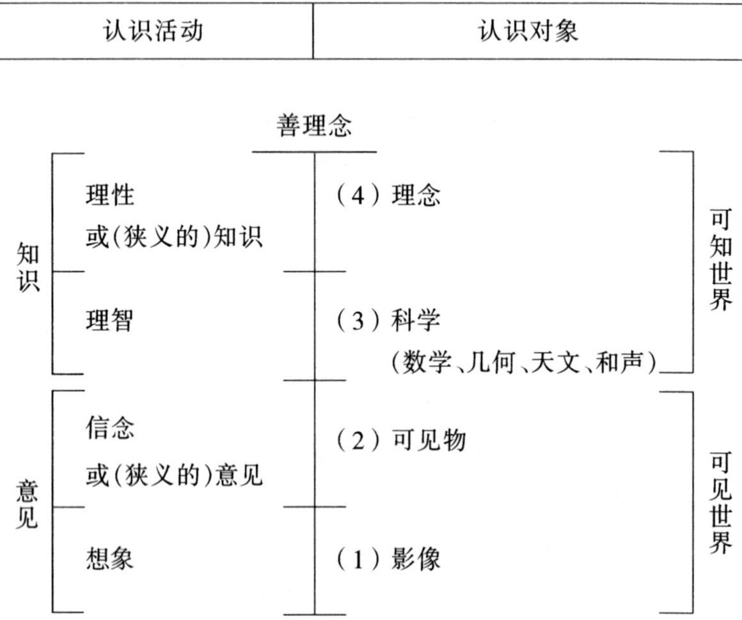

线喻用一根分成四个线段的线来说明认识的四个等级，它的左边是心灵的认识活动，由下向上分别是想象、信念、理智、理性，由下向上也是认识能力的由低到高；它们对应的认识对象也分四个等级：影像、可见物（两者属可见世界）、科学、理念（两者属可知世界），由下向上是真实程度的提高。由想象和信念对可见世界的认识活动产生意见，一般公民只能到达这个水平。由理智和理性对可知世界的认识活动产生知识。其中最重要的是理性对善理念的知识。只有城邦的治理者（哲学王）在受过科学和辩证法教育后才能达到这个水平。

(译文 509D 以下)把四个线段里认识对象和认识活动由低级到高级详细说明如下:

(1) 影像首先是阴影,其次是在水里或平滑固体上反射出来的影子或其他类似的东西。对应的心灵活动是想象。

(2) 可见的实物就是我们周围的动物以及一切自然物和全部人造物。

(3) 科学包括数学、几何、天文学、和声学等。对应的心灵活动是理智。研究几何学、算学以及这一类学问的人,首先要假设偶数与奇数、各种图形、三种角以及其他诸如此类的东西。他们把这些东西看成已知的,看成绝对假设。他们假定关于这些东西是不需要对他们自己或别人作任何说明的,这些东西是任何人都明白的。他们就从这些假设出发,通过首尾一贯的推理最后达到所追求的结论。不过,虽然他们利用各种可见的图形,讨论它们,但是处于他们思考中的实际上并不是这些图形,而是这些图形所摹仿的那些东西,所讨论的并不是他们所画的某个特殊的正方形或对角线等等,而是正方形本身、对角线本身等等。他们实际要求看到的则是只有用思想才能"看到"的那些实在,属于可知的东西一类。这一阶段是由可见世界向可知世界的过渡,由意见向知识的过渡。

(4) 这个线段认识对象是理念和善的理念,相应的心灵活动是理性。在这个线段里,心灵的活动与前一线段里相反,是从假设上升到高于假设的原理,不像在前一线段里那样使用影像,而只用理念,完全用理念来进行研究。可知世界的这一部分是逻各斯本身凭着辩证的力量而达到的那种知识。在这里假设不是被用作原理,而是仅仅被用作假设,即,被用作一定阶段的起点,以便从这个起点一直上升到一个高于假设的世界,上升到绝对原理,并且在达到绝对原理之后,又回过头来把握那些以绝对原理为根据提出来的东西,最后下降到结论。在这过程中不靠任何感性事物,而只使用理念,从一个理念到另一个理念,并且最后归结到理念。

穴　喻

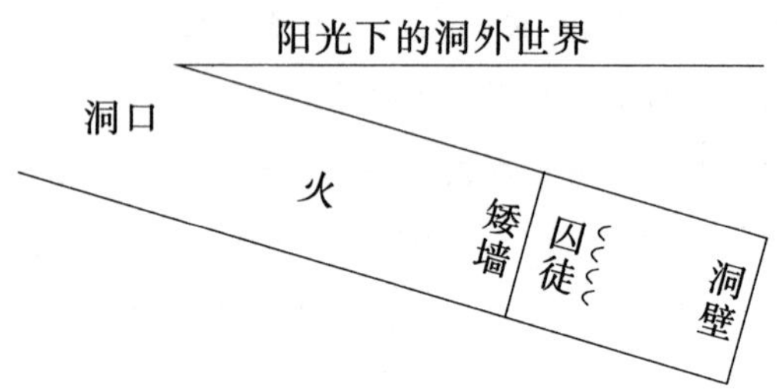

（《理想国》第七卷514A以下）柏拉图把没受过教育的人比作一群从小就住在洞穴的人，面对洞壁，身体被缚着不能走动，头颈被夹住不能转动。身后一带矮墙，墙外常有人走过，手里举着木偶等各种物件。这些人和物被火光照着从墙头映到洞穴最里边的洞壁上，囚徒们像看电影一样地看见洞壁的影像。如果其中一人被解除束缚，被迫站了起来，转身走动，抬头看望火光，他眼睛会感觉痛苦，看不见实物，仍旧逃回影像。如果有人硬拉他走上陡峭崎岖的坡道，走出洞穴来到外面的阳光下，不让他中途退回去，他会眼花缭乱感觉恼火。然后经过一个习惯过程，先看阴影，看水中倒影，再看阳光下的实物；这之后看夜里的天空、星光、月光；最后终于能看太阳本身了。到此他终于能得出结论：他经过艰难曲折的道路所看到的一切的原因原来就是这个太阳。如果我们联系前面的日喻和线喻，就可以知道这个人现在已经认识善的理念了。而整个这一上升过程决定性的是一次转向（被叫作“心灵的转向”）。

穴喻比喻治国者的生活道路。从转向到认识善理念是他的受教育过程，或者说学习过程。看洞壁上的阴影，看火光下的实物，看夜空和夜空中的星光月光，到看太阳本身，经历线喻中的四个阶段，认识善理念了。这是哲学家之路。这时他如果回想当初的穴居、那个时候的智力水平，以及禁锢中的伙伴们，他会庆幸自己的这一变迁而替伙伴们遗憾。理想国的设计者给了他（或他们）比别人更完全更好的教育，既是为了他自己也是为了城邦其他公民。现在他已经看见过美者、正义者和善者的真实，有了参加政治生活的更大的能力。他不应该留恋高处的幸福生活，他得参加管理国家的工作，不辞辛苦，再回到洞穴中去和囚徒们同吃同住。如果他在和囚徒们交谈时贬低洞壁上的影像，称颂洞外的太阳神，囚徒们会骂他传布异说。如果他再释放他们，想要强行把他们带到上面去，他还会被逮住杀掉的。不过，这样的事是不会发生的。柏拉图忘了他们是受过文艺和体育协同训练的，被培养得对敌人凶猛，对自己人温和，他们会用说服的方法达到目的。

（五）教育

《理想国》一书总的思路是这样的：在法治和德治中强调德治，因此作为治国手段在立法和教育之间重视教育的作用，教育的对象在一般公民和统治者之间突出统治者的教育。统治者的教育是决定性的，他们心灵的善决定国家政治的善。教育分三个阶段进行：第一阶段从出生到二十岁，进行文艺和体育教育；第二阶段从二十岁到三十岁，进行科学教育，科目包括数学、几何、天文学、和声学；第三阶段从三十岁到三十五岁，进行辩证法教育。

文艺和体育

文艺和体操属于初等教育，它的对象是全体公民，是三个等级的孩子都要接受的，其目的在于训练和培养心灵。文艺包括故事、音乐、绘画。它们是美的东西，为人们普遍喜爱，有直透心灵的效果。因此治国者要特别注意它监督它，实行文艺审查制度，选择好的诗人写出好的故事。当时流行的文艺都要不得，《荷马史诗》、赫西俄德的《神谱》、悲剧都应该被逐出城邦。因为它们不利于培养公民敬神明、爱祖国、敬父母、爱朋友的美德。文艺不但要注意内容,也要注意形式、声调、节奏。尽量用单一的叙述、单一的声调、单一的节奏。这样有利于培养节制的美德。体育一方面是锻炼健全的体质,另一方面也是为了培养心灵,使心灵的激情在文艺的调节下得到适度的发展。第三等级的孩子限于接受初等教育,主要培养节制美德,有利于在国家生活中接受统治者的统治。

科学教育

统治阶级的孩子受完初等教育,二十岁之后还要继续接受十年的高等教育,学习数学、几何、天文学、和声学。学数学的目的不是为了经商赚钱,而是为了将心灵向上拉,迫使心灵讨论纯数本身,引导心灵达到实在。接受高等教育的孩子学习几何也不是为了实用、为了作图,而是为了迫使心灵转向,去看实在。几何学中占大部分的较为高深的东西确能帮助人较为容易地把握善的理念。接受高等教育者学习天文学也不是为了实用,不是为了农业、航海、观察天体运行,他们"必须把天空的图画只用作帮助我们学习其实在的说明图"。他们必须从中看到"有一种恒常的绝对不变的比例关系存在于日与夜之间,日夜与月或月与年之间……必须凭借纯粹的数和纯粹的图形训练心灵进行抽象思考。还有一门和声学,治国者学习它不是为了去听音,把可听音加以比较,找出最小的音作为单位,不是用耳朵去听,而是用心灵去思考,寻求可闻音之间数的关系,并深入到说明什么样数的关系是和谐的,什么样数的关系是不和谐的,各是为什么"。

他们分别学完了这四种科学之后,必须把研究工作深入到弄清楚它们之间的相互联系和亲缘关系,并且得出总的认识。(531D)他们在学习中虽然都利用可感的数和图形,但是处于他们思考中的实际上并不是这些数和图形,而是它们的理念。这是心灵转向的关键。

辩证法教育

但是,以上各门科学的学习只是为最高的学习,为学习辩证法把握善理念做预备的。因为这些学科都要依赖未经证明的假设，被迫使用可见的数和可见的图形，先要假设各种数各种图形为已知的东西，是自明的。这样虽然对实在也能有“某种”认识，但只是“梦似的看见”，而不是“清醒地看见”实在。因为，“如果前提是不知道的东西，结论和达到结论的中间步骤就也是由不知道的东西组成的。这种情况下结果的一致又怎能变成真正的知识呢？”（533C 以下）所以这种学习还是不够的，必须学习辩证法，不凭借任何可见的数或可见的图形，只凭借理念，从一个理念到另一个理念并且最后归结到理念。即用推理去把握真正永恒不变的实在，绝对的真理，最高的善理念。只有掌握了辩证法、拥有了善理念的哲学家才有能力以善理念为原型，塑造人间的理想国并护卫着它。

结束语

《理想国》的推理过程是一种逆向思维：国家的大治取决于少数精英人物的主导作用；精英人物的主导作用又取决于理性在他们心灵里的主导作用；理性的主导作用又取决于理性对善理念的把握；而善理念的把握又取决于辩证法的学习，归根到底国家的大治取决于正确的教育[①]。在这个大思路中，贬低荷马、赫西俄德，把悲剧诗人逐出城邦，就是不奇怪的了：无非是矫枉过正之辞，强调正确教育的重要性罢了，是不能当真的。

张竹明

2009 年 5 月于南京大钟亭

---

① 治国者必先修身，修身必须受好的教育，从文艺（音乐）、体操到科学，最后是辩证法。

CONTENTS · 目录

第一卷

［苏格拉底：昨天，我跟阿里斯同之子格劳孔一块儿去了比雷埃夫斯 327
港①，向那位女神②献祭，同时看看这里的人是如何举办赛会游行的。因为
他们做这事还是头一遭。我觉得这里居民的赛会搞得很好，不过也并不比
色雷斯人搞的更好。我们做了祭献，看了表演正要回城去。 B

这时，克法洛斯之子玻勒马霍斯从老远看见了，他打发家奴赶上来挽留我们。家奴从后面拽住我的披风说：“玻勒马霍斯请你们等他一下。”

我转过身来问他：“主人在哪儿？”家奴说：“主人在后面，就到。请你们稍等。”格劳孔说：“行，我们就等等吧！”

一会儿的工夫，玻勒马霍斯赶到，同来的有格劳孔的弟弟阿得曼托斯， C
尼客阿斯之子尼克拉托斯，还有另外几个人，显然都是参加过游行下来的。］

玻：苏格拉底，看样子你们要离开这儿回城里去。

苏：你猜得不错。

玻：你一定看见我们是多少人吧？

苏：怎么不看见？

玻：那好！你要么证明比我们强，要么就留在这儿。

苏：不是还有第三种办法吗？即，我们劝你们，说你们应该让我们回去。

玻：要是我们不听，你们有什么办法说服我们？

---

① 在雅典西南七公里的地方，为雅典最重要的港口。

② 此女神系指色雷斯地方的猎神朋迪斯。

格:当然没办法了。

玻:那你们就死了这条心吧!反正我们是不会听的。

328 阿:你们真的不晓得今晚有敬礼女神的火炬赛马吗?

苏:骑在马上?这倒新鲜。是不是人们骑在马背上,将手里的火把一个递给另一个地赛跑?还是指别的什么玩意儿?

玻:就是这个。此外他们还要办庆祝会——值得一看哪!吃过晚饭我
B 们就去逛街,看通宵表演,会会这儿的不少年轻人,好好聊一聊。别走了,就
这么说定了。

格:看来咱们非得留下不可了。

苏:既然你这么说了,咱们就只好这么办了。

[于是,我们去了玻勒马霍斯家,在那里见到他的兄弟吕西阿斯和欧若
得摩,还有卡克冬地方的色拉叙马霍斯,派尼亚地方的哈曼提得斯,阿里斯
托纽摩斯之子克勒托丰。玻勒马霍斯的父亲克法洛斯也在家里。我很久没
有见到他了,他看上去很苍老。他坐在一把带靠垫的椅子上,头上还戴着花
C 圈,因为他刚在院子里做完献祭。

屋里有一圈椅子,我们就在他旁边坐了下来。克法洛斯一看见我,马上就跟我招呼。]

克:亲爱的苏格拉底,你不常上比雷埃夫斯港来看我们,你实在应该来。
假如我身子骨硬朗一点,能松松快快走进城,就用不着你上这儿来,我们会
去看你的。可现在,你应该多上我这儿来呀!我要告诉你,随着对肉体上的
D 享受要求减退下来,我爱上了机智的清谈,而且越来越喜爱。我可是真的求
你多上这儿来,拿这里当自己家一样,跟这些年轻人交游,结成好友。

E 苏:说真的,克法洛斯,我喜欢跟你们上了年纪的人交谈。我把你们看作经过了漫长的人生旅途的老旅客。这条路,我们多半不久也是得踏上的。我应该请教你们:这条路是崎岖坎坷的呢,还是一条康庄坦途呢?克法洛斯,你的年纪已经跨进了诗人所谓的“老年之门”,你认为晚境究竟是痛苦呢还是怎么样?

329 克:我很愿意把我的感想告诉你。亲爱的苏格拉底,我们几个岁数相当的人喜欢常常碰头。正像古话所说的:同声相应,同气相求。大家一碰头就怨天尤人。想起年轻时的种种吃喝玩乐,仿佛失去了至宝似的,总觉得从前

的生活才够味,现在的日子就不值一提啦。有的人抱怨,因为上了年纪,不
受至亲好友的尊重,不胜伤感。他们把年老当成苦的源泉。不过依我看,问
题倒不出在年纪上。要是他们的话是对的,那么我自己以及像我这样年纪 B
的人,就也应该觉得受罪了。可是事实上,我碰到一些人,他们的感觉并非
如此。就拿诗人索福克勒斯来说吧!有一回,我跟他在一起,正好碰上别人
问他:“索福克勒斯,你对于谈情说爱怎么样了,这么大年纪还向女人献殷勤 C
吗?”他回答说:“别提啦!洗手不干啦!谢天谢地,我就像从一个最狠的奴
隶主手里逃出来了似的。”我当时觉得他说得在理,现在更以为然。上了年
纪的确使人清心寡欲。到了清心寡欲,弦不再绷得那么紧的时候,这境界真 D
像索福克勒斯所说的,像是摆脱了许多个凶恶的奴隶主的羁绊似的。苏格
拉底,上面所说的那些跟亲友关系的不和谐,其原因只有一个,不在于人的
年老,而在于人的性格。如果做人中庸适度,心平气和,年老对他们说不上
是多大的痛苦。要不然的话,年轻轻的照样少不了烦恼。

苏:[我听了克法洛斯的话颇为佩服。因为想引起他的谈锋,于是故意
激激他。我说:]亲爱的克法洛斯,我想,大多数人是不会以你的话为然的。E
他们会认为你觉得老年不苦,并不是因为你的性格,而是因为你家财万贯。
他们会说“人有了钱当然有许多安慰”。

克:说得不错。他们不信我的话,也有一点道理。不过,他们言之太过
了。我可以回答他们,像色弥斯托克勒①回答一个塞里福斯人一样。这个 330
塞里福斯人诽谤色弥斯托克勒,说他的成名并不是由于他自己的功绩,而是
由于他是雅典人。他是这样回答的:“如果我是塞里福斯人,我固然不会成
名,但是,要让你是雅典人,你也成不了名。”对于那些叹老嗟贫的人,可以拿
同样这些话来回敬他们。一个规矩人,同时忍受贫困、老年,固然不容易,但
是一个不上规矩的人虽然有钱,到了老年其内心也是得不到满足和宁静的。

苏:克法洛斯啊!你的家产大半是继承来的呢,还是自己挣来的?

克:苏格拉底,就自己挣钱而言,可以说我是介于祖父和父亲之间。我 B
的祖父克法洛斯,继承的财产跟我现有的一样多,经他的手又翻了好几番,

---

① 色弥斯托克勒(约公元前514—前449),雅典著名政治家。希波战争初期他在雅典推行民主改革,使贵族会议的成分发生改变。

而我的父亲吕萨略斯，把这份家产减少到比现在还少。至于我，只要能遗留
给这些儿子的家产，不比我继承的少，还稍微多点儿，就心满意足了。

苏：我看你不像个财迷，所以才这么问问。大凡不亲手挣钱的人，多半
不贪财；亲手挣钱的人比别人有双重的理由爱财。像诗人爱自己写的诗篇，
C 父母爱自己生的儿女一样，挣钱者爱自己的钱财，不单是因为钱有用，而且
还因为钱是他们自己的产品。这种人真讨厌。他们除了赞美钱财而外，别
的什么也不赞美。

克：你说得对。

苏：当然对啰。不过，我还要向你讨教一个问题。据你看有了万贯家财
D 给你带来的最大的好处是什么？

克：这个最大的好处，说出来未必有许多人相信。我对你说，苏格拉底，
当一个人想到自己不久要死的时候，就会产生一种从来不曾有过的害怕和
焦虑。关于地狱的种种传说，什么在阳世作恶，死了到阴间要受报应的各种
故事，以前听了当作无稽之谈，现在心里开始感到不安了——说不定这些都
是真的呢！不管是因为年老体弱，还是因为想到自己一步步逼近另一个世
E 界了，他把这些情景都看得更加清楚了，不管怎么说，他满怀恐惧和疑虑了。
他开始扪心自问，有没有在什么地方害过什么人？如果他发现自己这一辈
子造孽不少，夜里常常会像小孩一样从梦中吓醒，在恐怖中度日。但一个问
331 心无愧的人，美好的希望就会和他同在，也安慰着他的暮年。品达[①]也曾这
么说过。苏格拉底啊，这位诗人说得妙呀。他说，如果一个人一生待人公道
对神虔敬，那么，

引领易变的人心的希望，
就会和他形影不离，
使他一生快乐老来安宁。

这话说得太好了。正因为这样，所以我说，有钱或许很有好处。但我不
B 是说人人如此，只是说的好人。好人有了钱财他就用不着存心作假或不得
已而骗人了。当他要到另一世界去的时候，他也就用不着为亏欠了神的祭
品和人的债务而心惊胆战了。在我看来，有钱固然还有种种别的好处，但比

---

① 品达（约公元前522—前442），希腊最著名的抒情诗人。

较起来，对于一个明白事理的人来说，苏格拉底啊，我上面所讲的好处才是他最大的好处。

苏：克法洛斯，你说得妙极了。不过讲到“正义”嘛，究竟正义是什么 C
呢？难道仅仅有话实说，有债照还就算正义吗？这样做会不会有时是正义的，而有时却不是正义的呢？打个比方吧！譬如说，你有个朋友在头脑清楚的时候，曾经把武器交给你；假如后来他疯了，再跟你要回去；任何人都会说不能还给他。如果竟还给了他，那倒是不正义的。对疯子说实话也是不正义的。

克：你说得对。 D

苏：这么看来，有话实说，拿了人家东西照还这不是正义的定义。

玻勒马霍斯插话说：这就是正义的定义，如果我们相信西蒙尼得[①]的说法的话。

克：好！好！我把这个话题交给他和你了。因为这会儿该我去献祭上供了。

苏：那么，玻勒马霍斯就是你的接班人了，是不是？

克：当然，当然！［说着就带笑地去祭祀了。］

苏：那就接着往下谈吧！辩论的接班人先生，西蒙尼得所说的正义，其 E
定义究竟是什么？

玻：他说“欠债还债就是正义”。我觉得他说得很对。

苏：不错，像西蒙尼得这样大智大慧的人物，可不是随随便便能怀疑的。不过，他说的到底是什么意思，玻勒马霍斯啊，也许你懂得，我可闹不明白。他的意思显然不是我们刚才所说的那个意思——原主头脑不正常，还要把 332
代管的不论什么东西归还给他，尽管代管的东西的确是一种欠债。对吗？

玻：是的。

苏：当原主头脑不正常的时候，无论如何不该还给他，是不是？

玻：真的，不该还他。

苏：这样看来，西蒙尼得所说的“欠债还债就是正义”这句话，是别有所指的。

---

① 西蒙尼得（公元前556—前467），希腊抒情诗人之一。

玻:无疑是别有所指。他认为朋友之间应该与人为善,不应该与人为恶。

B 苏:我明白了。如果双方是朋友,又,如果把钱归还原主,对收还方是有害的,这就不算是还债[1]了。你看,这是不是符合西蒙尼得的意思?

玻:的确是的。

苏:那么,我们欠敌人的要不要归还呢?

玻:应当要还。不过我想敌人对敌人所欠的无非是恶,因为这才是恰当的。

C 苏:西蒙尼得以诗人的方式,对于什么是正义说得含糊不清。他实在的意思看来是说,正义就是还给每个人以合适的东西,这就是他所谓的“还债”。

玻:那么,您以为如何?

苏:天哪!要是有人问他:“西蒙尼得,什么是医术的所谓的‘还债’,给谁给什么为合适?”你看他会怎么回答?

玻:他显然会回答:把药品、食物、饮料给予人的身体。

苏:什么是烹调术所谓的“还债”应给的?给谁给什么合适?

D 玻:把佐料给予肉食。

苏:好。那么请问,把什么还给谁的技艺可以被称作正义呢?

玻:苏格拉底,假如我们说话要前后一致,那么,正义就是“把善给友人,把恶给敌人”。

苏:那么这是西蒙尼得的意思吗:对朋友做好事,对敌人做坏事?

玻:我想是的。

苏:在有人生病的时候,谁最能在疾病和健康方面对朋友做好事,对敌人做坏事?

玻:医生。

E 苏:当航海遇到了风急浪险的时候呢?

玻:舵手。

苏:那么,正义者呢?在什么活动中,做什么事时,最能利友而害敌呢?

---

① 债 ὀφειλόμενον 还有“义务”(应做的事)等引申的含义。

玻:我想是在战争中作盟军的时候。

苏:很好!不过,玻勒马霍斯老兄啊!当人们不害病的时候,医生是无用的。

玻:真的。

苏:当人们不航海的时候,舵手也是无用的。

玻:是的。

苏:那么,不打仗的时候,正义者不也是无用的?

玻:我想绝不是。

苏:那么,正义在和平时也有用,对吗? 333

玻:对。

苏:种田也是有用的,是不是?

玻:是的。

苏:为收获庄稼?

玻:是的。

苏:制鞋术也是有用的。

玻:是的。

苏:为得到鞋子——我想你会这么说。

玻:当然。

苏:那么你说说看,和平时期正义在满足什么需要,获得什么好处上是有用的?

玻:在订合同立契约这些事情上,苏格拉底。

苏:所谓的订合同立契约,你是指合伙关系,还是指别的事?

玻:当然是合伙关系。

苏:下棋的时候,一个好而有用的伙伴,是正义者还是下棋高手? B

玻:下棋高手。

苏:在用砖石造屋的事情上,正义者是不是比瓦匠更好更有用的伙伴呢?

玻:无论如何不是。

苏:正如奏乐的时候,琴师比正义者是较好的伙伴那样,请问,在哪种合伙关系上正义者比琴师是较好的伙伴?

玻:我想,是在金钱的关系上。

苏:玻勒马霍斯,恐怕要把花钱的事除外。比如在要花钱一起买马或卖
C 马时,我想识马者是较好的伙伴。是不是?

玻:显然是的。

苏:在船舶的买卖上,造船匠或者舵手是更好的伙伴,对吗?

玻:恐怕是对的。

苏:那么在合伙用钱上什么时候正义者才是一个较好的伙伴呢?

玻:当你要妥善地保管钱的时候,苏格拉底。

苏:这意思是说,当你不需要用钱,而要保管钱的时候吗?

玻:正是。

苏:这岂不是说,当金钱没用的时候,才是正义有用的时候?

D 玻:好像是这么回事。

苏:当需要保管好整枝的剪刀的时候,正义于公于私都是有用的;但是当你用这剪刀来整枝的时候,就是修剪葡萄枝的技术有用了。

玻:显然是这样。

苏:你也会说,当需要保管盾和琴的时候,正义是有用的,但是使用它们的时候,就是军人和琴师的技术有用了。

玻:当然。

苏:所有别的事物也统统都是这样的吗?——它们有用,正义就无用,它们无用,正义就有用了?

玻:可能是这样的。

E 苏:老兄啊!如果正义仅仅对于无用的东西才是有用的,那么它就没有什么了不起了。还是让我们换个路子来讨论这个问题吧!打斗的时候,无论是拳击,还是别的,是不是最善于攻击的人也最善于防守?

玻:当然。

苏:那么是不是善于预防和避免疾病的人,也最善于造成疾病而不被发现?

玻:我想是这样。

334 苏:又,是不是一个善于防守营地的人,也最善于侦察和偷袭敌人?

玻:当然。

苏:是不是一样东西的好看守,也是这样东西的高明的小偷?

玻:好像是的。

苏:那么,一个正义的人,就是一个既善于保管钱,也善于偷钱的人啰?

玻:按推理可得出这一结论。

苏:那么正义的人,到头来竟是一个小偷!这个想法你恐怕是从荷马那
儿学来的。因为荷马很欣赏地说奥德修斯[①]的外公奥托吕科斯在偷窃和伪 B
誓方面,简直是盖世无双的。所以,照你跟荷马和西蒙尼得的意思,正义似
乎是偷窃一类的事情。不过这种偷窃是为了有益于朋友有害于敌人才干
的,你说的不是这个意思吗?

玻:老天爷啊!不是。我弄得晕头转向了,简直不晓得我刚才说的是什么了。但不管怎么说,我终归还是认为帮助朋友,伤害敌人是正义的。

苏:你所谓的朋友是指那些看上去好的人呢,还是指那些实际上真正 C
好——即使看上去不好——的人呢?你所谓的敌人是指那些看上去坏的人
呢,还是指那些即使看上去不坏,其实是坏的人呢?

玻:那还用说吗?一个人总是爱他认为好的人,而恨那些他认为坏的人。

苏:那么,一般人不会弄错,把许多坏人当成好人,又把许多好人当成坏人吗?

玻:是会有弄错的。

苏:那岂不要把好人当成敌人,拿坏人当成朋友了吗?

玻:无疑会的。

苏:这么一来,帮助坏人,为害好人,岂不是正义了?

玻:好像是的了。 D

苏:可是好人是正义的,是不能干不正义事的呀。

玻:是的。

苏:依你的话推理,伤害不做不正义事的人倒是正义的了?

玻:不!不!苏格拉底,这个推论不可能正确。

苏:那么伤害不正义的人,帮助正义的人,正义吗?

---

① 荷马史诗中的主要英雄之一,《奥德赛》的主人公。

玻:这个说法似乎比刚才的说法好些。

苏:玻勒马霍斯,对于许多不识好歹的人来说,伤害他们的朋友,帮助他们的敌人反而是正义的——因为他们觉得这些朋友是坏人,这些敌人是好
E 人。所以,我们得到的结论就刚好跟我们在前面说西蒙尼得的意思相反了。

玻:真的!结果就变成这样了。还是让我们来改变一下前提吧。恐怕是因为我们没把“朋友”和“敌人”的定义下好。

苏:玻勒马霍斯,定义错在哪儿?

玻:错在把看似好的人当成了朋友。

苏:那现在我们该怎么来重新考虑呢?

玻:我们应该说朋友不是仅看似好的人,而是真正好的人。看起来好,
335 并不真正好的人只能算作表面的朋友,不算作真朋友。关于敌人,理亦如此。

苏:照这个道理说来,好人才是朋友,坏人才是敌人。

玻:是的。

苏:我们原先说的以善报友以恶报敌是正义。讲到这里我们是不是还得加上一个前提,然后说,假如朋友真是好人,当待之以善,假如敌人真是坏人,当待之以恶,这才算是正义?

B 玻:当然。我觉得这样才成为一个好的定义。

苏:别忙,一个正义的人能伤害别的不论什么样的人吗?

玻:当然可以,他应该伤害那些坏的敌人。

苏:拿马来说吧!受过伤的马变得好了呢?还是变坏了?

玻:变坏了。

苏:这是马的德性变坏?还是狗的德性变坏?

玻:马的德性变坏了。

苏:同样道理,狗受了伤,是狗的德性变坏,而不是马的德性变坏,是不是?

玻:那还用说吗!

C 苏:请问朋友,我们是不是可以这样说呢:人受了伤害,是人的德性变坏了?

玻:当然可以这么说。

苏:正义不是人的德性吗?

玻:这是无可否认的。

苏:那么我的朋友啊!人受了伤害便变得更不正义,这也是不能否认的了。

玻:似乎是的。

苏:现在再说,音乐家能用他的音乐技艺使人不懂音乐吗?

玻:不可能。

苏:那么骑手能用他的骑术使人变成更不会骑马吗?

玻:不可能。

苏:那么正义的人能用他的正义使人变得不正义吗?换句话说,好人能 D
用他的美德使人变坏吗?

玻:不可能。

苏:我想致冷不是热的功能,而是和热相反者的功能。

玻:是的。

苏:致潮不是干的功能,而是和干相反者的功能。

玻:当然。

苏:伤害不是好人的功能,而是和好人相反者的功能。

玻:显然是这样。

苏:正义的人是好人吗?

玻:当然是好人。

苏:玻勒马霍斯啊!伤害朋友或任何人不是正义者的功能,而是和正义
者相反的人的功能,是不正义者的功能。 E

玻:苏格拉底,你的话我觉得都对。

苏:如果有人说,正义就是还债给每个人,而他这所谓"还债"就是说伤害是正义的人欠他敌人的,利益是欠他朋友的。那么,我认为说这话的人不是聪明人。因为我们已经辨明,伤害任何人无论如何都是不正义的。

玻:我同意。

苏:如果有人认为这种说法是西蒙尼得,或毕阿斯[1],或皮塔科斯[2],或其他圣贤定下来的主张,那咱们俩就要合起来击鼓而攻之了。

336 玻:我准备参加战斗。

苏:你知道"正义就是助友害敌",这是谁的主张吗?你知道我猜的是谁吗?

玻:谁的?

苏:我想是佩里安得罗,或者佩狄卡,或者泽尔泽斯,或者是忒拜人伊斯梅尼阿,或其他有钱且自以为有势者的主张。

玻:你说得对极了。

苏:很好。既然已经看清这个正义的定义不能成立,谁能另外给下一个定义呢?

B [当我们正谈话的时候,色拉叙马霍斯几次三番想插进来辩论,都让旁边的人给拦住了,因为他们急于要听出个究竟来。等我讲完了上面那些话稍一停顿的时候,他再也忍不住了,他抖擞精神,一个箭步冲上来,好像一只野兽要把我们撕成碎片似的,吓得我和玻勒马霍斯惊慌失措。他对我们大声吼道:]

C 色:苏格拉底,你们刚才对我们瞎扯了些什么,你吹我捧,搅的什么玩意儿?如果你真想知道什么是正义,就不该光是提问题,再以驳倒人家的回答来逞能。你才精哩!你知道提问题总比回答容易。你应该自己来回答,你
D 认为什么是正义。别跟我胡扯什么正义是义务,是还债,或者利益好处,或者什么收获之类的话。你得直截了当地给我说清楚,你到底指的是什么。那些噜苏废话我一概不想听。

[听了他的这番发话,我非常震惊,两眼望着他直觉得害怕。我相信,要
E 不是在他大吼之前我原先就在看着他,猛一下真要让他给吓愣了。幸亏在他对我们的谈话开始发火之前,我就在朝他看,这才能勉强回答他。我战战兢兢地说:]

苏:亲爱的色拉叙马霍斯啊,你可别跟我们过不去呀。如果我跟玻勒马

---

① 公元前6世纪中叶人,希腊"七贤"之一。

② 生年不详,公元前569年卒,希腊"七贤"之一。

霍斯在来回讨论之中出了差错，那可不是我们故意的，请你谅解。如果我们
为了找金子，我们也不会只顾相互吹捧反倒错过了找金子的机会。现在我
们要寻找的正义，比金子的价值更高。我们哪能这么傻，只管彼此讨好而不
去努力搜寻它？朋友啊！你一定得理解，我们是在实心实意地干，只是力不
从心。像你这样聪明的人应该同情我们，可不能苛责我们呀！ 337

［他听了我的话，一阵大笑，然后冷笑地说：］

色：赫拉克勒斯①作证！你使的是有名的苏格拉底式的反诘法。我早就领教过了，也跟这儿的人打过招呼了——你是不愿回答问题的。人家问你问题，你是说什么也不会回答的。

苏：色拉叙马霍斯啊！你是个聪明人。你知道，如果你问人家“十二是
怎么得来的？”同时又对他说：“你呀不准回答是二乘六、三乘四、六乘二，或 B
者四乘三，这些无聊的话我是不听的。”我想你自个儿也清楚，这样问法是没
有人能回答你的。但是，如果他对你说：“色拉叙马霍斯，你这是什么意思？
你不让我回答的我都不能说吗？倘若其中刚巧有一个答案是对的，可敬的
人啊，难道我应该舍弃那个正确答案反而采取一个错的答案来回答吗？你
这不是成心叫人答错么？你到底是什么意思？”那你又该怎么回答人家呢？ C

色：嗯！这两桩事相似吗？

苏：没有理由说它们不相似。就算它们不相似，但被问的人觉得它们相似，你认为他不会依然拿他自己想到的那个答案来回答吗——不管我们禁止不禁止？

色：你真要这样干吗？你定要在我禁止的答案中拿一个来回答我吗？

苏：如果我这么干，这也没什么可大惊小怪的，只要我经过考虑觉得该这么做。

色：行。要是关于正义，我给你来一个与这些都不同而又更好的答案， D
你说你该怎么受罚吧？

苏：除了接受无知之罚外还能有什么别的吗？而受无知之罚我想也就是我向知道的人学习。

色：你这个人很讨喜。不过除了学习你还得罚款。

---

① 希腊古代神话中的英雄。

苏:如果有钱的话我愿受罚。

格:这不成问题。色拉叙马霍斯,罚钱的事你放心。你只管往下讲,钱我们都愿意替苏格拉底付。

E 色:那好吧。不过我肯定这让苏格拉底又好来玩他惯玩的那一套了。他自己避不回答,人家回答了,他又来推翻人家的。

苏:我最亲爱的朋友啊!一个人在这种情况之下,怎么能回答呢?第
338 一,他不知道,而且自己也承认不知道。第二,就算他想说些什么吧,也让一
个有权威的人拿话给堵住了嘴。现在当然请你来讲才更合适。因为你说你
知道,并且有答案。那就请你不要舍不得,对格劳孔和我们这些人多多指
教,我自己当然更是感激不尽。

[当我说到这里,格劳孔和其他的人也都请色拉叙马霍斯给大家讲讲。他本来就跃跃欲试,想露一手,自以为有一个高明的答案。但他又装模作样证明应当由我来讲,最后才让了步。]

B 色:这就是苏格拉底精明的地方,他自己什么也不肯教别人,而到处跟人学,学了以后又连谢谢都不说一声。

苏:色拉叙马霍斯,你说我跟人学习,这倒实实在在是真的;不过,你说
我连谢谢不表示,这可不对。我是尽量表示感谢,只不过因为我一文不名,
只好口头称赞称赞。我是多么乐于称赞一个我认为答复得好的人呀。你一
C 回答我,你自己马上就会知道这一点的;因为我想,你是一定会答得好的。

色:那么,听着!我说正义不是别的,就是强者的利益。——你们干嘛不拍手叫好?当然你们是不愿意的!

苏:我先得明白你的意思,才能表态。可这会儿我还闹不明白。你说对
强者有益就是正义。色拉叙马霍斯啊!你这到底说的是什么意思?总不是
D 这个意思吧:因为浦吕达马斯是运动员,比我们大伙儿都强,吃牛肉对他的
身体有益,所以正义;而我们这些身体比他弱的人吃牛肉益处就小些,正义
性也差些?

色:你真坏!苏格拉底,你成心把水搅浑,使这个辩论受到最大的损害。

苏:绝没有这意思。我的先生,我不过请你把你的意思交代清楚些罢了。

色:难道你不知道统治各个国家的人有的是僭主,有的是平民,有的是

贵族吗?

苏:怎么不知道?

色:每一城邦的统治者就是政府,是不是?

苏:是的。

色:难道不是谁强谁统治吗?每一种政府都制定对统治者自己有利的
法律,平民政府制定民主法律,僭主政府制定僭主法律,依此类推。他们制
定法律明告大家:凡是对政府有利的对百姓就是正义的;谁不遵守,他就有
违法和不正义之名。因此,我最好的朋友,我的意思是,在任何国家里,所谓 339
正义就是已经建立起来的,当时正在掌权的政府的利益。所以唯一合理的
结论应该说:不管在什么地方,正义就是强者的利益。

苏:现在我明白你的意思了。这个意思对不对,我要来研究研究。色拉
叙马霍斯,你自己也已回答了,说正义是利益——虽然你不准我这么回
答——只不过你在"利益"前面加上了"强者的"这几个字。 B

色:你或许认为这几个字不重要。

苏:重要不重要现在还难说。但是明摆着我们应该考虑你说得对不对。须知,说正义是利益,我也赞成。不过,你给加上了"强者的"这几个字,我就不明白了,所以得好好想想。

色:尽管想吧!

苏:我要想想。告诉我,你不是也等于说了,服从统治者是正义的?

色:是的。 C

苏:各国统治者一贯正确呢,还是难免也犯点错误?

色:他们当然也免不了犯错误。

苏:那么,他们立法的时候,会不会有些法立对了,有些法立错了?

色:我想会的。

苏:所谓立对的法是对他们自己有利的,所谓立错了的法是对他们不利的,你说的是不是这个意思?

色:是的。

苏:不管他们立的什么法,被统治者都得遵守,并且这是正义,是不是?

色:当然是。

苏:那么照你这个道理,不但做对强者有利的事是正义的,连做对强者 D

不利的事也是正义的了。

色:你说的什么呀?

苏:我觉得这是你的意思。不过还是让我们更仔细地研究一下吧。当统治者向老百姓发号施令的时候,有时候也会错误地叫老百姓做违背统治者自己利益的事。但他们的无论什么号令老百姓都必须照办,因为这样做是正义的。这点我们不是意见一致的吗?

色:是的。

E 苏:请你再想想:按你自己所承认的,做不利于统治者,即强者的事也是
正义的啦。因为统治者也会无意之中下达对自己有害的命令,而你又说做
统治者命令做的事是正义的。那么,最最智慧的色拉叙马霍斯啊,这个结论
340 不可避免地跟你原来给正义所下的定义恰恰相反了。这明明是弱者受命去
做对强者不利的事情呀。

玻:宙斯作证,苏格拉底,你说得再清楚不过了。

克勒托丰插嘴说:那你不妨为他做个证人。

玻:何必要证人?色拉叙马霍斯自己承认:统治者有时会规定出于己有害的法令;而老百姓照办是正义的。

克勒:玻勒马霍斯啊!色拉叙马霍斯不过是说,做统治者命令做的事是正义的。

B 玻:对,克勒托丰!但同时他还说,正义是强者的利益。承认这两条以后,他又承认:强者有时候会命令弱者——就是被统治者——去做对强者自己不利的事情。照这么看来,正义是强者的利益,也可能是强者的损害。

克勒:所谓强者的利益,是强者自认为对己有利的事;而弱者必须做这些事。这才是色拉叙马霍斯对正义下的定义。

玻:他可没这么说。

C 苏:这没有关系。如果色拉叙马霍斯现在要这么说,我们就权当这是他本来的意思好了。色拉叙马霍斯,你所谓的正义是不是强者心目中所自认为的利益,不管你说没说过,我们能不能讲这是你的意思?

色:绝对不行,你怎么能认为我把一个犯错误的人在他犯错误的时候,称他为强者呢?

苏:我认为你就是这个意思。因为你承认统治者并不是一贯正确,有时

也会犯错误,这就包含了这个意思。

色:苏格拉底,你真是个诡辩家。打个比方,一个人给人治病治错了,你 D
是不是因为他看错了病称他为医生?或如会计师算错了账,你是不是在他
算错了账的时候,因为他算错了账称他为会计师呢?不是的。他们有错误,
我们也称他们为医生、会计,或文法家,这是一种马虎的叫法。实际上,如果
名副其实,他们是不得有错的。严格讲来——你是喜欢严格的——艺术家
也好,手艺人也好,都是不能有错的。须知,知识不够才犯错误。错误到什
么程度,他和自己的称号就不相称到什么程度。工匠、贤哲如此,统治者也 E
是这样。统治者真是统治者的时候,是没有错误的,他总是制定出对自己最 341
有利的法,叫老百姓照办。所以像我一上来就说过的,现在再说还是这句
话——正义乃是强者的利益。

苏:好,色拉叙马霍斯,你认为我辩论起来像一个诡辩者吗?

色:实在像。

苏:在你看来,我问那些问题是故意跟你为难吗?

色:我看透你了,你绝捞不着好处。你休想蒙混哄骗我,也休想在论辩 B
中折服我。

苏:天哪,我岂敢如此。不过,为了避免我们之间再发生这种情况,请你明确地告诉我,当你说弱者维护强者利益的时候,你所说的强者,或统治者,是指马虎意义的呢?还是指你刚才所说的严格意义的?

色:我是指最严格的意义。好,现在任你对我挑毛病使诡辩吧,别心慈手软。不过你会发现无能为力了。

苏:你以为我疯了,居然敢班门弄斧,跟你色拉叙马霍斯诡辩?① C

色:你刚才试过,可是失败了!

苏:够了,不噜苏了。还是请你告诉我:照你所说的最严格的定义,一个医生是挣钱的人,还是治病的人?请记好,我是问的真正的医生?

色:医生是治病的人。

苏:那么舵手呢?真正的舵手是水手领袖呢?还是一个普通的水手?

色:水手领袖。

---

① 色拉叙马霍斯是诡辩派哲学家。

D 苏:我们不用管他是不是正在水上行船,我们并不是因为他在行船叫他
水手的。我们叫他舵手,并不是因为他在船上实行航行,而是因为他有自己
的技术,能领导水手们。

色:这倒是真的。

苏:每种技艺都有自己的利益,是不是?

色:是的。

苏:每一种技艺的天然目的就在于寻求和提供各自的利益,是吗?

色:是的。

苏:每一种技艺的利益除了它本身的尽善尽美而外,还有别的吗?

E 色:你问的什么意思?

苏:好比你问我,身体之为身体就足够了呢,还是尚有求于此外呢?我
会说,当然尚有求于外。这就是发明医术的由来。因为身体终究是有缺陷
的,不能单靠它自身,为了照顾到身体的利益,这才产生了医术,你认为这样
说对不对?

342 色:很对。

苏:还有,是不是医术本身有缺陷呢?或者说,是不是任何技艺都缺某
种德性——正如眼之缺视力,耳之缺听力,因此需要某种技艺考虑对它们提
供视力和听力方面合目的的利益一样?——是不是技艺本身有缺陷,需要
别种技艺来考虑弥补,后者又需要另外的技艺弥补,依次推展以至无穷呢?
B 或者说每种技艺都各求自己的利益?或者说它并不需要自身或其他技艺去
寻求它的利益弥补它?——实际上技艺本身就是完美无缺的。技艺除了寻
求对象的利益以外,不应该去寻求别的任何利益。严格意义上的技艺,是完
全符合自己本质的,完全正确的。你认为是不是这样?——我们都是就你
所谓的严格意义而言的。

色:似乎是这样的。

C 苏:那么,医术所寻求的不是医术自己的利益,而是对人体的利益。

色:是的。

苏:骑术也不是为了骑术本身的利益,而是为了马的利益。技艺不需要别的,任何技艺都不是为它本身的,而只是为它的对象服务的。

色:看来是这样的。

苏:但是,色拉叙马霍斯,技艺是支配它的对象,统治它的对象的。

[色拉叙马霍斯表示同意,但是非常勉强。]

苏:没有一门科学或技艺是只顾到寻求强者的利益而不顾及它所支配
的弱者的利益的。 D

[色拉叙马霍斯开始想辩驳一下,最后还是同意了。]

苏:一个医生当他是医生时,他所谋求的是医生的利益,还是病人的利益?——我们已经同意,一个真正的医生是支配人体的,而不是赚钱的。这点我们是不是一致的?

色:是的。

苏:舵手不是一个普通的水手,而是水手们的支配者,是不是?

色:是的。

苏:这样的舵手或支配者,他要照顾的不是自己的利益,而是他部下水手们的利益。

[色拉叙马霍斯勉强同意。]

苏:色拉叙马霍斯啊!在任何政府里,一个统治者,当他是统治者的时候,他不能只顾自己的利益而不顾属下老百姓的利益,他的一言一行都为了老百姓的利益。

[当我们讨论到这儿,大伙都明白,正义的定义已被颠倒过来了。色拉 343
叙马霍斯不回答,反而问道:]

色:苏格拉底,告诉我,你有奶妈没有?

苏:怪事!该你回答的你不答,怎么岔到这种不相干的问题上来了?

色:因为你淌鼻涕她不管,不帮你擦擦鼻子,尽管你需要;也不教你懂得羊跟牧羊人的区别。

苏:你干嘛说这话?

色:因为在你想象中牧羊或牧牛的人把牛羊喂得又肥又壮只是为牛羊 B
的利益,而不是为他们自己或者他们主人的利益。你更以为各国的统治者
当他们真正是统治者的时候,并不把自己的人民当作上面所说的牛羊;你并
不认为他们日夜操心,是专为他们自己的利益。你离了解正义不正义,正义
的人和不正义的人简直还差十万八千里。因为你居然不了解:正义也好,正 C
义的人也好,反正谁是强者,谁统治,它就为谁效劳,而不是为那些吃苦受罪

的老百姓和受使唤的人效劳。不正义正相反,专为管束那些老实正义的好
人。老百姓给当官的效劳,用自己的效劳来使当官的快活,他们自己却一无
D 所得。头脑简单的苏格拉底啊,难道你不该好好想想吗?正义的人跟不正
义的人交往,总是处处吃亏。先拿做生意来说吧。正义者和不正义者合伙
经营,到分红的时候,从来没见过正义的人多分到一点,他总是少分到一点。
再看对公吧。交税的时候,两个人收入相等,总是正义的人交得多,不正义
E 的人交得少。等到有钱可拿,总是正义的人分文不得,不正义的人来个一扫
而空。要是担任了公职,正义的人就算没有别的损失,他自己私人的事业也
会因为无暇顾及,而弄得一团糟。同时他因为不肯损害公家利益,不肯徇私
枉法也得罪亲朋好友。而不正义的人恰好处处相反。我现在要讲刚才所说
344 的那种有本事捞大油水的人。你如愿弄明白,对于个人不正义比起正义来
是多么的有利这一点,你就去想想这种人。如果举极端的例子,你就更容易
明白了:最不正义的人就最快乐;自己吃亏又不愿意叫人吃亏的人也就最苦
恼。极端的不正义就是僭主的暴政,把别人的东西,不论是神的还是人的,
B 是公家的还是私人的,肆无忌惮巧取豪夺。平常人犯了错误,查出来以后,
不但要受罚,而且名誉扫地,被认为大逆不道,被骂成盗庙贼、强盗、拐子、骗
C 子、扒手。但是那些不仅掠夺人民的钱财,而且剥夺人民的人身自由的人,
不但没有恶名,反而被认为有福。他们统治下的人这么说,所有听到过他们
干那些不正义勾当的人也这么说。一般人之所以谴责不正义,并不是怕做
不正义的事,而是怕吃不正义的亏。所以,苏格拉底,不正义的事只要干得
大,就比正义来得有力、如意、气派。所以像我一上来就说的:正义是强者的
利益,而不正义对一个人自己有好处、有利益。

D [色拉叙马霍斯好像澡堂里的伙计,把大桶的高谈阔论劈头盖脸浇下
来,弄得我们满耳朵都是。他说完之后,打算扬长而去。但是在座的都不答
应,要他留下来为他的主张辩护。我自己也恳求他。]

苏:高明的色拉叙马霍斯啊!承你的情发表了高见。究竟对不对,既没
E 有充分证明,也未经充分反驳,可你就要走了。你以为你说的是件小事吗?
它牵涉到每个人一生的道路问题——究竟做哪种人最有益?

色:你以为我不晓得这事情的重要性吗?

苏:你好像对我们漠不关心。我们由于没有你自称有的那些智慧,在做

人的问题上,不知道怎么做才算好,怎么做算坏,可你对这个一点儿也不放 345
在心上。请你千万开导我们一下,你对我们大家做的好事,将来一定有好报
的。不过,我可以把我自己的意见先告诉你,我可始终没让你说服。即使可
以不加限制,为所欲为把不正义的事做到极点,我还是不相信不正义比正义
有益。我的朋友啊!让人家去多行不义,让人家去用骗术或强权干坏事吧。
我可始终不信这样比正义有利。也许不光是我一个人这样想,在座恐怕也
有同意的。请你行行好事,开导开导我们,给我们充分证明:正义比不正义
有益的想法确实是错的。 B

色:你叫我怎么来说服你?我说的话你一句也听不进去。你让我还有
什么办法?难道要我把这个道理塞进你的脑袋里去不成?

苏:哎哟,不,不。不过,已经说过了的话请你不要更改。如果要更改,
也请你正大光明地讲出来,可不要偷梁换柱地欺骗蒙混我们。色拉叙马霍
斯,现在回想一下刚才的辩论,开头你对真正的医生下过定义,但是后来,你 C
对牧羊人却认为没有必要下个严格的定义。你觉得只要把羊喂饱,就算是
牧羊人,并不要为羊群着想,他像个好吃鬼一样,一心只想到羊肉的美味,或
者像贩子一样,想的只是在羊身上赚钱。不过我认为,牧羊的技术当然在于 D
尽善尽美地使羊群得到利益,因为技艺本身的完美,就在于名副其实地提供
最完美的利益。我想我们也有必要承认同样的道理,那就是任何统治者当
他真是统治者的时候,不论他照管的是公事还是私事,他总是要为受他照管 E
的人着想的。你以为那些真正治理城邦的人,都很乐意干这种差事吗?

色:不乐意干。这点我知道。

苏:色拉叙马霍斯,这是为什么?你注意到没有,一般人都不愿意担任
管理职务?他们要求报酬。理由是:他们任公职是为被统治者的利益,而不
是为他们自己的利益。且请你回答我这个问题:各种技艺彼此不同,是不是 346
因为它们各有独特的功能?我高明的朋友,请你可不要讲违心的话呀,否则
我们就没法往下辩论了。

色:是的,分别就在这里。

苏:是不是它们各给了我们特殊的,而不是一样的利益,比如医术给我们健康,航海术使我们航程安全等等?

色:当然是的。

B 苏:是不是挣钱技术给我们钱?因为这是挣钱技术的功能。能不能说医术和航海术是同样的技术?如果照你提议的,严格地讲,一个舵手由于航海而身体健康了,是不是可以把他的航海术叫做医术呢?

色:当然不行。

苏:假如一个人在赚钱的过程中,身体变健康了,我想你也不会把赚钱的技术叫做医术的。

色:当然不会。

苏:如果一个人行医得到了报酬,你会不会把此人的医术称为挣钱技术呢?

C 色:不会的。

苏:行。我们不是已经取得了一致意见吗:每种技艺的利益都是特殊的?

色:是的。

苏:如果有一种利益是所有的匠人大家都享受的,那显然是因为大家运用了一种同样的而不是他们各自特有的技术。

色:好像是这样的。

苏:我们因此可以说匠人之得到报酬,是从他们在运用了自己特有的技术以外又运用了一种挣钱之术而得来的。

[色拉叙马霍斯勉强同意。]

D 苏:既然得到报酬的这种利益,并不是来自他本职的技术,严格地讲,就是:医术产生健康,而挣钱之术产生了报酬,其他各行各业莫不如此,——每种技艺尽其本职,使受照管的对象得到利益。但是如果匠人得不到报酬,他能从自己的本职技术得到利益吗?

色:看来不能。

E 苏:那么工作而得不到报酬,那对他自己不是确实没有利益吗?

色:的确没有利益。

苏:色拉叙马霍斯,事情到此清楚了。没有一种技艺或统治术,是为它
本身的利益的,而是像我们已经讲过的,一切营运部署都是为了对象,求取
对象(弱者)的利益,而不是求取强者的利益。所以我刚才说,没有人甘愿
347 充当一个治人者去揽人家的是非。做了统治者,他就要报酬,因为在治理技

术范围内,他拿出自己全部能力努力工作,都不是为自己,而是为所治理的对象。所以要人家愿意担任这种工作,就该给报酬,或者给名,或者给利;如果他不愿意干,就给予惩罚。

格劳孔:苏格拉底,你这说的什么意思?名和利两种报酬我懂得,可你拿惩罚也当一种报酬,我可弄不明白。

苏:你难道不懂得这种报酬可以使最优秀的人来当领导吗?你难道不 B
晓得贪图名利被视为可耻,事实上也的确可耻吗?

格:我晓得。

苏:因此,好人就不肯为名为利来当官。他们不肯为了职务公开拿钱被
人当佣人看待,更不肯假公济私,暗中舞弊,被人当作小偷。名誉也不能动
其心,因为他们并没有野心。于是要他们愿意当官就只得用惩罚来强制了。C
这就怪不得大家看不起那些没有受到强迫,就自己想要当官的人。但最大
的惩罚还是你不去管人,却让比你坏的人来管你了。我想象,好人怕这个惩
罚,所以勉强出来。他们不是为了自己的荣华富贵,而是迫不得已,实在找 D
不到比他们更好的或同样好的人来担当这个责任。假如全国都是好人,大
家会争着不当官,像现在大家争着要当官一样热烈。那时候才会看得出来,
一个真正的治国者追求的不是他自己的利益,而是老百姓的利益。所以有
识之士宁可受人之惠,也不愿多管闲事加惠于人。因此我绝对不能同意色
拉叙马霍斯那个“正义是强者的利益”的说法。关于这个问题,我们以后再 E
谈。不过他所说的,不正义的人生活总比正义的人过得好,在我看来,这倒
是一个比较严重的问题。格劳孔,你究竟站在哪一边,你觉得哪一边的话更
有道理?

格:我觉得正义的人生活得比较有益。

苏:你刚才有没有听到色拉叙马霍斯说的关于不正义者的种种益处? 348

格:我听到了,不过我不信。

苏:那么我们要不要另外想个办法来说服他,让他相信他的说法是错的。

格:当然要。

苏:如果在他说完了之后,由我们来照他的样子,正面提出主张,叙述正
义的好处,让他回答,我们来驳辩,然后两方面都把所说的好处各自汇总起 B

来,做一个总的比较,这样就势必要一个公证人来做裁判;不过如果像我们刚才那样讨论,采用彼此互相承认的办法,那我们自己就既是辩护人又当公证人了。

格:一点不错。

苏:你喜欢哪一种方法?

格:第二种。

苏:那么色拉叙马霍斯,请你从头回答我。你不是说极端的不正义比极端的正义有利吗?

C 色:我的确说过,并且我还说明过理由。

苏:你对于这个问题的看法究竟怎样?你或许认为正义与不正义是一善一恶吧!

色:当然。

苏:正义是善,不正义是恶?

色:我的朋友,你真是一副好心肠。像我这样主张不正义有利,而正义有害的人,能说这种话吗?

苏:那你怎么说呢?

色:刚刚相反。

苏:你说正义是恶吗?

色:不,我认为正义是高贵是天性善。

D 苏:那么你说不正义是天性恶吗?

色:不是。我说它是算计的善。

苏:色拉叙马霍斯,你真的认为不正义者是既聪明又善吗?

色:当然是的。至少那些能够征服许多城邦许多人民的极端不正义者是如此。你或许以为我所说的不正义者指的是一些偷鸡摸狗之徒。不过即便是小偷小摸之徒吧,只要不被逮住,也自有其利益,虽然不能跟我刚才讲的窃国僭主相比。

E 苏:我想我并没有误会你的意思。不过你把不正义归在美德与智慧这一类,把正义归在相反的一类,我不能不表示惊讶。

色:我的确是这样归类的。

苏:我的朋友,你说得这样死,不留回旋的余地,叫人家怎么跟你说呢?

如果你在断言不正义有利的同时，能像别人一样承认它是一种恶一种不道德，我们按照常理还能往下谈；但是现在很清楚，你想主张不正义是美名和强有力；我们一向归之于正义的所有属性你要将它们归之于不正义。你真 349
胆大包天，竟然把不正义归到道德和智慧一类了。

色：你的感觉真是敏锐得了不起。

苏：你怎么说都行。只要我觉得你说的是由衷之言，我决不畏缩、躲避，我决定继续思索，继续辩论下去。色拉叙马霍斯，我看你现在的确不是在开玩笑，而是在亮出自己的真思想。

色：这是不是我的真思想，与你有什么相干？你能推翻这个说法吗？

苏：是与我不相干。不过你肯不肯再回答我一个问题：你认为一个正义 B
者会不会想胜过别个正义者？

色：当然不会。否则他就不是现在的这个文雅的好好先生了。

苏：他会不会想胜过别的正义行为？

色：也不会。

苏：他会不会认为应该胜过不正义的人，会不会认为这是正义的事？

色：会的，不过他不会成功的。

苏：成不成功不是我要问的。我要问的是，一个正义的人认为不应该也 C
不想胜过别的正义者，但是他想胜过不正义者，是不是？

色：是这样的。

苏：那么不正义者又怎么样呢？他想不想胜过正义的人和正义的事呢？

色：当然想。须知他是无论什么都想胜过的。

苏：他要不要求胜过别的不正义的人和事，并且在一切事情中力争使自己得益最大化？

色：要求的。

苏：那么我们就可以这样说了：正义者不要求胜过同类，而要求胜过异类。至于不正义者则对同类异类都要求胜过。

色：说得对极了。 D

苏：但是不正义者又智慧又善，正义者正好相反。

色：这也说得对。

苏：那么，不正义者与又智慧又善的人相类，正义者则和他们不相类，是不是?

色:当然是的。相同的人相类,不同的人不相类。

苏:好,那么每个人都属于与其相同的一类,是吗?

色:怎么不是?

苏:很好!色拉叙马霍斯,你能说有的人是“懂音乐的”,有的人是“不
E 懂音乐的”吗?

色:能说。

苏:哪个是“智慧的”,哪个是“不智慧的”呢?

色:“懂音乐的”那个当然是“智慧的”,“不懂音乐的”那个当然是“不智慧的”。

苏:你能说一个人在他智慧之处是善的,在他不智慧之处是恶的吗?

色:能说。

苏:关于医生也能这么说吗?

色:能。

苏:我的好朋友,你认为一个音乐家在调弦定音的时候,会想要在琴弦的松紧方面胜过,或者认为应该胜过别的音乐家吗?

色:我不认为。

苏:他想要胜过一个不是音乐家的人吗?

色:必定的。

350 苏:医生怎么样?在给病人规定饮食方面,他想要胜过别的医生及其医务吗?

色:一定不要。

苏:但是他想胜过一个不是医生的人吗?

色:当然想。

苏:让我们来概括地讨论一切的知识和无知吧。你认为一个有知识的人,想要在所言所行方面胜过别的有知识的人呢,还是想要和别的有知识的人所言所行在同样的情况下彼此相似呢?

色:势必想要相似。

B 苏:无知识的人怎么样?他想一样地既胜过有知识的人又胜过无知识的人吗?

色:恐怕想的。

苏:有知识的人智慧吗?

色:智慧。

苏:智慧的人善吗?

色:善。

苏:一个又智慧又善的人,不愿胜过和自己同类的人,但愿胜过跟自己不同类的和相反的人,是不是?

色:大概是的。

苏:但是一个又恶又无知的人反倒对同类和不同类的人都想胜过,是不是?

色:显然是的。

苏:色拉叙马霍斯,你不是讲过不正义的人同时想要胜过同类和不同类的人吗?

色:我讲过。

苏:你不是也讲过,正义的人不愿胜过同类而只愿胜过不同类的人吗? C

色:是的。

苏:那么正义者跟又智慧又善的人同类,而不正义的人跟又无知又恶的人同类,是不是?

色:看来是的。

苏:我们不是还同意过,每个人都和同类的人相同吗?

色:同意过。

苏:那么我们明白了——正义的人又智慧又善,不正义的人又无知又恶。

[色拉叙马霍斯承认以上的话可并不像我现在写的这么容易,他非常
勉强,一再顽抗。当时正值盛暑,他大汗淋漓浑身湿透,我从来没有看见他 D
脸这么红过。我们同意正义是智慧与善,不正义是无知和恶以后,我就接着
往下讲了。]

苏:这点算解决了。不过我们还说过,不正义是强有力。色拉叙马霍斯,你还记得吗?

色:我还记得。可我并不满意你的说法。我有我自己的看法。但是我

E 说了出来，肯定你要讲我大放厥词。所以现在要么让我说我想说的，要么由
你来问——如果你想问的话。——但是不管你讲什么，我都说“好，好”，一
面点点头或摇摇头，就像我们敷衍说故事的老太婆一样。

苏：你不赞成的不要勉强同意。

色：你既然真的不让我讲话，就一切听你的高兴了，你还想要什么？

苏：不要什么了，真的。既然你要这么干，就这么干吧，那我就来提问题啦。

色：问吧。

苏：那我就来重复一下前面提过的问题，以便我们可以接下去继续研
351 究，和正义相比不正义的性质是什么的问题。前面说过不正义比正义强有
力，但是现在既然已经证明正义是智慧与善，而不正义是无知。那么，显而
易见，谁都能看出来，正义比不正义更强更有力。不过我不愿意就此马虎了
B 事，我要这样问：你承不承认，世上有不讲正义的城邦，用很不正义的手段去
征服别的城邦，居然把许多城邦都置于自己的奴役之下这种事情呢？

色：当然承认。尤其是至善的也就是不正义得最彻底的城邦最容易做这种事情。

苏：我懂了，这是你的说法。不过我所要考虑的乃是，这个国家征服别的国家，它的力量靠的是不正义呢，还是正义呢？

C 色：如果你刚才那个“正义是智慧”的说法不错，靠的是正义。如果我
的说法不错，那么靠的是不正义。

苏：色拉叙马霍斯，我很高兴，你不光是点头摇头，而且还给了我极好的回答。

色：为的是让你高兴。

苏：我非常领情，还想请你再让我高兴一下，答复我这个问题：一个城邦，或者一支军队，或者一伙盗贼，或者任何集团，想要共同做违背正义的事，如果彼此相处毫无正义，你看会成功吗？

D 色：肯定不成。

苏：如果他们不以不正义相处，结果会好一点吗？

色：当然。

苏：色拉叙马霍斯，这是因为不正义使得他们分裂、仇恨、争斗，而正义

使他们友好、和谐，是不是？

色：姑且这么说吧！我不愿意跟你为难。

苏：不胜感激之至。不过请你告诉我，如果不正义能到处造成仇恨，那么不管在自由人之间，还是在奴隶之间，不正义是不是会使他们彼此仇恨，互相倾轧，不能一致行动呢？

色：当然！

苏：如果两个人之间存在不正义，他们不是要吵架，反目成仇，并且都成 E
为正义者的敌人吗？

色：会的。

苏：我的高明的朋友啊！如果不正义发生在一个人身上，你以为这种不正义的能力会丧失呢，还是会照样保存呢？

色：就算照样保存吧！

苏：可以看出，不正义有这么一种力量：不论在国家、家庭、军队或者任
何团体里面，它一出现，首先使人们不能一致行动，其次使人们自己彼此为 352
敌，并且也跟所有正义的人们为敌，是不是？

色：确实是的。

苏：我想，不正义存在于个人同样会发挥它的全部本能：首先，使他本人自我分裂，自相矛盾，拿不出主见，不能行动；其次使他和自己为敌，并和正义者为敌，是不是？

色：是的。

苏：我的朋友啊！诸神是正义的吗？

色：就算是的吧。

苏：色拉叙马霍斯，那么不义者为诸神之敌，正义者为诸神之友。 B

色：高谈阔论，听你的便。我不来反对你，使大家扫兴。

苏：好事做到底，请你像刚才一样继续回答我吧！我们看到正义的人的
确更智慧更善，能干成点事，而不正义的人根本不能合作。当我们说不正义
者可以有坚强一致的行动，我们实在说得不完全对。因为他们要是绝对违 C
反正义，结果非内讧不可。可见，他们之所以能残害敌人，而不至于自相残杀，还是因为他们之间多少还有点正义。就凭这么一点儿正义，才使他们做事好歹有点成果；而他们之间的不正义对他们的作恶也有相当的妨碍。因

D 为绝对不正义的真正坏人,也就绝对做不出任何事情来。这就是我的看法,跟你原来所说的不同。

我们现在再来讨论另一个问题,就是当初提出来的那个“正义者是否比不正义者生活过得好,过得快乐”的问题。根据我们讲过的话,答案是显而易见的。不过我们应该慎重考虑,这并不是一件小事,而是一个人该怎样采取正当的方式来生活的大事。

色:请吧!

苏:我正在考虑,请你告诉我,马有马的功能吗?

E 色:有。

苏:所谓马的功能,或者任何事物的功能,就是非它不能做,非它做不好的一种特有的能力。可不可以这样说?

色:我不懂。

苏:那么听着:你不用眼睛能看吗?

色:当然不能。

苏:你不用耳朵能听吗?

色:不能。

苏:那么,看和听是眼和耳的功能,我们可以这样说吗?

色:当然可以。

353 苏:我们能不能用短刀或凿子或其他工具去剪葡萄藤?

色:有什么不可以?

苏:不过据我看,总不及用专门为整枝用的剪刀来得便当。

色:真的。

苏:那么我们要不要说,修葡萄枝是剪刀的功能?

色:要。

苏:我想你现在更加明白我刚才为什么要问这个问题了:一个事物的功能是否就是那个事物特有的能力。

B 色:我懂了,我赞成这个说法。

苏:很好。你是不是认为每一事物,凡有一种功能,必有一种特定的美德?举刚才的例子来讲,我们说眼睛有一种功能,是不是?

色:是的。

苏:那么眼睛有一种美德吗?

色:有。

苏:耳朵是不是有一种功能?

色:是的。

苏:也有一种美德吗?

色:有。

苏:不论什么事物都能这么说吗?

色:可以。

苏:那么我问你:如果眼睛没有它特有的美德,只有它特有的缺陷,那么眼睛能发挥它的功能吗? C

色:怎么能呢? 恐怕你的意思是指看不见,而不是指看得见。

苏:广义的美德,我们现在不讨论。我的问题是:事物之所以能发挥它的功能,是不是由于它有特有的美德;之所以不能发挥它的功能,是不是由于有特有的缺陷?

色:你说得对。

苏:如果耳朵失掉它特有的美德,就不能发挥耳朵的功能了,是不是?

色:是的。

苏:这个说法可以应用到其他的事物吗? D

色:我想可以。

苏:那么再考虑一点:人的心灵有没有一种非它不行的特有功能,譬如管理、指挥、计划等等? 除心灵而外,我们不能把管理等等作为其他任何事物的特有功能吧?

色:当然。

苏:还有,生命呢? 我们能说它是心灵的功能吗?

色:绝对能。

苏:心灵也有它特有的美德吗?

色:有。

苏:那么,色拉叙马霍斯,如果心灵失去了特有的美德,能不能很好地发 E
挥心灵的功能?

色:不能。

苏:坏心灵的统治管理一定坏,好心灵的统治管理一定好,是不是?

色:必定是的。

苏:我们不是已经一致认为:正义是心灵的美德,不正义是心灵的邪恶吗?

色:是的。

苏:那么正义的心灵、正义的人生活得好,不正义的人生活得坏,是不是?

色:照你这么推理,显得是的。

354 苏:生活得好的人必定快乐,幸福;生活得不好的人,必定相反。

色:诚然。

苏:所以正义者是快乐的,不正义者是痛苦的。

色:姑且这样说吧!

苏:但是痛苦不是利益,快乐才是利益。

色:是的。

苏:高明的色拉叙马霍斯啊!那么不正义绝对不会比正义更有利了。

色:苏格拉底呀!你就把这个当作朋迪斯节的盛宴吧!

苏:我得感谢你,色拉叙马霍斯,因为你已经不再发火不再使我难堪了。不过你说的这顿盛宴我并没有好好享受——这要怪我自己,与你无关——
B 我很像那些馋鬼一样,面前的菜还没有好好品味,又抢着去尝新端上来的菜了。我们离开了原来讨论的目标,对于什么是正义,还没有得出结论,我们就又去考虑它是邪恶与无知呢,还是智慧与美德的问题了;接着"不正义比正义更有利"的问题又突然发生。我情不自禁又探索了一番。现在到头来,
C 在这场讨论中我是一无所获。因为我既然不知道什么是正义,也就无法知道正义是不是一种美德,也就无法知道拥有正义的人是痛苦还是快乐。

第二卷

［苏:我说了那么些话,原以为该说的都说了。谁知这不过才是个开场 357
白！格劳孔素来执着,而又猛烈过人。他对色拉叙马霍斯的那么容易认输颇不以为然。他说:］

格:苏格拉底,你说无论如何正义总比不正义好,你是真心实意想说服
我们呢,还是不过装着要说服我们呢? B

苏:让我自己选择的话,我要说我是真心实意想要这么做的。

格:你光这么想,可没这么做。你同意不同意:有那么一种善,我们乐意要它,只是要它本身,而不是要它的后果。比方像欢乐和无害的娱乐,它们并没有什么后果,不过快乐而已。

苏:不错,我承认有这种善。

格:另外还有一种善,我们之所以爱它既为了它本身,又为了它的后果。C
比如头脑聪敏,视力好,身体健康。我认为,我们欢迎这些东西,是为了两个方面。

苏:是的。

格:你见到第三种善没有?例如体育锻炼啦,害了病要求医,因此就有
医术啦,总的说,赚钱之术,都属这一类。说起来这些事可算是苦事,但是有
利可得,我们爱它们并不是为了它们本身,而是为了报酬和其他种种随之而 D
来的利益。

苏:啊！是的,是有第三种,可那又怎么样呢?

格:你看正义属于第几种?

358 苏:依我看,正义属于最好的一种。一个人要快乐,就得爱这种善——既为了它本身,又为了它的后果。

格:一般人可不是这样想的,他们认为正义是一件苦事。他们被迫去干,图它的名和利。至于正义本身,人们是害怕的,想尽量回避的。

苏:我也知道一般人是这样想的。色拉叙马霍斯正是因为早已把这看透了,所以才赞颂不正义的。但是我看来太笨,想学他学不起来。

B 格:让我再说两句,看你能不能同意。我觉得色拉叙马霍斯是被你弄得晕头转向了,就像一条蛇被魔法迷住了似的,他对你屈服得太快了。但是我对你所提出的关于正义与不正义的论证还要表示不满意。我想知道到底什么是正义,什么是不正义[①];它们在心灵里各有什么样自己的能力[②];至于正义和不正义的报酬和后果我主张暂且不去管它。如果你支持的话,我们就
C 来这么干。我打算把色拉叙马霍斯的论证更新一下。第一,我先说一般人认为的正义的本质和起源;第二,我再说所有把正义付诸行动的人都不是心甘情愿的,实在是不得已而为之的,不是因为正义本身善而去做的;第三我说,他们这样看待正义是有几分道理的,因为照他们的话看不正义之人日子过得确实比正义的人要好得多。苏格拉底啊,你可别误解了,须知这并不是我自己的想法。但是我满耳朵听到的都是这样的议论,色拉叙马霍斯,还有
D 其他许多的人,都是众口一词,这真叫我为难。相反我却从来没有听见有人像样地为正义说句好话,证明正义比不正义好,能让我满意的。我倒真想听到呢!看来唯一的希望只好寄托在你身上了。因此,我要尽力赞美不正义的生活。用这个办法让你以后看着我的样子去赞扬正义,批评不正义。你是不是同意这样做?

苏:没有什么使我更高兴的了。还有什么题目是一个有头脑的人高兴去讲了又讲,听了又听的呢?

E 格:好极了。那就先听我来谈刚才提出的第一点——正义的本质和起源。人们说:做不正义事是利,遭受不正义是害。遭受不正义所得的害超过干不正义所得的利。所以人们在彼此交往中既尝到过干不正义的甜头,又

---

① 即关于正义和不正义的定义,也就是下面所说的,正义和不正义的"本质"。

② 即后面所说的对心灵的"影响"。

尝到过遭受不正义的苦头。两种味道都尝到了之后，那些不能专尝甜头不
吃苦头的人，觉得最好大家成立契约：既不要得不正义之惠，也不要吃不正 359
义之亏。打这时候起，人们开始订法律立契约。他们把守法践约叫合法的、
正义的。这就是正义的本质与起源。正义的本质就是最好与最坏的折
衷——所谓最好，就是干了坏事而不受罚；所谓最坏，就是受了伤害而没法
报复。人们说，既然正义是两者之折衷，它之为大家所接受和赞成，就不是
因为它本身真正善，而是因为这些人没有力量去干不正义，任何一个真正有 B
力量作恶的人绝不会愿意和别人订什么契约，答应既不害人也不受害——
除非他疯了。因此，苏格拉底啊，人们说，正义的本质和起源就是这样。

说到第二点。那些做正义事的人并不是出于心甘情愿，而仅仅是因为
没有本领作恶。为了最清楚地理解这一点，我们这样设想：眼前有两个人，
一个正义，一个不正义，我们给他们各自随心所欲做事的权力，然后跟踪观 C
察，看看各人的欲望把他们引到哪里去。我们当场就能发现，正义的人也在
那儿干不正义的事，和不正义的人一样。人不为己，天诛地灭嘛！人都是在
法律的强迫之下，才走到尊重平等这条路上来的。我所讲的随心所欲，最像
传说中吕底亚人的祖先巨吉斯所有的那样一种权力。据说他是一个牧羊 D
人，在当时吕底亚的统治者手下当差。有一天暴风雨之后，接着又地震，在
他放羊的地方，地壳裂开了，下有一道深渊。他看了虽然惊住，但还是走了
下去。故事接着说：他在那里除看到许多别的新奇的东西外，还看到一匹空
心的铜马，马身上还有小窗户。他偷眼一瞧，只见里面有一具尸体，个头比 E
一般人大，除了手上戴着一只金戒指，身上啥也没有。他把金戒指取下就出
来了。这些牧羊人有个规矩，每个月要开一次会，以便把羊群的情况向国王
报告。这次他戴着那只金戒指去开会了。他跟大伙儿坐在一起，谁知他碰
巧把戒指上的宝石朝自己的手心一转。这一下，别人都看不见他了，都当他
走了，他自己也莫名其妙。后来无意之间他又把宝石朝外一转，别人又看见 360
他了。这以后他一再试验，看自己到底有没有隐身的本领。结果他懂了：只
要宝石朝里一转，别人就看不见他，朝外一转，就看得见他。他有了这个把
握，就想方设法当上了去见国王的使者。到了国王身边，他就勾引王后，跟 B
她同谋，杀掉了国王，夺取了王位。照这样来看，假定有两只这样的戒指，正
义的人和不正义的人各戴一只，在这种情况下，可以想象，没有一个正义的

人能坚定不移,继续做正义的事,也不会有一个人能克制住不拿别人的财
C 物,如果他能在市场里不用害怕,要什么就随便拿什么,能随意穿门越户,能
随意调戏妇女,能随意杀人劫狱,总之能像全能的神一样,随心所欲行动的
话,到这时候,这个人的行为就会和那个不正义的人一模一样没有分别了。
因此我们可以说,这是一个有力的证据,证明没有人把正义当成是对自己的
好事,心甘情愿去实行,做正义事是勉强的。在任何场合之下,一个人只要
D 能干坏事,他总会去干的。大家一目了然,从不正义那里比从正义那里个人
能得到更多的利益。每个相信这点的人都能振振有词,说出一大套道理来。
如果谁有了这种权力而不想为非作歹,不夺人钱财,那所有注意到的人就会
觉得很难理解,把他看成天下第一号的傻瓜,虽然当着他的面人家还是称赞
他——人们因为怕吃亏,老是这么互相欺骗着。这一点暂且说到这里。

E 最后让我们来判断两种人的生活。如果我们把最正义者跟最不正义者
区分开来了,我们就能够对两种生活作出正确的评判,否则是不行的。那
么,怎么区分呢? 这么办:我们不从不正义者身上减少不正义,也不从正义
者身上减少正义,而让他们各行其是,各尽其能,达到极致。

首先,我们让不正义者像能干的有专门技术的人那样行事。像一个最
361 高明的舵手或最高明的医生那样,在自己的技术范围内能辨别什么是可能
的,什么是不可能的,取其可能而弃其不可能。即使偶尔出了差错,他也能
补救。同样,如果一个人打算做一个极不正义的人,当他想把坏事做得不露
马脚时,要让他把坏事干得谁也不能发觉。如果他被人发觉了,我们就必须
把他看作一个蹩脚的货色。不正义的最高境界就是看上去正义,实际上不
是。所以我们必须给一个完全不正义者以完全的不正义,一点不能打折扣;
B 我们还要允许他在做最大坏事时能得到最正义的好名声;假使他出了破绽,
也要给他补救的能力。如果他干的坏事遭到揭发,让他能鼓起如簧之舌,说
得服人家。如果需要动武,他有的是勇气和力气,也有钱财和朋党的支持。

在我们已经树立了这样一个不正义的形象后,让我们按照理论,在这个
不正义者的旁边,树立一个正义者的形象:一个纯朴高贵的人,用诗人埃斯
库罗斯的话说,一个要做“不是看上去好,而是真正好”的人。因此我们必
须把他的这个“看上去”去掉。因为,如果他被看作是正义的,他就因此而
C 有名有利。在这种情况下,我们就搞不清楚他究竟是为正义而正义,还是为

名利而正义了。所以我们必须排除他身上的一切表象，光剩下正义本身，来
跟前面说过的那个假好人真坏人对比着。让他没做坏事而有大逆不道之
名，这样他的正义才可以受到考验。虽然国人皆曰可杀，他仍正义凛然，鞠
躬殉道，死而后已；他甘冒天下之大不韪，坚持正义，终生不渝。这样让正义 D
和不正义各趋极端，我们就好判别两者之中哪一种人幸福了。

苏：老天爷保佑！我亲爱的格劳孔，你花了多大的努力塑造琢磨出这一对人像呀，它们简直像参加比赛的一对雕塑艺术品一样啦。

格：我尽力而为了。我想，如果两种人的本性就是这样，接下来讨论两
种人的生活前途就容易了。所以我必得接着往下讲。如果我说话粗野，苏 E
格拉底，你可别以为是我在讲，你得以为那是颂扬不正义贬抑正义的人在
讲。他们会这样说：正义的人在那种情况下，将受到拷打折磨，戴着镣铐，烧
瞎眼睛，受尽各种痛苦，最后被钉在十字架上。死到临头他才体会到一个人
不应该做真正义的人，而应该做一个看似正义的人。埃斯库罗斯的诗句似 362
乎更适合不正义的人。人们说不正义的人倒真的是务求实际，不为虚名活
着的人——他不想要做“被看作”，而想要做“真是”（不正义）的人，

他的心田肥沃深厚；
这里长出丰硕的果实——
产生出精明的主意。①

他由于有正义之名，首先要做官，要统治国家；其次他要同他所看中的世家 B
之女结婚，又要让子女同他所中意的任何世家联姻；他还想要同任何合适的
人合伙经商，并且在所有这些事情中，捞取种种好处，因为他没有怕人家说
他不正义的顾忌。人们认为，如果进行诉讼，不论公事私事，不正义者总能 C
胜诉，他就这样长袖善舞，越来越富。他能使朋友得利，敌人受害。他祀奉
诸神，排场体面，祭品丰盛。不论敬神待人，只要他愿意，总比正义的人搞得
高明得多。这样神明理所当然对他要比对正义者多加照顾。所以人们会
说，苏格拉底呀！诸神也罢，众人也罢，他们给不正义者安排的生活要比给
正义者安排的好得多。

［苏：格劳孔说完了，我心里正想说几句话，但他的兄弟阿得曼托斯插了 D

① 见埃斯库罗斯悲剧《七将攻忒拜》592—594。

进来。]

阿:苏格拉底,你一定不会认为这个问题已经说透彻了吧!

苏:还有什么要讲的吗?

阿:最重要的事偏偏还只字未提呢。

苏:我明白了。常言道:“兄弟一条心!”他漏了什么没讲,你就帮他补上。虽然就我来说,他所讲的已经足够把我打倒在地,使我想要支援正义也爱莫能助了。

E 阿:废话少说,听我继续讲下去。我们必须把人家赞扬正义批判不正义
的观点统统摆出来。这样才能把我理解的格劳孔的意思弄得更清楚。做父
亲的告诉儿子,一切负有教育责任的人们都谆谆告诫:为人必须正义。但是
他们的谆谆告诫也并不颂扬正义本身,而只颂扬来自正义的好名声。因为
363 只要有了这个被认为正义的好名声,他就可以身居高位,通婚世族,得到刚
才格劳孔所讲的一个不正义者从好名声中能获得的种种好处。关于好名声
的问题,人们还讲了更多的话。例如他们把人的好名声跟诸神联系起来,说
诸神会把一大堆好东西赏赐给敬神的人们。正如高贵的赫西俄德和荷马说
B 的,前者说诸神为正义的人使橡树

枝头结橡子,树间蜜蜂鸣。

以及使

绵羊身上长出厚厚绒毛。[1]

他还说了正义者其他诸如此类的赏心乐事。荷马说的不约而同:

英明君王,敬畏诸神,
高举正义,五谷丰登,
C 大地肥沃,果枝沉沉,
海多鱼类,羊群繁殖。[2]

默塞俄斯和他的儿子在诗歌中歌颂诸神赐福正义的人,说得更妙。他
D 们说诸神引导正义的人们来到冥界,设筵款待,请他们斜倚长榻,头戴花冠,
一觞一咏,以消永日。似乎美德最好的奖赏就是不停地喝酒。另外还有人

---

[1] 赫西俄德《工作与时日》232 以下。

[2] 《奥德赛》XIX 109 以下。

把诸神对美德的恩赐说得更长远。他们说虔信诸神和信守誓言的人多子多孙,绵延百代。他们赞颂正义者[①]的就是这些以及诸如此类的话。但是他们把渎神和不正义的人埋在阴间的泥土中,还强迫这些人用篮取水:劳而无功;而且使其在世的时候就得到恶名,遭受到格劳孔所列举的,当一个正义者被看成不正义者时所受的那样的惩罚。对不正义之人,诗人所讲的只此而已,别无其他。关于对正义者与不正义者的赞扬和非议,就说这么多。

此外,苏格拉底呀!请你再考虑诗人和一般人关于正义和不正义的另
外一种说法。他们大家异口同声反复指出节制和正义诚然美,但是艰苦劳 364
累;纵欲和不正义则愉快、容易,而指责不正义为寡廉鲜耻,不过流俗之见一
番空论罢了。他们说不正义通常比正义有利。他们公然地称羡有钱有势的
坏人有福气,不论当众或私下里,不加思索地甘愿尊敬这些人。他们侮辱和 B
藐视某方面弱的人和穷人,虽然他们心里也明白,贫弱者比那些人好。在这
些言论中,最叫人吃惊的是他们对于诸神与美德的说法。他们说正是诸神
给许多好人以不幸的遭遇和多灾多难的一生,而给许多坏人以种种的幸福。
化缘祭司和江湖巫人,奔走富家之门,游说主人,要他们相信:如果他们或他
们的祖先作了孽,用献祭和符咒的方法,他们可以得到诸神的赐福,用乐神 C
的赛会能消灾赎罪;如果要伤害敌人,只要花一点小费,念几道符咒读几篇
咒文,就能驱使众神为他们效力,伤害无论不正义者还是正义者。他们还引
用诗篇为此作证,诗里描写了为恶的轻易,

世人多作恶,举步可登程,
恶路且平坦,为善苦攀登。[②] D

以及从善者的路程遥远又多险阻。还有人引用荷马诗来证明诸神受凡人诱惑,如荷马说过:

众人获罪莫担心,设誓奠酒来求神,
香烟缭绕牺牲供,诸神开颜保太平。[③]

他们还编造出一大堆默塞俄斯与俄耳甫斯——据他们说,默塞俄斯与俄耳

---

① 363B—E“正义者”都指“有正义之名的人”。

② 赫西俄德《工作与时日》287—289。

③ 《伊利亚特》IX 497以下。柏拉图引文前二行与现行史诗有出入。

甫斯是月神和文艺之神的后裔——写的那些规定祭祀和祓除仪式的书卷，
不仅要个人还要城邦相信，如果犯下了罪孽，可以用祭享和乐神的赛会为生
者赎罪和净化；还有一种被称作秘仪的为死者的祭仪，可以使我们的罪恶在
365 阴间得到赦免。而那些不祭神的人，就有可怕的事在等着他们了。

亲爱的苏格拉底呀！他们所讲的关于神和人共同关注的关于善恶问题
的诸如此类的说法，对那些天赋聪敏，听了所有这些话，能据此进行飞快推
理的年轻人的心灵，我们该认为，会有什么影响呢？他们能从这些说法中得
B 出结论，知道做什么样人，走什么样路，才能使自己一生过得最有意义吗？
这种年轻人多半会用品达的问题来问他们自己：“是用堂堂正义，还是靠阴
谋诡计来步步高升，”安身立命，度过一生呢？从人们说的那些话可以看得
很清楚，如果我做一个正义者，对我没有任何好处，只有劳累和损失，除非我
也能得到正义之名。反之，如果我不正义却能挣得正义者之名，他们说，我
就能过上神一般的幸福生活。既然这些有智慧的人对我说得明明白白，“貌
C 似”远胜“真是”，而且是幸福的关键。我何不全力以赴追求假象，摆出全副
道貌岸然的样子做门面，身后带着最有智慧的阿尔赫洛霍斯所描写的狡猾
贪婪的狐狸。有人说，干坏事而永远不被发觉很不容易。对此我们要说，普
D 天之下又有哪一件伟大的事情是容易的？反正，想要幸福只此一途。因为
所有论证的结果都指向这条道路。为了掩护自己，我们拉宗派结政党；有辩
论大师教我们讲话的艺术，向议会法庭做演说，硬逼软求，这样，我们可以占
尽便宜而不受惩罚。有人说，对于诸神，既不能骗又不能逼。怎么不能？假
E 定没有神，或者有神而神不关心人间的事情，那么做了坏事被神发觉也无所
谓。假定有神，神又确实关心我们，而我们所知道的关于神的一切，又都是
从故事和诗人们描述的神谱里听来的。故事里也同时告诉我们，祭祀、祷
告、奉献祭品，就可以把诸神说服并收买过来。对于诗人们的话，要么全信，
366 要么全不信。如果我们信了，那我们就放手去干坏事，然后拿出一部分不义
之财来设祭献神。如果我们是正义的，诸神当然不会惩罚我们，不过我们得
拒绝不正义的利益。如果我们是不正义的，我们保住既得利益，犯罪以后向
诸神祷告求情，最后还是安然无恙。有人会说：不错，但是人世作了恶，到冥
间会受到审判，报应在自己身上，或者在子孙身上。但是精于算计的先生们
会这样说：朋友，没关系，我们这里有灵验的秘仪和一心赦罪的诸神。最大

的城邦都是这样宣布的。还有诸神之子,也是这么说的。——他们成了诗 B
人和神的代言人,透露消息说真有这些事。

那么,还有什么理由让我们去选择正义,而舍弃极端的不正义呢?如果
我们把正义只拿来装装门面,做出道貌岸然的样子,我们生前死后,就可以
随心所欲地行事呀。这个道理,普通百姓和第一流的大人物都是这么说的。
根据上面说的这些,苏格拉底呀,怎么可能说服一个有聪明才智、有财富、有 C
体力、有门第的人,叫他来尊重正义,对任何赞扬正义的说法不嗤之以鼻呢?
其实,假如有人能指出我们所说过的一切是错的,真心相信正义最善,那么
他对于不正义者也会认为情有可原,不会恼怒他们。因为他心里明白,除了 D
那种生性神圣,厌恶作恶的人,或者那种掌握了真知,能抑制自己作恶的人
而外,是没有一个人甘愿做一个正义者的。另外,怯懦、老迈,或有其他缺点
的人,也指责作恶,但那是因为他们没有作恶的能力。不信你看,这种人里
一旦有哪一个掌了权,他也会立刻就尽其所能地作起恶来的。整个这一问
题的唯一起因不外是我和我的这些朋友们的整个这一答辩所从出发的想
法。我们对你说过:“苏格拉底呀!这事说来也怪。你们自命为正义的拥护
者。可是,从言论载入史册的古代英雄起,一直到当代的普通人,没有一个
人真正歌颂正义,谴责不正义;就是肯歌颂正义或谴责不正义,也无非是关
系着名声、荣誉和由此带来的好处。至于正义或不正义本身是什么?它们
的力量何在?它们在人的心灵上,在神不知人不见的时候起什么作用?在
诗歌里或者私下谈话里,都没有人好好地描述过,没有人曾经指出过,不正
义是心灵最大的恶,正义是心灵最大的善。要是你们大家一上来就这么说, 367
从我们年轻时候起就这样来说服我们,我们就用不着像现在这样彼此提防
着,竭力守护着自己,怕受伤害了。因为每个人都怕自己干坏事,怕在自己
身上出现最大的丑恶。”苏格拉底呀!关于正义和不正义,色拉叙马霍斯和
其他的人毫无疑问是会说这些话的,甚至还要过头一点呢!这种说法,在我
看来,是把正义和不正义的真实力量完全颠倒过来了。至于我个人,没有必 B
要瞒你,为了想听听你的反驳,我已经尽我所能,把问题说清楚了。你可别
仅仅论证一下正义高于不正义就算了事,你一定得讲清楚,正义和不正义本
身对它的所有者,有什么好处,有什么坏处。正如格劳孔所提出的,把两者
的名声丢掉。因为如果你不把双方真的名声去掉,而加上假的名声,我们就

C 要说你所称赞的不是正义而是正义的外表。你所谴责的不是不正义,而是
不正义的外表。你不过是劝不正义者不要让人发觉而已。我们就会认为你
和色拉叙马霍斯的想法一致。正义是别人的好处,强者的利益,而不正义是
对自己的利益,对弱者的祸害。既然你认为正义属于最好的东西一类——
这类东西不仅可以得到结果好,尤其可以得到本身好,正如耳聪、目明、智
D 慧、健康,以及其他德性那样,靠自己的本质而不是靠虚名。我要你赞扬的
正义就是指这种——正义因本质而赐福于其所有者;不正义因本质而贻祸
于其所有者。尽管让别人去赞扬名和利吧。我可以从别人那里,但不能从
你这里接受这种对正义的颂扬,对不正义的谴责,接受这种对二者名誉、报
E 酬的赞美或嘲笑,除非你命令我这样做,因为你是毕生专心致志研究这个问
题的人。我请你在辩论中不要仅仅证明正义高于不正义;你要证明二者因
本质而对其所有者各起什么作用——不管神与人是否觉察——从而使得前
者成其为善,后者成其为恶。

苏:[我对于格劳孔和阿得曼托斯的天赋才能向来钦佩。不过我从来没
368 有像今天听他们讲了这些话以后这样高兴。我说:]贤昆仲不愧为名父之
子。格劳孔的好朋友曾经写过一首诗,歌颂你们在麦加拉战役中的赫赫战
功,那首诗的开头说你们是

名人之子,父名"至善",①
难兄难弟,血统神圣。

朋友们,这话说得好。你们既然不肯相信不正义比正义好,而同时又为
B 不正义辩护得这么头头是道。这其间必有神助。我觉得你们实际上不相信
自己说的那一套,我是依据你们的品格作此判断的。单听你们的辩证,我是
有怀疑的。但是我越信任你们,就越不知道该怎么办是好。我不晓得怎么
来帮你们。老实说,我确实没有这个能力。我对色拉叙马霍斯所说的一番
话,我认为已经证明正义优于不正义了,可你们又不肯接受。这时我又真不
知道怎么来拒绝帮助你们。但如果正义遭人诽谤,而我一息尚存有口能辩,
C 却袖手旁观不上来帮助,这对我来说,恐怕是一种罪恶,是奇耻大辱。看来,
我还以尽力保卫正义为上策。

---

① 阿里斯同是格劳孔和阿得曼托斯的父亲。"阿里斯同"希腊文原意是"最好"。

苏:[格劳孔和其余的人央求我不要撒手,无论如何要帮个忙,不要放弃
这个辩论。他们央求我穷根究底弄清楚二者的本质究竟是什么,二者的真
正利益又是什么? 于是,我就所想到的说了一番:]我们现在进行的这个探
讨非比寻常,在我看来,需要有敏锐的目光。可是既然我们并不聪明,我想 D
最好还是进行下面这种探讨。假定我们视力不好,人家要我们读远处写着
的小字,正在这时候有人发现别处用大字写着同样的字,那我们可就交了好
运了,我们就可以先读大字后读小字,再看看它们是不是一样。

阿:说得不错,但是这跟探讨正义有什么相似之处?

苏:我来告诉你:我想我们可以说,有个人的正义,也有整个城邦的正义。

阿:当然。

苏:好! 一个城邦是不是比一个人大?

阿:大得多!

苏:那么也许在大的东西里面有较多的正义,也就更容易理解。如果你
愿意的话,让我们先探讨在城邦里正义是什么,然后在个别人身上考察它,
这叫由大见小。 369

阿:这倒是个好主意。

苏:如果我们能想象一个城邦的成长,我们也就能看到那里正义和不正义的成长,是不是?

阿:可能是这样。

苏:要是做到了这点,我们就有希望轻而易举地看到我们所要追寻的东西了。

阿:不错,希望很大。 B

苏:那么,我们要不要着手进行? 我觉得这件事非同小可,你可要仔细想想。

阿:我们已经考虑过了。干吧! 不要再犹豫了。

苏:那么很好。在我看来,之所以要建立一个城邦,是因为我们每一个人不能单靠自己达到自足,我们需要许多东西。你们还能想到什么别的建立城邦的理由吗?

阿:没有。

C 苏:因此我们每个人为了各种需要,招来各种各样的人。由于需要许多东西,我们邀集许多人住在一起,作为帮助自己的伙伴,这个公共住宅区,我们叫它作城邦。这样说对吗?

阿:当然对。

苏:那么一个人分一点东西给别的人,或者从别的人那里拿来一点东西,每个人却觉得这样有进有出对自己有好处。

阿:是的。

苏:那就让我们从头设想,来建立一个城邦,看看一个城邦的创建人需要些什么。

阿:好的。

D 苏:首先,最重要的是粮食,有了它才能生存。

阿:毫无疑问。

苏:第二是住房,第三是衣服,以及其他等等。

阿:理所当然。

苏:接着要问的是:我们的城邦怎么才能充分供应这些东西?那里要不要有一个农夫、一个瓦匠、一个纺织工人?要不要再加一个鞋匠或者别的照料身体需要的人?

阿:当然。

苏:那么最小的城邦起码要有四到五个人。

E 阿:显然是的。

苏:接下来怎么样呢?是不是每一个成员要把各自的工作贡献给公
众——我的意见是说,农夫要为四个人准备粮食,他要花四倍的时间和劳力
准备粮食来跟其他的人共享呢?还是不管别人,只为他自己准备粮食——
花四分之一的时间,生产自己的一份粮食,把其余四分之三的时间,一份花
370 在造房子上,一份花在做衣服上,一份花在做鞋子上,不同人家交换,各自为
我,只顾自己的需要呢?

阿:恐怕第一种办法便当,苏格拉底。

苏:宙斯作证,这一点也不奇怪。你刚说这话,我自己就想到我们大家
B 并不是生下来都一样的。各人禀赋不同,适合于不同的工作。你说是不是?

阿:是的。

苏:那么是一个人干几种手艺好呢,还是一个人单搞一种手艺好呢?

阿:一个人单搞一种手艺好。

苏:其次,我认为有一点也是很清楚的——一个人不论干什么事,错过有利的时机就会全功尽弃。

阿:不错,这点很清楚。

苏:我想,一件工作不是等人空了去做的,相反,是应该被人当作主要任
务全心全意做的,是不能随随便便,马虎做的。 C

阿:必须这样。

苏:因此,每个人在恰当的时候干适合他禀赋的一项工作,不干别的工种,专搞一行,这样每种东西才能生产得又多又好又容易。

阿:对极了。

苏:那么,阿得曼托斯,城邦就需要更多的人,要超过四个人来供应我们
刚才提出的需求了。农夫似乎自己造不出他用的犁头——如果要的是一张 D
好犁的话——也造不出他用的锄头和其他的农具。建筑工人也是这样,他也需要许多工具。织布工人、鞋匠都不例外。

阿:是的。

苏:那么木匠铁匠和许多别的匠人就要成为我们小城邦的成员,小城邦就更扩大起来了。

阿:当然。

苏:但这样也不能算很大,如果我们要再加上放牛的、牧羊的和养其他
牲口的人,使农夫有牛拉犁,建筑工人和农夫有牲口替他们运输,纺织工人 E
和鞋匠有羊毛和皮革可用的话。

阿:有了所有这些,这个城邦就不能算小啦!

苏:还有,把一个城邦建在一个不需要进口货物的地方,几乎是不可能的。

阿:确实不可能。

苏:那么它就还得有人到别的城邦去,进口它所需要的东西了。

阿:是的。

苏:但是有一点,如果我们派出的人空手而去,不带去人家所需要的东 371
西换人家所能给的东西,那么,他们回来时不也会两手空空吗?

阿:我看会是这样的。

苏:那么人们就必须不仅为本城邦生产足够的东西,还得生产在质量、数量方面,能满足为他们提供东西的外邦人需要的东西。

阿:应当如此。

苏:所以我们的城邦需要更多的农夫和更多其他的技工了。

阿:是的。

苏:我想,还需要别的人手做进出口的买卖,这就是商人。是不是?

阿:是的。

苏:因此,我们还需要商人。

阿:当然。

B 苏:如果这个生意要到海外进行,那就还得需要另外许多懂得海外贸易的人。

阿:确实还需要许多别的人。

苏:在城邦内部,我们是如何彼此交换各人所制造的东西的呢?须知这种交换产品正是我们合作建立城邦的本来目的呀。

阿:交换显然是用买和卖的办法。

苏:于是我们就会有市场,有货币作为货物交换的媒介。

阿:当然。

C 苏:如果一个农夫或者随便哪个匠人拿着他的产品上市场去,可是想换取他产品的人还没到,那么他不是就得闲坐在市场上耽误他自己的工作吗?

阿:不会的。市场那里有人看到这种情况,就会出来专门为他服务的。在管理有方的城邦里,这是些身体最弱不能干其他工作的人干的。他们就
D 等在市场上,拿钱来跟愿意卖的人换货,再拿货来跟愿意买的人换钱。

苏:在我们的城邦里,这种需要产生了一批店老板。那些常住在市场上做买卖的人,我们叫他店老板,或者小商人。那些往来于城邦之间做买卖的人,我们称之为大商人。是不是?

阿:是的。

E 苏:此外我认为还有别的为我们服务的人,这种人在智力方面没有什么值得当我们伙伴的,但有足够的力气可以干体力重活。这些人按一定的价格出卖所需劳力,这个价格叫做工资。我想是因为这个缘故,他们被称作了

挣工资者。你说是不是？

阿：是的。

苏：那么挣工资者，看来也补充到我们城邦里来了。

阿：是的。

苏：那么阿得曼托斯，我们的城邦已经成长完备了吗？

阿：也许。

苏：那么在我们城邦里，何处可以找到正义和不正义呢？正义和不正义是被我们上面所列述的那些种人里的哪种人带进城邦来的呢？

阿：我可说不清，苏格拉底！要么那是因为各种人都对别种人有某种需 372
要吧。

苏：也许你的说法很对。我们必须研究这个问题，不能退缩。首先，让
我们考虑一下，在做好上面种种安排以后，人们的生活将会是个什么样子。
他们不是要烧饭、酿酒、缝衣、制鞋，还要造屋吗？人们大都夏天干活赤膊光 B
脚，冬天干活穿很多衣服着很厚的鞋子。对吗？他们用大麦片、小麦粉当粮
食，煮粥，做糕点，烙薄饼，放在苇叶或者干净的树叶上。他们斜躺在铺着紫
杉和桃金娘叶子的小床上，跟儿女们欢宴畅饮，头戴花冠，高唱颂神的赞美
诗；满门团聚，其乐融融，有多少财力生多少孩子，免受贫困与战争。是这 C
样吗？

［这时候格劳孔插嘴说：］

格：你举办酒宴时好像没给参加者提供调味品。

苏：真的，我忘了。他们会有调味品的，当然还会有盐、橄榄、乳酪，以及
乡间常煮吃的洋葱、蔬菜。我们还会给他们甜食——无花果、鹰嘴豆、豌豆，
还会让他们在火上烤爱神木果、橡子吃，适可而止地喝上一点酒，就这样让 D
他们身体健康，太太平平度过一生，享足高寿后无病而终，并把这种同样的
生活再传给他们的后代。

格：如果你是在建立一个猪的城邦，苏格拉底呀，除了上面这些东西而外，你还给过点什么别的饲料吗？

苏：格劳孔，你还想要什么？

格：还要一些常有的东西。我想，他们如果要舒服一点，就要有让人斜
靠的靠椅，还要有餐桌、下酒小菜和饭后甜食等等，像现在大家都有的那些 E

东西。

苏:哦,我明白了。看来我们正在考虑的不单是一个城邦的产生,而且好像还是一个奢华城邦的产生。这倒不见得是个坏主意。因为,我们观察这种城邦,也许就可以看到正义和不正义是怎么在一个城邦里出现的。我认为真正的城邦乃是我们刚才所讲到的那一个可以叫做健康的城邦。如果你们乐意的话,我们来思考一下一个发高烧的城邦也未始不可。因为有些人好像对刚才这个菜单或者这个生活方式并不满意。还要加上靠椅、桌子
373 和其他的家具,还要有下酒菜、香料、香水、歌妓、糕饼,以及一切诸如此类的东西。我们开头所讲的那些必需的东西:房屋、衣服、鞋子,是不够了;我们还得花时间去绘画、刺绣,想方设法寻找金子、象牙以及种种诸如此类的装饰品,是不是?

B 格:是的。

苏:那么我们需要不需要再扩大这个城邦呢?因为那个健康的城邦还是不够,我们势必要使它再扩大一点,加进许多并非城邦必要的人,例如各种猎人,许多模仿形象与色彩的艺术家,一大群搞音乐的,诗人和他们的一大群助手——朗诵者、演员、合唱队、舞蹈队、管理员以及制造各种物品的工
C 匠,特别是做妇女装饰品的那些人,我们还需要人数更多的用人。你以为我们不需要家庭教师、奶妈、保姆、理发师、厨师吗?我们还需要牧猪奴。在早先的城邦里,我们没有这种牲畜,因为不需要它们。不过,在现在的这个城邦里,就有这个需要了。我们还需要大量别的牲畜作为肉食品。你说对不对?

格:对!

D 苏:在这样生活时,我们不是比以前更需要医生吗?

格:是更需要。

苏:说起土地来,它们以前足够养活那时所有的居民,现在不够了,太少了。你说对不对?

格:对!

苏:如果我们想要有足够大的耕地和牧场,我们势必要从邻居那儿抢一块来;而邻居如果也不以必需的生活资料为满足,无限制地恣意追求财富的话,他们势必也要夺一块我们的土地。

格:必然如此,苏格拉底。 E

苏:格劳孔呀!下一步,我们就要走向战争了,否则你说怎么办?

格:就是这样,要战争了。

苏:我们且不说战争造成的结果是好是坏,只说现在我们已经找到了战争的起源。战争一发生就会使城邦在公私两方面都遭到极大的灾难。

格:当然。

苏:那么朋友,我们就需要扩大城邦,不是扩大一点,而是要再加上整整 374
一支军队,能击败入侵之敌,保卫我们所有的一切财产和我们刚才所列举的
那些奢侈品。

格:为什么?难道原有的居民自己还不够吗?

苏:不够。想必你还记得,在创造城邦的时候,你和我们大家曾经完全一致地说过,一个人不可能擅长许多种技艺。

格:不错。

苏:那么好,打胜仗你觉得不是一种技艺吗? B

格:肯定是一种技艺。

苏:那么我们应该注意做鞋的技艺甚于注意打仗的技艺吗?

格:不,不!

苏:为了把大家的鞋子做好,我们不让鞋匠去干农夫、织工或瓦工的活,
让他专干鞋匠的活。同样,我们在选拔其他的人时,也按其天赋安排职业,
弃其所短,用其所长,让他们集中毕生精力专搞一行,精益求精,不失时机。 C
那么,对于军事,为了打胜仗我们能不重视吗?还是说,军事太容易了,农
夫、鞋匠和干别的任何行当的人一放下自己的活立刻就可以上战场去打仗
的?就说是下棋掷骰子吧,如果只当作消遣,不从小就练习的话,也是断不
能精于此道的。难道在重武装战斗或者其他类型的战斗中,你拿起盾牌或 D
者其他兵器一天之内就能成为胜任作战的战士吗?须知,别种器具也是这
样。没有一种器具是拿到手就能使人成为有技术的工人或运动健将的。如
果一个人对器具一无所知,更没有经过刻苦练习的话,任何器具对他都是无
益的。

格:这话不错,不然器具本身就成了无价之宝了。

苏:那么,如果说护卫者的工作是最重大的,他就需要有比别种人更多

E 的空闲,需要有最多的知识和最多的训练。

格:我也这么想。

苏:不是还需要有适合干这一行的天赋吗?

格:当然。

苏:看来,尽可能地挑选那些有这种天赋的人来守护这个城邦乃是我们的责任。

格:那确是我们的责任。

苏:天啊!这个担子可不轻,我们要尽心尽力而为之,不可畏缩。

375 格:对!不可畏缩。

苏:你觉得一只良种的犬和一个高贵的青年两者做保卫工作的天赋有什么区别吗?

格:你究竟指的什么意思?

苏:我的意思是说,两者都应该感觉敏锐,对觉察到的敌人要追得快,如果需要一决雌雄的话,要能斗得凶。

格:是的,这些品质他们都需要。

苏:如果要斗得胜的话,还必须勇敢。

格:当然。

苏:不论是马,是狗,或其他动物,要不是有激昂的精神,它们能变得勇
B 敢吗?你有没有注意到,昂扬的斗志,是何等不可抗拒不可战胜吗?任何心灵有了它,就可以无所畏惧,所向无敌吗?

格:是的,我注意到了。

苏:那么,护卫者应该有什么样的身体素质,这是很清楚的。

格:是的。

苏:他们的心灵应该有昂扬的斗志,这也很清楚了。

格:也是的。

苏:格劳孔呀!如果他们的天赋品质是这样的,那他们怎么能避免彼此之间发生冲突,或者跟其他公民发生冲突呢?

格:天啊!的确不容易避免。

C 苏:那么他们还应该对自己人温和,对敌人凶狠。否则,用不着敌人来消灭,他们自己就先消灭自己了。

格:真的。

苏:那我们该怎么办?我们上哪里去找一种既温和,又刚烈的人?这两种天性是相反的呀。

格:显然是相反的。

苏:但要是两者缺一,他就成不了一个好的护卫者了。看来,二者不能 D
得兼,因此,一个好的护卫者就也是不可能有的。

格:看来是不可能。

苏:我给闹糊涂了。不过把前面说过的重新考虑一下,我觉得,朋友,我们的糊涂是咎有应得,因为我们把自己前面作的那个类比[1]给忘了。

格:什么意思?

苏:我们没有注意到,我们原先认为,同时具有相反的两种禀赋这种现象是没有的,现在看来毕竟还是有的。

格:有?在哪儿?

苏:可以在别的动物身上找到,特别是在我们拿来跟护卫者比拟的那种
动物身上可以找到。我想你总知道好的狗吧。它的脾气总是对自家人和熟 E
人非常温和,对陌生人却恰恰相反。

格:是的,我知道。

苏:那么,事情是可能的了。我们找这样一种护卫者并不违反事物的天性。

格:看来并不违反。

苏:你是不是认为我们的护卫者,除了秉性刚烈之外,他的性格中还需要有对智慧的爱好,才能成就为护卫者?

格:怎么需要这个的?我不明白你的意思。

苏:在狗身上你也能看到这个[2]。兽类能这样,真值得惊奇。 376

格:"这个"是什么?

苏:狗一看见陌生人就怒吠——虽然这个人并没打它;当它看见熟人,就摇尾欢迎——虽然这个人并没对它表示什么好意。这种事情,你看了从

① 指375A拿良种的犬和高贵的(优秀的)年轻人相比。

② 指对智慧的爱好。照希腊文"哲学家"一词,意即"爱好智慧的人"。

来没有觉得奇怪吗?

格:过去我还从来没注意这种事情。不过,狗的行动确实是这样的,这是一目了然的。

B 苏:但那的确是它天性中的一种情感精细之处,是一种对智慧有真正爱好的表现。

格:请问你是根据什么这样想的?

苏:我这样想的根据是:狗完全凭认识与否区别敌友——不认识的是敌,认识的是友。一个动物能以认识和不认识来确定自家人和外人,你怎么能说它不爱学习呢?

格:当然不能。

苏:你承认,爱学习和爱智慧是一回事吗?

格:是一回事。

苏:那么,在人类我们也可以有把握地这样说:如果他对自家人和熟人
C 温和,他一定是一个天性爱学习和爱智慧的人。不是吗?

格:让我们就这么说吧。

苏:那么,我们可以在一个要做美和善的城邦护卫者的天性里把爱好智慧和刚烈、敏捷、有力这些品质结合起来了。

格:毫无疑问可以这样。

苏:那么,护卫者的天性基础①大概就是这样了。但是,我们的护卫者该怎样接受训练接受教育呢?我们研讨这个问题是不是可以帮助我们弄清
D 楚整个探讨的目标呢——正义和不正义在城邦中是怎样产生的?我们要使我们的讨论既充分又不拖得太长,令人生厌。

阿(格劳孔的兄弟):是的。我希望这个探讨有助于我们一步步接近我们的目标。

苏:那么,亲爱的阿得曼托斯,我们一定不要放弃这个讨论,就是长了一点,也要耐心。

阿:对!一定不放弃。

苏:那么,让我们来讨论怎么教育这些护卫者的问题吧。我们不妨像讲

---

① 作为后天接受教育的基础。

故事那样从容不迫地来谈。

阿:我们是该这样做。 E

苏:那么,这个教育究竟是什么呢?似乎确实很难找到比我们早已发现的那种教育更好的了。这种教育就是用体操来训练身体,用音乐①来陶冶心灵。

阿:是的。

苏:我们开始教育,要不要先教音乐后教体操?

阿:是的。

苏:你把故事包括在音乐里,对吗?

阿:对。

苏:故事有两种,一种是真的,一种是假的,是吧?

阿:是的。

苏:我们在教育中两种都必须要用,先用假的,是吗? 377

阿:我不理解你的意思。

苏:你不懂吗?我们对儿童先讲故事——故事从整体看是假的,但是其中也含有真实。在教体操之前,我们先用故事教育孩子们。

阿:是这么做的。

苏:这就是我所说的,在教体操之前先教音乐的意思。

阿:非常正确。

苏:你知道,凡事开头最重要。特别是生物。在幼小柔嫩的阶段,最容 B
易接受陶冶,你要把它塑成什么型式,就能塑成什么型式。

阿:一点不错。

苏:那么,我们应不应该放任地让儿童听不合适的人讲不合适的故事,让他们的心灵接受许多我们认为他们在成年之后不应该有的那些见解呢?

阿:绝对不应该。

苏:那么看来,我们首先要注意故事的编者,接受他们编得好的故事,而 C

① 古代希腊重要的文化生活是听民间艺人弹着竖琴演说史诗故事。故“音乐”一词包括音乐、文学等义,相当于现在的“文化”一词。关于音乐的讨论一直延伸到第三卷。(《理想国》像现在这样分为十卷是柏拉图数世纪后的事情。)

拒绝那些编得坏的故事。我们鼓励母亲和保姆给孩子们讲那些已经审定的故事，用这些故事铸造他们的心灵，比用手去塑造他们的身体[①]还要细心。他们现在所讲的故事大多数我们必须抛弃。

阿：你指的是哪一类故事？

苏：故事也能大中见小，因为，故事不论大小，总是属于同一类型，具有
D 同样的影响力，这是一定的。你看是不是？

阿：是的，但是我不知道你所谓大的故事是指哪些？

苏：指赫西俄德和荷马以及其他诗人所讲的那些故事。他们编造了假的故事讲给人们听，他们所编的那些假故事现在还在流传着。

阿：你指的哪一些故事？这里面你发现了什么毛病？

苏：首先必须痛加谴责的，是那些不但假而且还丑的故事。

阿：这指什么？

E 苏：一个诗人没有能用言词描绘好诸神与英雄的真实本性来，就像一个画家想画出他所要画的东西来却画得不像一样。

阿：这些是应该谴责的。但是，有什么例子可以拿来说明问题的？

苏：首先，最荒唐莫过于把最伟大的神描写得丑恶不堪。如赫西俄德描述的乌拉诺斯的行为，以及克罗诺斯对他的报复行为[②]，还有描述克罗诺斯
378 的所作所为和他的儿子[③]让他吃的苦头，这些故事都属此类。即使这些事是真的，我认为也不应该这么随便讲给天真单纯的年轻人听。这些故事最好闭口不谈。如果非讲不可的话，也只能许可极少数人听，并须秘密宣誓，先行献牲，然后听讲，而且献的牲还不是一只猪，而是一种难以弄到的庞然大物。为的是使能听到这种故事的人尽可能的少。

阿：啊是的！说这种故事真烦。

B 苏：阿得曼托斯呀！在我们城邦里不应该讲这类故事。不应该让一个年轻人听了故事产生这样一种想法：对一个大逆不道，甚至想尽方法来严惩犯了错误的父亲的人也不要大惊小怪，因为他不过是仿效了最伟大的头号

---

① 当时托儿所里采用的一种按摩推拿之类的保育方法。

② 赫西俄德《神谱》154，459。

③ 宙斯。

天神的做法而已。

阿:天哪！我个人认为这种事情是不应该讲的。

苏:决不该让年轻人听到诸神之间明争暗斗的事情(因为这不是真
的),如果我们希望将来的保卫者,把彼此勾心斗角、要弄阴谋诡计当作奇耻 C
大辱的话。我们更不应该把诸神或巨人之间的争斗,把诸神与英雄们对亲
友的种种怨仇作为故事和刺绣的题材。如果我们要使年轻人相信城邦的公
民之间从来没有任何敌意,如果有的话,是有背天理的。因此老爷爷、老奶
奶们应该对孩子们从小就这样说,等他们长大一点还这样说。我们还必须 D
强迫诗人们按照这个意思去写作。关于赫拉如何被儿子绑了起来以及赫淮
斯托斯见母亲挨打,他去援救的时候,如何被他的父亲从天上摔到地下的故
事①,还有荷马所描述的诸神间的战争等等,作为寓言来讲也罢,不作为寓
言来讲也罢,无论如何不能让它们混进我们城邦里来。因为年轻人分辨不
出什么是寓言,什么不是寓言。先入为主,早年接受的见解总是根深蒂固不 E
容易更改的。因此我们也许应该特别注意,为了培养美德,儿童们最初听到
的应该是最美最善的故事。

阿:是的,很有道理。但是如果人家要我们明确说出这些故事指的哪些？我们该举出哪些来呢？

苏:我亲爱的阿得曼托斯啊！你我都不是作为诗人而是作为城邦的缔
造者在这里发言的。城邦缔造者应当知道,诗人应该按照什么路子写作他
们的故事,不许他们写出不合规范的东西,但不必要求自己动手写作。 379

阿:很对。但,就是这个东西——描写诸神的正确的路子或标准应该是什么样的呢？

苏:大致是这样的:神本来是怎样的,我们就一定要把他们写成怎样的。无论在史诗、抒情诗,或悲剧诗里,都应该这样描写。

阿:是的,应该这样描写。

苏:神的本性不肯定是善的吗？故事不是应该永远把他们描写成善 B
的吗？

阿:当然应该。

---

① 《伊利亚特》I 586 以下。

苏:其次,没有任何善者是有害的,是吧?

阿:我想是的。

苏:无害者会作恶吗?

阿:啊,不会的。

苏:不作恶者会成为任何坏事的原因吗?

阿:那怎么会呢?

苏:那么善者是有益的,对吗?

阿:对。

苏:因此是好事的原因吗?

阿:是的。

苏:因此,善者并不是一切事物的原因,只是好事的原因,不是坏事的原因。

C 阿:完全是这样。

苏:因此,神既然是善者,它也就不会是一切事情的原因——像许多人所说的那样。对人类来说,神只是少数事情的原因,而不是多数事情的原因。我们人世上好事比坏事少得多,而好事的原因只能是神。至于坏事的原因,我们必须到别处去找,不能在神那儿找。

阿:你说的话,在我看来再正确不过了。

苏:那么我们就不能接受荷马或其他诗人关于诸神的那种错误说法了。
D 例如荷马在下面的诗里说:①

宙斯大堂上,并立两铜壶。
壶中盛命运,吉凶各悬殊。
宙斯将吉凶,随意赐凡夫。

当宙斯把混合的命运赐给哪个人,那个人就——

时而遭灾难,时而得幸福。

当宙斯不把吉凶相混,单赐坏运给一个人时,就——

饥饿逼其人,漂泊无尽途。

我们也不要去相信那种说法:

---

① 《伊利亚特》XXIV 527—532。这里引文与现行史诗原文略有出入。

祸福变万端，宙斯实主之。

如果有人说，潘德罗斯违背誓言[1]，破坏停战，是由于雅典娜和宙斯的怂恿，我决不能同意。我们也不能同意诸神之间的争执和分裂是由于宙斯和泰米斯[2]作弄的说法。我们也不能让年轻人听到像埃斯库罗斯所说的[3]：

神欲毁巨室，肇事群氓间。 380

如果诗人们描写尼俄珀的悲痛——埃斯库罗斯曾用抑扬格诗描写
过——或者描写佩洛普斯后人的故事、特洛亚战争的事迹，以及别的传说，
我们一定要禁止他们把这些痛苦说成是神的旨意。如果一定要说是神的旨
意，他们必须说出像我们正在努力寻找的那种理由来——他们应该说这是
神做了一件合乎正义的好事，为的是使那些人从受惩罚中得到益处。我们 B
无论如何不能让诗人把被惩罚者的生活形容得悲惨，并且说这是神要他们
这样的。但是我们可以让诗人这样说：坏人日子难过是因为他们该受惩罚；
神是为了要他们变好，才惩罚他们的。假使有人说，神虽然本身是善的，却
成了某个人恶的原因。对于这种谎言，必须迎头痛击。假使这个城邦要治
理得好的话，就不应该让任何人，不论老少，听到这种故事（不论故事是有韵 C
的还是无韵的）。因为讲这种话既是渎神的，又是对我们有害的，并且理论
上是自相矛盾的。

阿：我跟你一道投票赞成这条法律。我很喜欢它。

苏：很好。这将成为我们关于诸神的法律之一条，若干标准之一。故事要在这个标准下说，诗要在这个标准下唱——神是好事的原因，不是一切事之因。

阿：这样说算是说到家了。

苏：这法律的第二条你怎么想？你认为神是一个魔术师吗？他能按自 D
己的意图在不同的时间显出不同的形相来吗？他能有时变换外貌，乔装打
扮惑世欺人吗？还是说，神是单一的，最不会失去本相的呢？

阿：我一下子答不上来。

---

① 《伊利亚特》IV 69 以下。

② 希腊神话中代表法律的女神。

③ 埃斯库罗斯，轶诗 160。

苏:那么好好想想吧。且说,任何事物一离开它的本相,不就必定是(或被自己或被其他事物)改变了吗?

阿:这是必然的。

苏:处于最好状况下的事物最不容易被别的事物所改变或影响,例如,身体之受饮食、劳累的影响,植物之受阳光、风雨等等的影响——最健康、最强壮者、最不容易被改变。不是吗?

阿:怎么不是呢?

381 苏:心灵不也是这样的吗?最勇敢、最智慧的心灵最不容易被任何外界的影响所干扰或改变。

阿:是的。

苏:同样的道理,一切组合而成的东西也肯定是这样的了。——家具、房屋、衣服,如果做得很好很牢,也最不容易受时间或其他因素的影响。

阿:的确是这样。

B 苏:那么万事万物都是这样的了。——一切处于最好状况之下(或天然生的最好,或人工造的最好,或两方面都最好)的事物是最不容易被别的东西所改变的。

阿:看来是这样。

苏:神和一切属于神的事物,无论如何都肯定是处于最好状态下的。

阿:当然。

苏:由此看来,神是最不可能有许多形相的。

阿:确实不可能的。

苏:但是,神能变形,即自己改变自己吗?

阿:如果他能被改变,显然是能自己改变自己的。

苏:那么他把自己变美变好呢,还是变丑变坏呢?

C 阿:如果变,他一定是变坏。因为我们定然不能说神在美和善方面有什么不足的。

苏:你说得对极了。如果这样尽善尽美,阿得曼托斯,你想想看,无论是哪一个神或哪一个人,他会自愿把自己变坏一点点吗?

阿:不可能的。

苏:那么,一个神想要改变他自己,看来是连这样一种愿望也不可能有的。看来还是：神既尽善尽美，只能永远停留在自己单一的既定形式之中。

阿：我认为这是一个绝对必然的结论。

苏：那么，我的高明的朋友啊！不许任何诗人这样对我们说： D

诸神化装外乡人，
不时混迹各城邦，
变换形相
微服私访。[1]

也不许任何人讲关于普罗透斯[2]和忒提斯[3]的谎话，也不许他们在悲剧和诗篇里，把赫拉化装成女祭司，为

阿尔戈斯的伊纳霍斯河的赐予生命的孩子们[4] E

挨门募化，我们不需要诸如此类的谎言。做母亲的也不要被这些谎言所欺骗，对孩子们讲那些坏故事，说某些神在夜里看上去像许多五花八门的外乡人样地到处游荡。我们不让她们这样一方面亵渎了神明，另一方面也把孩子吓得胆战心惊，变成懦夫。

阿：决不许这样。

苏：虽然诸神是不能变的，但是我们可不可以认为他们能给我们幻象，让我们看到他们光怪陆离的形相呢？

阿：也许如此。

苏：怎么样？神明会愿意说谎欺骗，在言语行动上对我们弄虚作假吗？

阿：我不知道。 382

苏：你不知道真实上的虚假——如果这话能成立[5]——是所有的神和人都憎恶的吗？

阿：你说的是什么意思？

苏：我的意思是说：虚假乃是一种不论谁在自身最重要的部分[6]，在最

---

① 《奥德赛》XVII 485—486。

② 海神之一，善变。见《奥德赛》IV 456—458。

③ 海中女神，能变多种形相。

④ 指自然神女中溪流之神们。

⑤ “真”和“假”是对立的。

⑥ 在心灵上。

重要的事情上,都最不愿意接受,最害怕它存留在那里的东西[①]。

阿:我还是不懂。

B 苏:这是因为你以为我的话有什么奥义。其实,我的意思只是:上当受骗,对真实一无所知,在自己心灵上接受了并保留下虚假——这是任何人都最不愿意最深恶痛绝的。

阿:确实如此。

苏:但是,把受骗者心灵上的无知说成正是真实上的虚假(如我刚才说的)肯定是完全正确的。因为言语上的虚假只不过是心灵上的虚假的一个
C 摹本,是次生的映象,而不是纯粹的虚假。对吗?

阿:很对。

苏:因此,真实上的虚假是不论神还是人都深恶痛绝的。

阿:我也这么认为了。

苏:不过,言语上的虚假怎么样?什么时候可以用,对谁可用,所以才不讨厌的?对敌人不是可用吗?在我们称之为朋友的那些人中间,如果有人得了疯病,或者愚昧地要做坏事,假话作为一种药物不也变得有用了,可以
D 用来防止他们作恶吗?在我们刚才的讨论中所提到的故事里,我们由于不知道古代事情的真相,所以以假作真,利用假的传说达到训导的目的。

阿:当然可以这样。

苏:那么在上述哪一种情况下,假话于神可用?他们会是因为不知道古代的事情,把假的当成真的了吗?

阿:啊,这是一个荒唐的想法。

苏:那么,神中间没有一个说假话的诗人了?

阿:我想没有。

苏:那么,神会因为害怕敌人而说假话吗?

E 阿:绝对不会。

苏:会因为朋友的疯狂和愚昧而说假话吗?

阿:不会,神是没有疯狂和愚昧的朋友的。

苏:那么,神不存在说谎的动机。

---

① 在心灵上。

阿:不存在。

苏:因此,有一切理由说,心灵和神性都和虚假无缘。

阿:毫无疑问。

苏:因此,神在言行方面都是单一的、真实的,是不会改变自己,也不会白日送兆,夜间入梦,玩这些把戏来欺骗世人的。

阿:听你讲了以后,我自己也这样认为。 383

苏:那么你同意不同意这第二个标准:讲故事、写诗歌谈到神的时候,不许把他们描写成能变形的魔术师,在言行上会欺骗我们,把我们引上歧途的角色?

阿:我同意。

苏:那么,在荷马的作品里,虽然许多东西值得我们赞美,可是有一件事是我们不能称赞的,这就是宙斯托梦给阿伽门农的说法[①];我们也不能赞美
埃斯库罗斯的一段诗,诗里忒提斯说,在伊结婚时,阿波罗曾大唱赞歌, B

祝我子孙有福,
没病没痛寿命长长。
为了增强喜气添我信心,
他还当众宣告,
我的命运有神保佑。
福波斯预言满腹,
说出来我相信都会应验。
谁料到,正是他——
出席婚宴唱这赞歌的神
——杀了我的儿亲。[②]

任何诗人说这类话诽谤诸神,我们都将生气,不让他们组织歌队演出,也不 C
让学校教师用他们的诗来教育年轻人,如果要使未来的城邦护卫者在人性许可的范围内,成为敬畏神明的人的话。

阿:无论如何要这样。我同意你这两个标准,我愿意把它们当作法律。

---

① 《伊利亚特》II 1—34。

② 埃斯库罗斯,残诗350。

第三卷

386 苏:为了使我们的护卫者敬神明,孝父母,重视朋友间彼此的友谊,在故事中有关神的事情,哪些必须从小就讲给他们听,哪些从小就不许讲给他们听,我的观点大致即如上所述。

阿:我也这样认为,我觉得我们的看法是对的。

苏:那么,还有什么?如果要使他们成为勇敢的人,我们不能就此为止。我们要不要进一步用正确的说法教育他们,使他们不怕死?你看一个人心
B 里怕死能勇敢吗?

阿:我看不能。

苏:如果一个人相信冥国是确实存在的而且非常可怕,他能不怕死,打仗的时候能宁死不屈不做奴隶吗?

阿:不能。

苏:看来我们对于写作这些故事的人,应该加以监督,要求他们称赞冥间生活,不要信口雌黄,把它说得一无是处。因为他们所讲的既不真实,对
C 于未来的战士又有害无益。

阿:应该监督他们。

苏:那么,让我们从史诗开始,删去所有这类内容:

宁愿活在人世做奴隶啊
跟着一个不算富裕的主人,
不愿黄泉之下啊

　　统帅鬼魂。①

以及，

　　他担心对凡人和天神
　　暴露了冥府的情景：
　　阴暗、凄惨，连不死的神
　　看了也触目心惊。②

以及，

　　九泉之下虽有游魂幻影，
　　奈何已无知识。③

以及，

　　独他还有智慧知识，
　　别人不过幻形阴影，来去飘忽不定。④

以及，

　　魂灵儿离开了躯体，他飞往哈得斯的宫殿，
　　一路痛哭着运命的不幸，
　　把青春和刚气一起抛闪。⑤

以及，

　　魂飞声咽，去如烟云。⑥ 387

---

① 诗见《奥德赛》XI 489—491。奥德修斯游地府看见阿喀琉斯的鬼魂时，对他说了些安慰的话，称赞他死后还是英雄。阿喀琉斯却表示了好死不如赖活的想法。

② 《伊利亚特》XX 64。神分成两派，一派站在希腊人一边，一派站在特洛亚人一边。诸神亲自参战，以致山摇地震，吓坏了冥土哈得斯，他担心地面震裂，让人和神看到了阴间的恐怖情景。

③ 阿喀琉斯梦见好友派特罗克洛斯的鬼魂，想去拥抱他。但鬼魂的阴影避开了。阿喀琉斯发出了感叹。见《伊利亚特》XXIII 103。

④ 古希腊人认为，人死了便不再知道人世的事，连亲人都不认识。只有受祭吃了牺牲的血时才认识还活着的人。

女神刻尔吉叫奥德修斯去地府向先知泰瑞西阿的鬼魂打听自己的前程。据她说，这位先知虽然死了，冥府王后波塞芳妮让他仍然保持着先知的智慧。见《奥德赛》X 495。

⑤ 关于派特罗克洛斯的死，见《伊利亚特》XVI 856。关于赫克托之死，见同书 XXII 362。

⑥ 诗见《伊利亚特》XXIII 100。阿喀琉斯在梦中看见派特罗克洛斯的鬼魂，像一阵烟似的消失了。

以及,

如危岩幽窟中,飞蝠成群,

有一失足落地,其余惊叫吱吱:

黄泉鬼魂熙攘,啾啾悲哭随行。①

B 如果我们删去这些以及所有这类的诗行,请荷马以及别的诗人不要见怪。我们并不否认这些是许多人喜欢听的好诗。但是愈是好诗,我们就愈不放心人们去听。这些童年和成年的听众应该爱惜自由,应该怕做奴隶不怕死。

阿:我完全同意。

苏:此外,我们还必须在谈到这些事情时从词汇中剔除所有那些阴森可
C 怕的名词,诸如"科库托斯河"、"斯土克斯河",②以及"鬼"、"死尸"等等。它们使人听了毛骨悚然。也许这些名词自有其别的很好的用处,不过,目前我们是在关心护卫者的教育问题,我们担心这种阴森可怕的字眼会使我们的护卫者变得胆怯懦弱,不像我们所需要的那样坚强勇敢。

阿:我们担心得很对。

苏:那么,我们应当废除这些名词?

阿:是的。

苏:我们在讲故事写诗歌时应当采用与此相反的名词?

阿:这是显而易见的。

D 苏:我们要不要删去著名英雄人物的痛哭和悲叹?

阿:同上面所讲的一样,当然要的。

苏:仔细考虑一下,把这些删去究竟对不对?我们的主张是:一个高尚的人不会认为死对于他的朋友——另一个高尚的人,是一件可怕的事情。

阿:这是我们的主张。

苏:那么,他不会哀伤他朋友的死去,好像朋友遭到了一件可怕的事情似的。

阿:他不会的。

---

① 诗见《奥德赛》XXIV 6。求婚子弟都被奥德修斯杀死。这里描写他们的鬼魂在神使赫尔墨斯引领之下去地府时的情景。

② 冥河。死者必须在这里摆渡进入冥界。

苏:我们还可以说这种人自己靠自己快乐。最少有求于他人乃是他们与众不同的地方。 E

阿:真的。

苏:因此,丧失儿子,丧失兄弟,失去钱财,或别的什么,对这种人来说,是丝毫不觉得可怕的。

阿:是的,毫不可怕。

苏:因此他是绝不会悲伤的,不论什么这类的不幸临到他头上,他都会处之泰然。

阿:肯定如此。

苏:那么,我们应该删去著名男子的哀号,把它们归之于妇女(也还不包括优秀的妇女),归之于平庸的男子,使我们所说正在培养为这地方的护卫
者的那些人,看不起这种人,不去效法他们。 388

阿:对。

苏:因此我们要再次要求荷马以及其他诗人不要把女神的儿子阿喀琉斯形容得:

倒在床上,一忽儿侧卧,
一忽儿朝天,一忽儿又伏卧朝地。[①]

然后爬起来

心烦意乱踯躅于荒海之滨,[②]

也不要描写他两手捧起乌黑的泥土,撒在自己头上[③],也不要说他长号大哭 B
鸣咽涕泣,有如荷马所描写的那样;也不要描写普里阿摩斯那诸神的近亲,在粪土中滚爬,

挨个儿呼唤着人们的名字,
向大家恳求哀告。[④]

我们尤其请求诗人们不要使神嚎啕大哭,

---

① 见《伊利亚特》XXIV 10—12。描写阿喀琉斯思念亡友派特罗克洛斯时的情景。

② 同上。

③ 见《伊利亚特》XVIII 23。阿喀琉斯第一次听到派特罗克洛斯战死的消息时的情景。

④ 这位特洛亚老王看见儿子赫克托死后尸体遭到凌辱,悲痛欲绝,要大家放他出城去赎回赫克托的尸体。见《伊利亚特》XXII 414。

我心伤悲啊生此英儿，

C 儿子英雄啊母亲不幸。①

对于诸神要如此，对于诸神中最伟大的神更不应当如此大胆歪曲，让他唉声叹气地说：

唉呀，我的朋友被绕城穷追。

目睹此情景我心伤悲。②

还有：

哎呀，我最亲爱的萨尔佩冬

命中注定要死在

D 梅诺提阿德之子派特罗克洛斯之手中。③

我亲爱的阿得曼托斯啊！倘使我们的年轻人一本正经地去听这类的故事而不以为这类事情可耻可笑，那么到了他们自己——不过一个凡人——身上，对这类的言行，就更不以为可鄙可笑了；他们也更不会遇到悲伤，自我克制，而会为了一点小事就哀痛呻吟了。

阿：你说得很对。

苏：如我们刚才的讨论证明的，他们不应该这样。我们要相信这个结论，直到有人能给我们另一个更好的理由证明，另一个结论。

阿：他们实在不应该这样。

苏：再说，他们也不应该喜欢大笑。一般说来，一个人纵情狂笑，就很容易使自己的感情变得非常激动。

阿：我同意你这个想法。

苏：那么，如果有人描写一个有价值的人捧腹大笑不能自制，我们不要相信。至于神明，更不用说。

389 阿：更不用说。

苏：那么，我们绝不应该从荷马那里接受下面关于诸神的说法：

赫淮斯托斯手执酒壶，

---

① 《伊利亚特》XVIII 54。阿喀琉斯的母亲，女神忒提斯的话。

② 《伊利亚特》XXII 168。主神宙斯所说关于赫克托的话。

③ 见《伊利亚特》XVI 433。

绕着宴会大厅忙碌奔跑；

极乐天神见此情景，

迸发出阵阵哄堂大笑。[1]

用你的话说，我们“不应该接受”它。

阿：如果你高兴把这个说法算作我的说法，那就算是我的说法吧。反正我们不应该接受的。 B

苏：我们还必须把真实看得高于一切。如果我们刚才所说不错：虚假对于神明毫无用处，但对于凡人作为一种药物，还是有用的。那么显然，我们应该把这种东西交给医生，一般人一概不准碰它。

阿：这很清楚。

苏：国家的统治者，为了国家的利益，有理由用它来应付敌人，甚至应付别的公民。其余的人一概不准和它沾边。如果一般人对统治者说谎，我们 C
以为这就像一个病人对医生说谎，一个运动员不把身体的真实情况告诉教练，或一个水手欺骗舵手关于船只以及本人或其他水手的情况一样，是有罪的，甚至罪过更大。

阿：极是。

苏：那么，在城邦里统治者遇上任何人， D

不管是预言者、医生还是木工，[2]

或任何工匠在讲假话，就要惩办他。因为他的行为像水手颠覆毁灭船只一样，足以颠覆毁灭一个城邦。

阿：他会颠覆毁灭一个城邦，如果他的假话起作用的话。

苏：我们的年轻人需要不需要有自我克制的美德？

阿：当然需要。

苏：对于大多数人来讲，最重要的克制乃是服从统治者和克制自己饮食 E
男女等方面的快乐。

阿：我同意。

---

① 见《伊利亚特》I 599。诸神看着赫淮斯托斯拐着瘸腿来往奔忙，给众神斟酒，滑稽可笑。实际上是笑话他多管闲事。在奥林匹斯山上替神们斟酒本来是青春女神赫柏的任务。

② 《奥德赛》XVII 383。

苏：我觉得荷马诗里迪奥米特所讲的话很好：

朋友，君且坐，静听我一言。[1]

还有后面：

阿凯亚人惧怕长官，

静悄悄奋勇前进。[2]

以及其他类似的话也很好。

阿：说得对。

苏：但是，这一行怎么样？

390 狗眼鼠胆，醉汉一条。[3]

后面的那几行你觉得好吗？还有其他诗歌散文中描写普通公民对统治者的那些鲁莽无礼的举动也好吗？

阿：不好。

苏：这些话不适宜给年轻人听，以免他们失掉自我克制。如果说它们能带来某种别的快乐，那没什么了不起的。你的意见呢？

阿：我同意。

苏：还有荷马让一位最有智慧的英雄说出一席话，称赞人生最大的福分是，

B 面前宴席上，麦饼肉块吃不完，

侍者调酒斟酒，酒杯空了又满。[4]

年轻人听了这些话，对于自我克制有什么帮助？还有听了：

生民最苦事，独有饥饿死！[5]

或者听了关于宙斯：当其他诸神和凡人都已进入睡乡，他因性欲炽烈，仍然
C 辗转反侧，瞥见赫拉浓妆艳抹，两情缱绻，竟迫不及待露天交合。宙斯还对

---

① 《伊利亚特》IV 412。迪奥米特对斯特涅洛斯说的话。阿伽门农责备迪奥米特和斯特涅洛斯等作战不力，迪奥米特虚心接受了元帅的批评。当斯特涅洛斯反驳阿伽门农时，迪奥米特制止他这样做，要求他理解和尊重元帅的批评。

② 《伊利亚特》III 8 和 IV 431。

③ 《伊利亚特》I 225。阿喀琉斯辱骂阿伽门农的话，骂他没有勇气亲自上前线作战。同一处还有别的骂他的话。

④ 《奥德赛》IX 8。奥德修斯对阿吉诺王说的开头几句话。

⑤ 《奥德赛》XII 342。在存粮吃尽时奥德修斯的伙伴尤吕洛科说的话。

妻子说,此会胜似初次幽会,

背着他们的父母。

于是他将一切谋划顷刻忘怀。[1] 以及听了关于赫淮斯托斯为了战神阿瑞斯和爱神阿芙洛狄忒的情事用铁链把他俩绑住的事,[2]对年轻人的自我克制有什么益处呢?

阿:据我看来,绝对没有什么益处。

苏:至于一些名人受到侮辱而能克制忍受的言行,这些倒是值得我们让 D
年轻人看看听听的,例如:

他捶胸叩心责备自己:

"我的心呀,你怎么啦?更坏的事情都忍受过来了。"[3]

阿:当然。

苏:此外,我们不能容忍贪财纳贿。

阿:决不能。 E

苏:那就也不能向人们朗诵:

钱能通神呀,钱能通君王。[4]

我们不应该表扬阿喀琉斯的导师菲尼克斯,是他教唆阿喀琉斯拿到阿凯亚人的钱就出来保卫他们,否则决不释怒。[5] 我们也不应该同意或者相信这种说法:阿喀琉斯十分贪财,他接受了阿伽门农的礼物;[6]还曾在接受了钱财后才放还人家的尸体,否则决不放还。[7]

阿:表扬这些事情是不应该的。 391

---

① 《伊利亚特》XIV 294—341。诗见同书 XIV 281。

② 《奥德赛》VIII 266。

③ 同上书 XX 17。奥德修斯回到自己家里看到混乱情况时,对自己说的话。

④ 见 10 世纪时的辞典 Suidas 中的 δῶρα 条。其中告诉我们:有人认为这行诗是赫西俄德的。

⑤ 菲尼克斯对阿喀琉斯讲的一番话。见《伊利亚特》IX 515 以下。菲尼克斯讲话的主旨还是想打动阿喀琉斯的心,求他出战。没有"否则决不释怒"的意思。

⑥ 《伊利亚特》XIX 278。在荷马笔下阿喀琉斯并不是一个特别贪财的人。他和阿伽门农和解并答应出战主要是为了替好友派特罗克洛斯复仇。

⑦ 见《伊利亚特》XXIV 502,555,594。事指特洛亚老王普里阿摩斯送给阿喀琉斯许多礼品,赎回爱子赫克托的尸体。

苏：但是为了荷马，我不愿说这类事情是阿喀琉斯做的。如有别人说，我也不愿相信。否则是不虔敬的。我也不愿相信阿喀琉斯对阿波罗神说的话：

远射弓手，极恶之神，你骗了我。

力所不及，力若能及，我要罚你。①

还有，关于他怎样不听从河神，准备与河神战斗；②关于他怎样讲到他把已
B 经许愿献给斯珀尔克斯河神的

卷发一束，献与英勇的亡友派特罗克洛斯之手中。③

我们不能相信他会这样做。至于拖了赫克托的尸首绕派特罗克洛斯的
C 坟墓疾走，并在自己朋友的火葬堆前屠杀俘虏，这些事我们也不能信以为
真。我们不能让年轻人相信阿喀琉斯——一位女神和佩莱斯（主神宙斯之
孙，素以自我克制闻名）的儿子，由最有智慧的赫戎教养成人——这个英雄
精神状态竟如此混乱，他的内心竟有这两种相反的毛病：对贪财心的屈服与
对神、人的傲视。

阿：你说得对。

苏：于是我们也不可以相信或容许有人说海神波塞冬的儿子提修斯④
D 和主神宙斯的儿子佩里索斯掳掠妇女的如此骇人听闻的事情，也不可相信
或容许有人说，别的某个神的儿子或英雄胆敢干出如今诗人们诬蔑于他们
的那些可怕的渎神之事。我们还要强迫诗人们否认这些事情是神的儿子们
做的，或者否认做这些事情的人是神的后裔。总之两者他们都不应该说。
他们不应该让年轻人相信，神明会产生邪恶，英雄并不比一般人好。前面我
E 们已经说过，这种话既不虔诚，又不真实。我相信我们已经证明过了，神为
邪恶之源是不可能的。

---

① 《伊利亚特》XXII 15。

② 阿喀琉斯对斯卡曼德洛斯河神。见《伊利亚特》XXI 230。

③ 阿喀琉斯的父亲曾给斯珀尔克斯河神许愿：如果阿喀琉斯能平安地从特洛亚回到家乡，就把阿喀琉斯的一卷长发和五十头羊作祭品献给这位河神。可现在阿喀琉斯知道自己命中注定要死在特洛亚，回不去了。所以忿怒地把长发剪下献给亡友。见《伊利亚特》XXIII 151。

④ 传说，提修斯曾在佩里索斯协助下抢劫海伦，还曾和佩里索斯一起企图诱抢冥后波塞芳妮。提修斯的故事曾是一些史诗和索福克勒斯与欧里庇得斯失传悲剧的题材。

阿：当然是不可能的。

苏：再说，这些荒诞不经的言行，对于听者是有害无益的。因为每个听者都会认为自己的作恶没什么了不起，如果他相信这些坏事神的子孙过去都曾做过，现在也还在做着。有诗说他们是神的近亲。

巍巍伊达山巅，
筑有宙斯祭坛，
祭火直上青冥。——
他们是宙斯的近亲，
血管里流着神的血液。[1]

为此我们必须禁止这种故事的流传。以免在我们的年轻人心中引起放肆作
恶的念头。 392

阿：我们必须禁止。

苏：那么，什么应该讲，什么不应该讲——在这个问题上我们还有什么要规定的呢？我们已经提出了关于诸神、神灵、英雄以及冥界的正确说法了。

阿：我们已经提出了。

苏：剩下来还须规定的恐怕是关于人的说法吧？

阿：显然是的。

苏：我的朋友啊，对这个问题我们眼下还不能作出规定呢！

阿：为什么？

苏：因为我想我们要说，诗人和说故事的人在关于人的重大问题上说法
有错误。他们说，许多不正义的人快乐，正义的人痛苦；还说，做不正义的事 B
有利可图，只要不被发觉；正义对别人有利对自己有害。这些话我们应该禁止他们讲，应该命令他们去歌唱去述说与此相反的话。你同意我的话吗？

阿：我很同意。

苏：如果你承认我说的对，我可以说你已经承认了我们早就在寻找的那东西了。

阿：你理解的对。

---

① 诗出埃斯库罗斯失传悲剧《尼俄珀》。

C 苏:那么,我们一定要先找出正义是什么,正义在本质上对正义的持有者有什么好处,不论别人是否认为他是正义的。弄清楚这个以后,我们才能在关于人的说法上取得一致意见,即,哪些故事内容应该讲。是吗?

阿:极是。

苏:关于故事的内容问题就讨论到这里为止,下面我们要讨论故事的文体问题。这样我们就把内容与形式——讲什么和怎样讲的问题——全检查到了。

阿:我不懂你的意思。

D 苏:啊,我一定会使你懂的。也许你这样去看就更容易懂得我的意思了:讲故事的人或诗人所讲的不外是关于已往、现在或将来发生的事情。

E 阿:对,没有别的了。

苏:他们说故事,或是用单纯的叙述,或是用模仿,或是两者兼用来进行的。对吗?

阿:这一点我也是还需要懂得更清楚一些的。

苏:我真是一个可笑的笨拙的教师呀!我只好像那些不会讲话的人一样,不能一下子全部讲明白,只能一点一点地逐渐对你说清楚我想说明的意思。请问,你知道《伊利亚特》开头的那几行诗吗?在那里诗人讲到赫律塞
393 斯祈求阿伽门农释放他的女儿,阿伽门农勃然大怒。当赫律塞斯要不回女儿的时候,他求神惩罚希腊人。

阿:知道的。

苏:那么,你一定知道接下来的这两行:

他祈求全体阿凯亚人,尤其
阿特瑞斯之两子[①],两位人民领袖。

直到这里都是诗人自己在讲话,没有使我们感到有别人在讲话。在后面一段里,好像诗人变成了赫律塞斯,在讲话的不是诗人荷马,而是那个老祭司
B 了。《伊利亚特》故事其余部分,在伊塔卡发生的一切,以及整个《奥德赛》

---

① 诗见《伊利亚特》I 15。阿凯亚人即希腊人。阿特瑞斯之两子,指的是阿伽门农和其弟墨涅拉俄斯。

的故事，诗人几乎都是这么叙述的。①

阿：确是这样。

苏：因此所有的对话部分以及对话和对话之间的部分，都是叙述。对吗？

阿：当然对的。

苏：但是当诗人用对话体讲话就像是另外一个人了时，我们可不可说他 C
在讲话时把自己完全同化于故事中的那个人了呢？

阿：是的。

苏：使自己的音容笑貌像另外一个人，他就是在模仿他使自己像的那一个人了。对吗？

阿：当然对。

苏：在这种情况下，看来荷马和别的诗人是在通过模仿进行叙述。

阿：极是。

苏：但是如果诗人处处出现，从不隐藏自己，那么模仿便被抛弃，他的诗 D
篇就成为纯粹的叙述。可是为了使你不再说“我不懂”，我将告诉你这事情
可以怎么做。例如荷马说：祭司来了，手里带了赎金要把女儿领回，向希腊
人特别是向两国王祈求——这样讲下去，不用赫律塞斯的口吻，一直用诗人
自己的口吻。他这样讲就没有模仿而是纯粹的叙述。叙述大致就像这个样
子：（我不用韵律，因为我不是诗人）祭司来了，祝告诸神，让希腊人夺取特 E
洛亚城平安回去。他这样讲了，希腊人都敬畏神明，同意他的请求。但是阿
伽门农勃然大怒，要祭司离开，不准再来，否则他的祭司节杖和神冠都将对
他毫无用处。阿伽门农要和祭司的女儿终老阿尔戈斯城。他命令祭司，如
果想安然回去，必须离开，不要使他恼怒。于是这个老祭司在畏惧与静默中 394
离开了。等到离了营帐，老祭司呼唤阿波罗神的许多名号，求神回忆过去他
是怎样厚待神明的，是怎样建庙祀享的，祭仪是多么丰盛。神明应当崇德报
功，神矢所中应使希腊人受罚抵偿所犯的罪过。我的朋友，就这样，不用模 B
仿，结果便是单纯叙述了。

---

① 荷马史诗既用诗人自己的口吻叙述，有的地方又用角色的口吻讲话。后者是诗人讲故事的另一方式，也是一种“叙述”。如果给以另一名称，就是“模仿”。

阿:我懂了。

苏:或者你可以设想恰恰相反的文体,把对话之间诗人所写的部分一概除去,仅仅把对话留下。

阿:这我也懂得。这就是悲剧所采用的文体。

C 苏:你完全猜对了我的意思。我以前不能做到,现在我想我能够明白告诉你了。诗歌与故事共有两种文体:一种是完全通过模仿,就是你所说的悲剧与喜剧;另外一种是诗人表达自己情感的,你可以看到酒神颂大体都是这种抒情诗体。第三种是二者并用,可以在史诗以及其他诗体里找到,如果你懂得我的意思的话。

阿:啊,是的,我现在懂得你的意思了。

苏:那么,回忆一下以前说过的话。我们前面说过,在讨论完了讲什么的问题之后,应该考虑怎么讲的问题。

阿:是的,我记得。

D 苏:我的意思是说:我们必须决定下来,我们容许诗人用模仿进行叙述呢,还是容许一部分用模仿一部分不用模仿?又各指哪一类事情呢?还是完全不许他们使用模仿?[①]

阿:我猜想你在考虑的问题是,我们是否容许悲剧与喜剧进入我们城邦里来。

苏:也许是的。也许不止于此。[②] 说实在的,我自己也还不知道。我只知道,不管辩论之风吹向哪里,我们都必须跟着它走到那里。

阿:你说得很对。

E 苏:阿得曼托斯啊,在这一点上,我们一定要注意我们的护卫者应该不应该做一个模仿者?从前面所说过的来推论,每个人只能干一种行业而不能干多种行业,是不是?如果什么都干,一样都干不好,结果一事无成。

阿:毫无疑问就会这样。

苏:同样的道理不是也可以应用于模仿问题吗?同一个人模仿多种东西能够像模仿一种东西那样做得好吗?

---

① 三种做法,一是指悲剧和喜剧体裁,二是指史诗体裁,三是指酒神颂体裁。

② 见下面 395C 以下;考虑到对护卫者的心灵影响。

阿:当然不能。

苏:那么,他更不能够一方面干着一种有价值的事业,同时又做一个模 395
仿者,模仿多种东西了,既然同一模仿者无论如何也不能同时搞好两种模
仿,哪怕是一般被认为很相近的两种模仿,譬如搞悲剧与喜剧。你不是刚才
说它们是两种模仿吗?

阿:我是这样说过的。你说得很对,同一人不可能两者都行。

苏:同一人也不能既做史诗朗诵者,又做演员。

阿:真的。

苏:同一人也不能既做喜剧演员又做悲剧演员,虽然他们干的都是模 B
仿。不是吗?

阿:是的。

苏:阿得曼托斯啊,我看人的天赋是被铸造得比这还要细小的,因此人不可能成功地模仿多种事情,也不可能做好他所模仿的多种事情本身。

阿:极是。

苏:假使要坚持我们最初的原则,我们的护卫者应该放弃一切其他行 C
业,专心致志于城邦的自由大业,集中精力,不从事别的任何与此目标无关
的行业,那么他们就不应该去做或去模仿别的任何事情。如果他们要模仿
的话,也应该从小起就模仿与他们适合的人物——模仿那些勇敢、节制、虔
诚、高贵的一类人和事。凡与培养高贵的人的目标不符的事情,就既不应该
去做,也不应该去巧于模仿。至于丑恶的事情,当然更不应该模仿,以免因
模仿弄假成真,真的变丑恶了。你有没有注意到,如果从小到大这样模仿,
时间长了,最后便养成习惯,习惯成自然,影响人的言谈举止乃至思想都变 D
丑了吗?

阿:的确是的。

苏:因此我们不能容许我们关心培育寄予厚望的人,男子汉大丈夫去模
仿女人——或老或少——或与丈夫争吵的,或自以为幸福得意忘形,自比于 E
神的,[①]或遭遇不幸悲伤痛哭的,更不用说模仿生病的,相思的,分娩的女
人了。

---

① 大概是指神话中尼奥贝自比于阿波罗和阿尔忒弥斯的母亲。

阿:一定不许。

苏:也不许他们模仿奴隶(不论女的男的),去做奴隶所做的事情。

阿:也不许。

苏:看来也不许我们的护卫者模仿坏人:懦夫以及行为和懦夫相反的泼
396 皮无赖——这种人相互争吵相互挖苦,不论喝醉了还是清醒时讲不堪入耳
的脏话,或说别的话做别的事糟蹋别人也糟蹋了自己。我想我们也不应该
让我们的护卫者养成学着疯子说话做事的习惯。他们虽然应该了解疯子和
坏男人坏女人,但决不应该去吟唱和模仿这种人。

阿:极是。

苏:那么他们能去模仿铁匠、其他工匠、三列战舰上的划桨人、划桨人的
B 指挥以及其他这类的人们吗?

阿:那怎么能?他们连去注意这些事情都是不准许的。

苏:那么马嘶、牛叫、大河咆哮、海潮呼啸以及雷声隆隆等一类事情,他们能去模仿吗?

阿:不行。他们已经被禁止做疯子,也被禁止模仿疯子。

苏:如果我理解没错的话,你的意思是说:有一种言语和叙述形式是给
C 本性美好的人当他有话要讲时用的。另外有一种与此不同的言语和叙述形
式是给出身教养相反的人用的。

阿:这两种言语和叙述究竟是什么样的?

苏:我的想法是这样的。一种是正派的说故事人在叙述过程中说到一
个好人的正派的言语行动时,他会乐意想象自己就是这个人,惟妙惟肖地模
仿他,不以为耻。他尤其乐意模仿好人一贯明于事理的言谈行动。如果这
D 个人变了:病了,或陷入相思了,或酩酊大醉了,或遭遇灾难了,他就不大愿
意去模仿他了,或者模仿了也是很勉强的。当他叙述到一个不如自己的人
物时,他就不会乐意认真地模仿他。就是人物偶有长处值得模仿一下,他也
不过偶一为之,还总觉得不好意思。他对模仿这种人既没有经验,同时也会
E 憎恨自己,竟取法乎下,以坏人坏事为自己的范本。除非是为了嘲笑这种
人,心怀鄙薄地模仿他们。

阿:很可能是这样。

苏:那么他会采用我们曾经从荷马诗篇里举例说明过的那种叙述方法,

就是说,既有叙述,又有模仿,且叙述远远多于模仿。我说得对吗?

阿:对。这种说故事人必定这么做。 397

苏:另一种说故事人,他什么话都说。他的品质愈坏,就愈无顾忌,他什么都模仿,他觉得什么都值得他模仿。所以他想方设法,认真地,在大庭广众之间什么都模仿,包括我刚才所提到的雷声、风声、雹声、车轮声、喇叭声、长笛声、哨子声、各种的乐器声,他还会模仿狗吠羊哞鸟鸣。所以他说的故事整个全是声音姿态的模仿,很少纯粹的叙述。 B

阿:这种说故事人势必如此。

苏:这就是我说的两种言语。

阿:是的。

苏:且说,这两种言语中的一种变化不多。如果给它以合适的声调和节奏,其结果一个正确的说故事人岂不是几乎只需要用同一的声调——因为 C
变化少——也几乎用同一的节奏?

阿:的确如此。

苏:另一种言语怎么样?不是正好相反吗?它需要多种声调、多种节奏,如果它也要被表达得合适的话。——因为这种言语包含各式各样的变化。

阿:完全对。

苏:那么所有的诗人、说唱故事的人在选用言语时,不是取上述两种类型中的这一种或那一种,就是取两者并用的那一种。对吗?

阿:那是一定的。

苏:那么,我们怎么办?我们的城邦将接受所有这些言语类型呢,还是 D
接受非混合的两种单纯的类型之一呢,还是接受那个混合型的呢?

阿:如果让我投票选择的话,我赞成单纯的模仿善者的那个类型。

苏:可是,亲爱的阿得曼托斯,混合型毕竟是大家所喜欢的。尤其是小孩和小孩的保育员们,以及广大民众,他们所最最喜欢的和你所挑选的恰恰相反。

阿:它确是大家喜欢的。

苏:但是也许你要说这与我们城邦的制度是不适合的。因为我们的人既非兼才,亦非多才,既然每个人只能做一件事情。 E

阿:是不适合的。

苏:这也就是为什么我们的城邦是唯一这样的地方:我们将发现鞋匠总是鞋匠,不在做鞋匠以外,还做舵工;农夫总是农夫,不在做农夫以外,还做法官;兵士总是兵士,不在做兵士以外,还做商人,余此类推。不是吗?

阿:是的。

398 苏:那么我想,假定有人靠他一点小聪明,能够模仿一切,扮什么,像什么,光临我们的城邦,朗诵诗篇,大显身手,我们会向他拜倒致敬,奉他为神圣的、了不起的、大受欢迎的人物,但也会对他说,我们城邦里没有这种人,法律不准我们有这种人。我们将在他头上涂以香油,饰以缠羊毛的花冠,礼
B 送他到别的城邦去。至于我们,为了对自己有益,要任用较为严肃较为正派的诗人或讲故事人,模仿好人的言语,按照我们起初立法教育我们的战士时[①]所定的规范来说唱故事。

阿:我们正应该这样做,假定我们有权这样做的话。

苏:现在,我的朋友,我们可以认为已经完成了音乐[②]的有关言语和故事部分的讨论,因为我们已经说明了应该讲什么以及怎样讲的问题。

阿:我也这样认为。

C 苏:那么,是不是剩下来的还有诗歌的唱法和曲调的问题?

阿:显然是的。

苏:到此任何人都可以发现我们对这个问题应该有什么说法了,假定我们的说法要和前面已经说过的话一致。

格(笑着):苏格拉底,我恐怕你说的"任何人",并不包括我在内,我匆促之间没有把握预言我们应该发表的见解是什么,虽然多少有一点想法。

D 苏:我猜想你肯定有把握这样说的:诗歌有三个组成部分——词,声调,节奏。[③]

格:啊,是的,这点我知道。

---

① 参见379A以下。

② 指文艺。

③ 古代希腊一篇完整的诗歌,包括词、节奏和声调。"声调"或所谓"和谐"ἁρμονία是一种高低音协调的音调系统。

苏:那么就词而论,我想唱的词和说的词没有什么分别,必须符合我们所讲过的那种内容和形式。

阿:是的。

苏:还有,调子和节奏也必须符合歌词。

格:当然。

苏:可是我们说过,我们在歌词里不需要有哀挽和悲伤的字眼。

格:我们不需要。

苏:那么,什么是挽歌式的调子?告诉我。因为你是懂音乐的。 E

格:混合的吕底亚调,高音的吕底亚调,以及与此类似的一些音调属于挽歌式的调子。

苏:那么我们一定要把这些废弃掉,因为它们对于一般有心上进的妇女尚且无用,更不要说对于男子汉了。

格:极是。

苏:再说,饮酒对于护卫者是最不合适的,萎靡懒惰也是不合适的。

格:当然。

苏:那么有哪些调子是这种软绵绵的靡靡之音呢?

格:伊奥尼亚调,还有一些吕底亚调都可说是靡靡之音。 399

苏:好,我的朋友,这种靡靡之音对战士有什么用处?

格:毫无用处。看来你只剩下多利亚调或佛里其亚调了。

苏:我不懂曲调,我但愿有一种曲调可以适合模仿勇敢者的声调,模仿
他们被派去作战或做任何别的被强派的事情遭到失败,或受伤或赴死或遭 B
到别的不幸时,都能坚韧不拔慷慨面对。我还愿再有一种曲调,模仿平日工
作的人,模仿他们出乎自愿非被迫地,或者正在尽力劝说、祈求别人——对
方要是神的话,则是通过祈祷;要是人的话,则是通过劝说或教导——或者
正在听取别人的祈求、劝告或批评,只要是好话,就从善如流,毫不骄傲,谦 C
虚谨慎,顺受其正。就让我们有这两种曲调吧。它们一是“被迫的”一是
“自愿的”,能成功地模仿人们成功与失败、节制与勇敢的声音。

阿:你所需要的两种曲调,正就是我刚才所讲过的多利亚调和佛里其亚调呀。

苏:那么,奏乐唱歌,我们不需要用多弦的乐器,不需要能奏出一切音调

的乐器。

阿:我觉得你的话不错。

苏:那么我们就不应该供养那些制造例如竖琴和特拉贡琴这类多弦乐
D 器和多调乐器的人。

阿:我想不应该。

苏:那么要不要让长笛制造者和长笛演奏者到我们城邦里来?或者说,长笛是不是音域最广的乐器,而别的多音调的乐器仅是模仿长笛而已?

格:这很明白。

苏:你只剩下里拉琴和基萨拉琴了,城里用这些乐器;在乡里牧人则吹一种短笛。

格:我们讨论的结果是这样。

E 苏:我们赞成阿波罗及其乐器而舍弃马叙阿斯及其乐器。[①] 我的朋友,这样选择也并非我们的创见。

格:真的! 我也觉得的确不是我们的创见。

苏:哎呀! 我们无意之间已经在净化这个城邦了,我们不久前才说过这个城邦太奢侈了。

格:我们说得很有道理。

苏:那么好,让我们继续来做净化的工作吧! 曲调之后应当考虑节奏。
400 我们不应该追求复杂的节奏与多样的韵律[②],我们应该考虑什么是有秩序的勇敢的生活节奏,进而使音步和曲调适合这种生活的文词,而不是使这种生活的文词凑合音步和曲调。但是这种节奏究竟是哪些,这要由你来告诉我们,像上面你告诉我们是哪些曲调那样。

格:这我实在说不上。音步的组成有三种形式,就像音阶的组成有四种形式一样,这些我懂得,我能够告诉你。至于哪些音步是模仿哪种生活的,这我不知道。

B 苏:关于这一点,我们也要去请教戴蒙[③],问他,哪些节奏适合卑鄙、凶

---

① 阿波罗代表理智,所用乐器为七弦琴(λύρα);马叙阿斯是森林之神,代表情欲,所用乐器为长笛(αὐλος)。

② 韵律(βασις)实即“音步”(πους)。

③ 公元前5世纪时的著名音乐家。

暴、疯狂或其他邪恶,哪些节奏适合与此相反的内容。我似乎听到戴蒙说过一种他称之为复合节奏的战舞曲,以及他称之为长短短格和英雄体的节奏,我不知道他是怎么排列的,结果长短交替高低不分;如果我记得不错的话,
他还称呼一种节奏为短长格,另一种为长短格,还加上长音节或短音节。在 C
这些谈话的有些地方,我觉得他对音步所作的赞扬或贬低不少于对节奏本身所作的赞扬或贬低;也有可能情况不是这样;究竟怎样我也实在说不清楚。如我讲过的,这些都可以去请教戴蒙。要把这些弄得明白,并不简单。你以为何如?

格:是的,我很以为然。

苏:不过有一点你是可以立刻决定下来的——优美与丑陋是紧跟着好的节奏与坏的节奏的。

格:当然。

苏:再说,好的节奏紧跟好的言词,有如影之随形。坏的节奏紧跟坏的 D
言词。至于音调亦是如此。因为我们已经讲过,节奏与音调跟随言词,并非言词跟随节奏与音调。

格:是这样,后两者一定跟随言词。

苏:你认为言词和言词的风格怎么样?它们是不是和心灵的精神状态一致的?

格:当然。

苏:其他一切跟随言词?

格:是的。

苏:那么,好言词、好音调、好风格、好节奏都跟随好的精神状态,所谓好 E
的精神状态并不是指我们用以委婉地称呼那些没有头脑的忠厚老实人的精神状态,而是指用来称呼那些智力好、品格好的人的真正良好的精神状态。

格:完全是这样。

苏:那么,年轻人如果要做真是他们该做的事情,不是应当在一切艺术领域都追求这些东西吗?

格:他们应该这样。

苏:绘画肯定充满这些特点,一切诸如此类的工艺,如纺织、刺绣、建筑、 401
家具制作,还有动物身体以及植物株体的自然姿态,也都充满这些特质。因

为在所有这些事物里都存在优美与丑陋。坏风格、坏节奏、坏音调,类乎坏言词、坏品格。反之,好风格、好节奏、好音调与好智力、好品格相合相近。

格:完全对。

B 苏:那么,问题只在诗人和艺人身上了?我们必须监督诗人,强迫他们
在诗里塑造良好品格的形象,否则就不让他们在我们中间写诗。我们同样
也要监督其他的艺人,不准他们不论在绘画或雕刻作品里,还是在建筑或别
的任何艺术作品里描绘邪恶、放荡、卑鄙、龌龊的坏品格,谁不服从,我们就
C 要惩罚他,就不准他在我们中间干下去。否则我们的护卫者从小就接触罪
恶的形象,耳濡目染,有如牛羊卧毒草中嘴嚼反刍,近墨者黑,不知不觉间心
灵上便铸成大错了。因此我们必须寻找一些艺人巨匠,用其大才美德,开辟
出一条美和善的大道,让我们的年轻人循此前进,如入健康之乡;眼睛所看
D 到的,耳朵所听到的,随处都是美好的艺术作品,使他们如沐春风如沾化雨,
潜移默化,不知不觉之间受到熏陶,从童年时起,就和美好的理智融合为一。

格:这是对他们最好的教育。

苏:格劳孔啊,也就是因为这个缘故,所以儿童阶段音乐文艺教育最关
紧要。一个儿童从小受了好的教育,节奏与声调渗入了他的心灵深处,在那
里牢牢地生了根,他就会变得温文有礼;如果受了坏的音乐教育,结果就会
E 相反。再者,一个受过合适的音乐教育的儿童,对于人工作品或自然物的缺
点与不美就会敏感,因而对丑恶的东西会反感,对美的东西会非常赞赏,感
402 受其鼓舞,并从中吸取营养,使自己的心灵成长得既美且善。对任何丑恶的
东西,他能正确地谴责和嫌恶它,虽然他还年幼,还知其然而不知其所以然。
等到长大成人,理性来临,他会似曾相识,立即欢迎,因为他所受的教养,与
理性同声相应,同气相求。

格:我的确认为,这是幼年时期为什么要注重音乐文艺教育的理由。

苏:这正如在我们认字的时候那样,只有在认识了一个个的字母[①]时我
B 们才认为自己是充分的识字了。一个个的字母就像构成合成物的少数的几
个元素那样。我们不会忽视它们——不论它们合成的事物是大是小——不

---

① 柏拉图常常使用字母或元素(στοιχεῖα)来说明知识的获得、元素和复合物的关系、分类原则和理念论。

会认为没有必要认识它们,不论它们在哪里我们都会急切地要去认识它们。在没有认识一个个字母之前我们是不会觉得自己识字了的。

格:你说得很对。

苏:同样,如果有字母显影在水中或镜里。如果不是先认识了字母本身,我们是不会认识这些映象的。因为认识这两者属于同一技能同一学习。

格:确是如此。

苏:因此,真的,根据同样的道理,我们和我们要加以教育的护卫者们,
在能够认识节制、勇敢、大度、高尚等美德以及与此相反的诸邪恶的本相,也 C
能认识包含它们在内的一切组合形式,亦即,无论它们出现在哪里,我们都能辨别出它们本身及其映象,无论在大事物中还是在小事物中都不忽视它们,深信认识它们本身及其映象这两者属于同一技能同一学习——在能够做到这样之前,我们和我们的护卫者是不能算是有音乐文艺教养的人的。不是吗?

格:确实是的。

苏:那么如果有一个人,在心灵里有内在的精神状态的美,在有形的体 D
态举止上也有同一种与之相应的和谐的美——这样一个兼美者,在一个能够沉思的鉴赏家眼中岂不是一个最美的景观?

格:那是最美的了。

苏:再说,最美的总是最可爱的。

格:当然。

苏:那么,真正受过音乐的教育的人,特爱这种兼美的人;但如果有不和谐,他不爱这个。

格:如果缺点是在心灵上,他是不会爱的;但如果缺点是在身体上,他还
是可以包容缺点,愿意爱这个人的。 E

苏:听你的话音,我猜想你有这样的好朋友,不过我也赞成你作这样的区别。只是请你告诉我:过分的快乐与节制能够并行不悖吗?

格:怎么能够? 过分的快乐有如痛苦可以使人失态忘形。

苏:过分的快乐能和别的美德并行不悖吗?

格:不能。 403

苏:能和无礼、放纵并行不悖吗?

格:绝对能。

苏:还有什么比色欲更大更强烈的快乐吗?

格:没有,没有比这个更疯狂的了。

苏:正确的爱不是对于有秩序的事物和美的事物的一种有节制的和谐的爱吗?

格:我完全同意这说法。

苏:那么,正确的爱能让任何近乎疯狂与近乎放纵的东西同它接近吗?

格:不能。

B 苏:那么,正确的爱者与被爱者也不能让疯狂的与近乎放纵的快乐同他们接近。

格:真的,苏格拉底,不能让这种快乐同他们接近。

苏:这样很好,在我们正要建立的这个城邦里,看来你将制定这样一条法律:一个爱者可以亲吻、昵近、抚摸被爱者,像父亲对儿子一样;如若要被

C 爱者做什么也一定是出于正意。不然,在与被爱者的交往中,他必须注意永远不许有任何越此界限之嫌的举动,否则要被谴责为低级趣味,没有真正的音乐文艺教养。

格:诚然。

苏:那么,你也同意我们关于音乐教育的讨论可以到此结束了吧?据我看来,这样结束是很恰当的。因为音乐教育的最终目的确实就在于达到对美者的爱。

格:我同意。

苏:音乐教育之后,年轻人应该接受身体的教育。

格:当然。

苏:体育方面,我们的护卫者也必须从童年起就接受严格的训练以至一

D 生。至于如何训练我有如下见解,不知你以为如何?因为我觉得,一个好的身体不能凭它的"好"使得心灵好;反之,好的心灵,凭它的"好"能使体质达到最好。你说对不对?

格:我的想法同你完全一样。

苏:如果我们给心灵以充分的训练,将照料身体的细节交它负责,我们

E 仅仅指出标准,不啰嗦,你看这样行不行?

格:行。

苏:我们说过护卫者必须戒除酗酒,他们是世界上最不被许可闹酒的人,人一闹酒就糊涂了。

格:一个护卫者要别人去护卫他,天下哪有这样荒唐的事?

苏:关于食物应该怎样?我们的护卫者都是最大竞赛中的斗士,不是吗?

格:是的。

苏:我们目前所看到的那些斗士,他们照料身体的习惯能适应这一任 404
务吗?

格:也许可以凑合。

苏:啊,他们爱睡,这是一种于健康有危险的习惯。你有没有注意到,他们一生几乎都在睡眠中度过,稍一偏离既定的生活习惯就要害严重的疾病吗?

格:我注意到了。

苏:那么,战争中的斗士需要某种更精巧的训练。他们有必要像终宵不
眠的警犬那样有极端敏锐的视觉和听觉,在战斗的生活中各种饮水各种食 B
物都能下咽,烈日骄阳狂风暴雨都能处之若素。

格:很对。

苏:那么,最好的体育与我们刚才所描叙的音乐文艺教育难道不是很相近相合吗?

格:什么意思?

苏:最好的体育我是指一种简单而合适的体育,尤其是适合为备战而进行的那种体育锻炼。

格:请问具体办法。

苏:办法可以从荷马诗里学得。你知道在战争生活中英雄们会餐时,荷
马从不给他们鱼吃,虽然队伍就驻扎在赫勒斯滂特海岸①;他也从不给他们 C
炖肉吃,只给烤肉,因为这东西战士最容易搞,只要找到火就行了,什么地方都可以,不必随身带许多坛坛罐罐。

① 黑海通爱琴海、地中海的海峡口,现达达尼尔海峡。

格:确是如此。

苏:据我所知,荷马也从未提到过甜食。这不是每一个受训的战士都可以理解的事情吗?——要把他们的身体练好,这种东西是要一概戒掉的。

格:他们懂得这个道理,并且把这种东西戒除了。他们做得对。

D 苏:那么,我的朋友,既然你觉得这是对的,你当然就不会赞成叙拉古的宴会和西西里的花样百出的菜肴了。

格:我不会赞成的。

苏:你也不会让一个男子弄一个科林斯女郎来做他的情妇吧,如果要他把身体保养好的话。

格:当然不会。

苏:你也不会赞成喜人的雅典糕点吧?

格:一定不会。

E 苏:我认为所有这种驳杂的饮食很像多音调多节奏的诗歌作品。

格:诚然。

苏:复杂的音乐产生放纵;复杂的食品产生疾病。朴质的音乐文艺教育则能产生心灵方面的节制,质朴的体育锻炼产生身体的健康。

格:极是。

405 苏:一旦放纵与疾病在城邦泛滥横溢,岂不要法庭药铺到处皆是,讼师医生趾高气扬,虽多数自由人也将不得不对他们鞠躬敬礼了。

格:这是势所必至的。

苏:趾高气扬的医生、法官,不仅为下等人和手艺人所需要,也为受过自
由人类型教育的上等人所需要。你们能看到还有什么更足以证明一个城邦
B 教育又丑又恶的呢?请外邦人来当你们的法官(因为你们自己中间缺少这
种人),让他们成为你们的君主和审判官,你不认为这是教育丑恶可耻到了
极点的明证吗?

格:没有比这更丑的了。

苏:啊,还有一种情况你是不是觉得比刚才说的那种情况还要可耻呢?
一个人不仅把自己的大部分时光花在法庭上打官司,忽而做原告,忽而做被
告;而且还由于不知怎样生活更有意义,一天到晚要弄滑头,颠倒是非,使用
C 各种推论、借口、诡计、阴谋,无理也要说出理来;而所有这一切努力又都不

过是为了无聊的争执。因为,他不知道抛开那些漫不经心的法官安排自己的生活要美好高尚得多。

格:真的,这种比前面所讲的更可耻了。

苏:除了受伤或偶得某种季节病而外,一个人到处求医,岂不更是可耻?
由于游手好闲和我们讲过的那种好吃贪睡的生活方式,身子像一块沼泽地 D
一样充满风湿水气,逼使阿斯克勒比斯[1]的有发明天才的后人们不得不创造出腹胀、痢疾之类的病名来,岂不更是可耻?

格:这确是一些很新奇古怪的病名。

苏:我想在阿斯克勒比斯时期,是没有这种东西的。我是根据特洛亚的
故事这样推想的。当欧律皮吕斯[2]在特洛亚负伤时,那个妇人给他喝里面 E
加了大麦粉和小块乳酪的普拉纳酒。这显然是一服热药。但阿斯克勒比斯 406
的儿子们并没有说她用错了药,也没能说当看护的派特罗克洛斯有什么错误。

格:受了伤,给他服这种药确是古怪。

苏:如果你记得在赫罗迪科斯以前医生并不用我们现在的这些药物治病的话,你就不会感到古怪了。赫罗迪科斯是一个教练员,因为他有病,他
把体操和医术混而为一,结果先主要折磨了自己,然后又折磨了许多后 B
来人。

格:怎么会的?

苏:他身患不治之症,靠了长年不断的细心照料自己,居然活了好多年。但他的痼疾始终没能治好。就这么着,他一生除了医疗自己外,什么事都没干,一天到晚就是发愁有没有疏忽了规定的养生习惯;他靠了自己的这套医术,在痛苦的挣扎中夺得了年老而死的锦标[3]。

格:这可是对他医道的崇高奖赏啊!

苏:他得之无愧呢。他这种人不知道,阿斯克勒比斯并不是因为不知道 C
或不熟悉这种医道而没传给他的后代,而是因为他懂得在有秩序的城邦里,

---

① 特洛亚战争时希腊军中的医生。

② 柏拉图大概是凭自己记忆引用荷马史诗的。这里的说法与现行史诗所记有出入。《伊利亚特》XI 624 处说是赫卡墨得把酒调给马卡昂和涅斯托尔喝的。

③ 柏拉图是不赞成这样对待疾病的。揶揄讥讽的口气跃然纸上。

每一个人都有他应干的工作。人们没有工夫来生病，不可能一生没完没了地给自己治病。我们在工人中间看到这种情况会觉得荒唐不经的，可是在有钱的人和所谓有福的人中间看到这种情况就视若无睹了。

格：怎么会这样的？

D 苏：一个木工当他病了要医生给他药吃，把病呕吐出来，或者把病下泻
出来，或者要医生用烧灼法或者动手术给他治疾。但是，如果医生叫他长期
疗养还要他搞满头包包扎扎的那一套，他会立刻回答，说他没有工夫生病，
一天到晚想着病痛，把当前工作搁置一旁，过这种日子没有意思。他就会跟
医生说声再见，回家仍去干他原来的活儿去了。他也许身体居然变好了，活
E 下去照常工作，也许身体吃不消，抛开一切麻烦死了。

格：这种人这样利用医道令人觉得用得恰当。

407 苏：他有一种工作要做，如果做不了，他就不值得活下去。是不是这个
原因？

格：显然是的。

苏：可是我们并不说一个有钱的人也有这种规定的工作要做，不做他就觉得不值得活下去。

格：我没听说过。

苏：啊呀！你有没有听到过福库利得斯说的那句话："吃饱饭以后[1]应该讲道德。"

格：我想吃饱饭以前也应该讲道德。

苏：好，让我们不要在那一点上和他争吵。让我们先弄清这一点：有钱
B 人[2]要不要讲道德？如果不讲，活着是不是没有意思？一天到晚当心身体，
对他们遵从福库利得斯的劝告，有没有妨碍？虽然对于专搞木工以及其他
工艺的人无疑是一大障碍。

格：的确，在体育锻炼之外再过分当心身体[3]，对此是一个最大的妨碍。

苏：这对家务管理、军事服役、上班办公都造成不少累赘。最糟糕的是

---

① 或译为"有了钱以后……"。

② 有钱人自然是"吃饱饭以后……"。

③ 在《高尔吉亚》篇（464B），医术被认为就是体操。

它使任何一种学习、思考或沉思都变得困难。一天到晚神经紧张疑心头痛 C
目眩,而且把这些都委过于哲学研究,说它是总的起因。这对各种场合的学
习、沉思这类的道德实践和锻炼都有各种各样的妨碍。因为这使人老觉得
身上有这种那种的不舒服。

格:自然会这样。

苏:那么,我们可以说阿斯克勒比斯是早已知道这个道理了;对于那些
体质好、生活习惯健康,仅只有些局部疾病的人,他教给了医疗方法,用药物 D
或外科手术将病治好,然后吩咐他们照常生活,不妨碍各人尽公民的义务。
至于内部有严重全身性疾病的人,他不想用规定饮食以及用逐渐抽出或注
入的方法来给他们以医疗,让他们痛苦地继续活下去,再产生体质同样糟糕
的后代。对于体质不合一般标准的病人,他则认为不值得去医治,因为这种 E
人对自己对国家都没有什么用处。

格:照你说来,阿斯克勒比斯真是一个最有政治头脑的人呀!

苏:显然是的。他的孩子们也是这样的人,在特洛亚战场上都是好战
士,又是好医生,他们就是用我上面所讲的那种医疗方法给人治伤的。—— 408
这你知道吗?墨涅拉俄斯被潘达洛斯射了一箭,受了伤,

他们[①]把淤血吸出,敷上了些缓解草药。

他们并没有给他规定饮食,同从前对欧律皮吕斯一样,他们以为对于那些在
受伤以前体质原来很好,生活简朴的人,受伤以后敷这么一层草药就够了,
虽然偶然也喝一种奶酒。但是对于那些先天病弱又无节制的人,他们则认 B
为这种人活了于己于人都无用处,他们的医道不是为这班人服务的。这种
人虽富过弥达斯[②],他们也不给他治疗。——这些故事你还记得吗?

格:让你这么一说,阿斯克勒比斯的这些孩子真了不起呀!

苏:他们确是这样。但是悲剧家们和诗人品达的说法和我们的原则有
分歧。他们说阿斯克勒比斯是阿波罗神的儿子,他受了贿去医治一个要死
的富人,因此被闪电打死。根据前面我们讲过的原则,我们不相信悲剧家和 C

① 柏拉图引文有出入。《伊利亚特》IV 218 处说,给墨涅拉俄斯治伤的是马卡昂。因此,这两处都应该用“他”而不是用“他们”。

② 希腊神话中的佛里其亚国王。他贪恋财富,曾祈求神明赐他点物成金的法术。

品达的说法。我们认为,如果他是神的儿子,肯定他是不贪心的,如果他是贪心的,他就不是神的儿子。

格:就此为止,你说得再对不过了。但是苏格拉底,我有一个问题,看你
怎么答复?我们在城邦里要不要有好的医生?是不是最好的医生应当是医
D 治过最大多数病人的(包括天赋健全的与不健全的)?同样,最好的法官是
否应该是同各色各样品格的人都打过交道的?

苏:无疑我们要好的医生和好的法官。但是你知道我所谓"好的"是什么意思吗?

格:我不知道,除非你告诉我。

苏:好,让我来试试看。我说你把两样不同的事情混在一个问题里了。

格:什么意思?

苏:医生假使从小就学医,对各色各样的病人都有接触,对各种疾病还
E 有过切身的体验(如果他们自己体质并不太好的话),那么这样的医生确实
可能成为极有本领的医生。因为我想,他们并不是以身体医治身体,如果是
以身体治身体,我们就不应该让他们的身体有病或者继续有病。他们是用
心灵医治身体,如果心灵是原来坏的或者变坏了的,他们就不可能很好地医
病了。

格:你说得对。

苏:至于法官,我的朋友,那是以心治心。他的心灵决不可以从小就与
409 坏的心灵厮混在一起,更不可通过犯罪作恶去获得第一手经验以便判案时
可以很快地推测犯罪的过程,好像医生诊断病人一样。相反,如果要做法官
的人心灵确实美好公正,判决正确,那么他们的心灵年轻时起就应该对于坏
B 人坏事毫不沾边,毫无往还。不过这样一来,好人在年轻时便显得比较天
真,容易受骗,因为他们心里没有坏人心里的那种原型。

格:他们的确有此体验。

苏:正因为这样,所以一个好的法官一定不是年轻人,而是年纪大的人。
他们是多年后年龄大了学习了才知道不正义是怎么回事的。他们懂得不正
义,并不是把它作为自己心灵里的东西来认识的,而是经过长久的观察,学
C 会把它当作别人心灵里的别人的东西来认识的,是仅仅通过知识,而不是通
过本人的体验认识清楚不正义是多么大的一个邪恶的。

格:这样的法官将被认为是一个最高贵的法官。

苏:并且是一个好的法官。你的问题的要旨就在“好的”这两个字上,因为有好心灵的人是“好的”。而那种敏于怀疑的狡诈之徒,以及那种自己干过许多坏事的人,认为自己手段高明瞒得过人的人,当他和自己同类人打交道时,他注视着自己心灵里的原型,便显得聪明能干,但是当他和好人或
老一辈的人打交道时,他便显得很蠢笨了,因为,不当怀疑的他也怀疑。见 D
了好人,他也不认识,因为他自己心里没有好的原型。可是,因为他碰到的坏人比好人多得多,所以无论他自己还是别人就都觉得他似乎是一个聪明人而不是一个笨蛋了。

格:的确是这样。

苏:因此,好而明察的理想法官绝不是这后一种人,而是前一种人。因为邪恶绝不能认识美德和邪恶本身,但天赋的美德通过教育最后终能认识
邪恶和美德本身。因此据我看,不是那种坏人而是这种好人,才能做一个明 E
察的法官。

格:我同意。

苏:那么,你要不要在城邦里把我们所主张的医疗之术以及司法之术制
定为法律呢?这两种法律都对那些天赋健全的公民的身体和心灵抱有好 410
意;而对那些身体不健全的,城邦就让其死去;那些心灵天赋邪恶且又不可救药的人,城邦就毫不姑息处之以死。

格:这样做已被证明对被处理者个人和城邦都是最好的事情。

苏:这样,年轻人接受了我们说过的那种简朴的音乐文艺教育的陶冶,养成了节制的良好习惯,他们显然就能自己监督自己,不需要打官司了。

格:是的。

苏:这种受过音乐教育的青年,运用体育锻炼(如果他愿意的话),追求 B
同一的目标,他会变得根本不需要什么医术,除非万不得已。①

格:我也这样想。

苏:再说,不畏艰辛苦练身体,他的目标也主要在锻炼他心灵的激情部分,不是仅仅为了增加体力,他和一般运动员不同。一般运动员只注意进规

---

① 参见405C以下。

定的饮食,使他们臂膀粗力气大而已。

格:你说得对极了。

C 苏:因此,把我们的教育建立在音乐和体育上的那些立法家,其目的并不像有些人所想象的那样,在于用音乐照顾心灵,用体育照顾身体。格劳孔,我可以这样说吗?

格:为什么?

苏:他们规定要教音乐和体育主要是为了心灵。

格:怎么会的?

苏:你有没有注意到一生专搞体育运动而忽略音乐文艺教育对于心灵的影响是怎样的?反之,专搞音乐文艺而忽略体育运动的影响又是怎样的?

格:你想说什么?

D 苏:我说一个结果是野蛮与残暴,另一个的结果是软弱与柔顺。

格:啊,很对。我注意到那些专搞体育锻炼的人往往变得过分粗暴,那些专搞音乐文艺的人又不免变得过分软弱。

苏:天性中的激情部分的确会产生野蛮;如果加以适当训练就可能成为勇敢,如果搞得过了头,就会变成残酷粗暴。

格:我也这样看。

E 苏:再说,温文是不是人性中爱智部分的一种性质?是不是这种性质过度发展便会变为过分软弱,如培养适当就能变得温文而又有秩序?是不是这样?

格:确是这样。

苏:但是我们说我们的护卫者需要两种品质兼而有之。

格:他们应该这样。

苏:那么这两种品质要彼此和谐吗?

格:当然要。

苏:有这种品质和谐的人,他的心灵便既温文而又勇敢。

格:诚然。

411 苏:没有这种和谐的人便既怯懦而又粗野。

格:的确这样。

苏:好,假定一个人纵情音乐,让各种曲调唱腔,甜的、软的、哭哭啼啼的

（像我们前面[①]讲过的），醍醐灌顶似的，把耳朵当作漏斗，注入心灵深处，假使他全部时间都沉溺于丝竹杂奏歌声宛转之间，初则激情部分（如果有的话），像铁似的由粗硬变得柔软，可以制成有用的器具。倘若他这样继续下 B
去，像着了魔似的，不能适可而止，他就开始融化了，液化了，分解了。结果就会激情烟消云散，使他萎靡不振，成为一个"软弱的战士"。[②]

格：极是。

苏：如果他一开始就是一个天性不刚强的人，这种萎靡不振的恶果很快就会出现。如果[③]原来是一个刚强的人，经过刺激情绪就会变得不稳定，容 C
易生气，也容易平静。结果便成了一个爱同人吵架爱发脾气的喜怒无常性情乖张的人。

格：确实如此。

苏：再说，如果一个人全副精神致力于身体的锻炼，胃口好食量大，又从来不学文艺和哲学，起初他会变得身强力壮，心灵充满激情，变得比原来更勇敢。你看他会这样吗？

格：他真会这样的。

苏：不过，要是他除了锻炼身体之外，别无用心，怕见文艺之神，结果会怎么样呢？对于学习研究从来没有尝过一点滋味，对于辩证推理更是一窍 D
不通，他心灵深处可能存在的爱知之火光难道不会变得暗淡微弱吗？由于心灵没有得到启发和培育，感觉接受能力没有得到磨练，结果只能是这样。对吗？

格：诚然。

苏：结果，我以为这种人会成为一个厌恶理论不知文艺的人，他不用论证说服别人，而是像一只野兽般地用暴力与野蛮达到自己的一切目的。在 E
粗野无知中过一种不和谐的不优美的生活。

格：完全是这样。

苏：为这两者，如所看到的有两种技术——音乐和体育（我要说这是某

① 参阅398D—E。

② 《伊利亚特》XVII 588。

③ 都包括一个大前提，即全部时间只搞音乐文艺，不搞体育锻炼。

一位神赐给我们人类的)——服务于人的两个部分——爱智部分和激情部分。这不是为了心灵和身体(虽然顺便附带也为了心灵和身体),而是为了
412 使爱智和激情这两部分张弛得宜配合适当,达到和谐。

格:看来如此。

苏:因此,那种能把音乐和体育配合得最好,能最为比例适当地把两者应用到心灵上的人,我们称他们为最完美最和谐的音乐家应该是最适当的,远比称一般仅知和弦弹琴的人为音乐家更适当。

格:讲得有理,苏格拉底。

苏:那么,格劳孔,我们的城邦里是不是也需要一个这方面的常设监护人呢,如果城邦的宪法要加以监护的话?

B 格:当然非常需要。

苏:关于教育和培养公民的原则纲要就是这些。一一细述他们的跳舞、打猎、跑狗、竞技、赛马,试问有什么必要呢?细节必须符合纲要,大纲定了,细节就不难发现,这是一清二楚的事情。

格:也许就不困难了。

苏:那么好,下面我们要确定什么呢?是不是要决定,公民里面哪些人是统治者,哪些人是被统治者呢?

C 格:显然是的。

苏:统治者必须是年纪大一点的,被统治者必须是年纪小一点的。这是明显的,对吗?

格:对,这是明显的。

苏:统治者必须是他们中间最好的人。这也是明显的,对吗?

格:也是明显的。

苏:最好的农民是最善于种田的人,是不是?

格:是的。

苏:那么,现在既然要选择的是最好的护卫者,我们不是要选择最善于护卫国家的人吗?

格:是的。

苏:那么,他们除了首先应当是有护卫国家的智慧和能力的人而外,难道不还应当是一些真正关心国家利益的人吗?

格:当然应当是。 D

苏:一个人总最关心他所爱的东西。

格:必然如此。

苏:又,一个人总是最爱那些他认为和自己有一致利益,和自己得失祸福与共的人的。

格:确是这样。

苏:那么,我们必须从所有护卫者里选择那些在我们观察中显得最愿毕
生鞠躬尽瘁,为国家利益效劳,而绝不愿做任何不利于国家的事情的人。 E

格:选择这些人是最妥当的了。

苏:其次,我觉得,我们还得随时考察他们,看他们是否能终生保持这种护卫国家的信念,是否无论魔术还是武力皆无法使他们忘却或放弃为国尽力的信念[①]?

格:你所说的"放弃"是指的什么?

苏:让我来告诉你。我觉得,一个信念之离开心灵,或为自愿的,或为不
自愿的。一个错误信念离开学好了的人是自愿的离开,一切正确信念的离 413
开是不自愿的离开。

格:我理解自愿的那个,但是我希望听你讲讲不自愿的那个。

苏:啊,可以。人们总是不愿意失掉好的东西,而愿意丢掉坏的东西,你同意我这个想法吗?难道在真理上的受骗不是坏事,得到真理不是好事吗?你难道不认为取得反映真实的信念是得到真理吗?

格:你说得很对。我也认为,人们的正确信念总是不愿被剥夺的。

苏:不自愿的放弃总是发生在人们被巧取豪夺——或被欺骗诱惑或被强力压迫的情况下。

格:此刻你讲的巧取豪夺的两种情况是什么意思我都不懂。

苏:我一定是像悲剧角色在讲话,有点晦涩了。所谓"被巧取豪夺",我 B
的意思是指人们经过辩论,被人说服了,或者经过一段时间忘掉了,于不知不觉间放弃了原来的信念。现在你也许懂了吧?

格:是的。

---

① δόξα"决定","意见"。这里译"信念",比较明达些。

苏:所谓“被强力压迫”,我的意思是指人们被困苦或忧患逼得改变了原有的信念。

格:我也懂了。我想你所说的是对的。

C 苏:至于“被欺骗诱惑”我想你会同意我是指那些人:他们或受享乐引诱,或对恐吓畏惧,改变了信念。

格:是的,一切欺骗诱惑性的东西,都对心灵起一种巫术般的迷惑作用。

苏:我们前面刚才说过,我们寻找这样的人:他们能够很好地守护自己
内心的信条,即,他们必须做他们认为对国家最有利的事情,并矢志不渝。
我们必须从他们幼年时起就考察他们,给他们做一种最容易忘记信念、最容
易受欺骗的工作。其中有的人可能会忘掉那个信条,受了欺骗。我们必须
D 选出那些不忘信条的,不易受骗的人,而舍弃其余的人。你同意吗?

格:同意。

苏:再者,劳筋骨、苦心志,见贤思齐,我们也要在这些方面注意考察他们。

格:极是。

苏:好,我们还要对他们进行第三种反欺骗诱惑[①]的考察,看他们是否
经得起。就像人们把小马带到喧响哄闹的地方去,看它们是否会受惊那样,
我们也要把年轻人放到贫穷忧患中去,然后再把他们放到锦衣玉食的环境
E 中去,同时,比人们用烈火炼金制造金器还要细心得多地去考察他们,看他
们是否能不受诱惑守身如玉,做自己的好的护卫者,守护好自己已受的文化
修养,在任何情况下都能保持住自己心灵上的好旋律与好节奏。能做到这
样他就是一个对国家对自己最有用的人。人们从童年、青年以至成年能经
受住这种考验无懈可击,我们就必须把这种人选定为国家的统治者和护卫
414 者。当他生的时候应该给予荣誉,死了以后给他举行公葬和其他的纪念活
动。那些不合格的人应该予以排斥。格劳孔啊!我想这就是我们选择和任
命统治者和护卫者的总办法。当然这仅仅是个大纲,并不是什么细节都列
出来了。

格:我同意,我也觉得应该这样做。

---

① 从行文看,第一种反欺骗诱惑指413C以下,第二种指413D以下,这里是第三种。

苏:我们的确可以在最完全的意义上称这些人为护卫者。他们对外警 B
惕着敌人,内部注意朋友,致使朋友不想,敌人不能危害城邦。至于前面我
们称为护卫者的那些人中的年轻人,则应当称为辅助者或助手,他们是执行
统治者法令的。是这样吧?

格:我也认为是这样。

苏:不久前①,我们刚谈到过偶然使用假话的问题,现在我们或许正好
需要说一个那样的假话,使统治者自己相信(如果可能的话),或者至少使
城邦里其他的人相信(如果不能使统治者相信的话)。 C

格:什么假话?

苏:并没什么新奇的。这是一个老早以前在许多地方流传过的腓尼基人的传说。它是诗人告诉我们,而我们也信以为真的一个故事。但是这样的故事在我们今天已听不到,也不大可能再听到,它也没有任何说服力可以使人相信的了。

格:你似乎吞吞吐吐很不愿意直说出来。

苏:等我讲了你就会懂得我为什么不肯直说了。

格:快讲吧,不要怕。

苏:那好,我就来讲吧。不过,我还是没有把握我是否有勇气,是否能找 D
到什么语言来表达我的意思,首先说服统治者们自己和士兵,然后说服城邦
的其他人:我们给他们教育和培养,其实他们一切如在梦中。实际上他们是 E
在地球深处被孕育被铸成的,他们的武器和装备也是在那里制造的;地球是
他们的母亲,把他们抚养大了,送他们到世界上来。他们一定要把他们出生
的地方看作母亲看作保姆,念念不忘,卫国保乡,御侮抗敌,把别的公民视如
亲生兄弟。

格:现在我明白你刚才为什么欲言又止,不肯把这个假话直说出来的了。

苏:我这样做自有我的理由;不去管它了,且听这故事的下文。我们在 415
故事里将要告诉他们:虽然在这城邦里他们彼此都是兄弟,但是老天铸造他
们的时候,在有些人的身上加入了黄金,这些人因而是最可贵的,有资格做

① 389B 以下。

统治者。在有的人身上加入了白银,他们适合做辅助者(军人)。在农民以
及其他技工身上加入了铁和铜。但又由于他们大家都有亲缘关系,虽则什
B 么样的父亲生什么样的儿子,有时不免金父生银子,银父生金子等等,错综
变化,不一而足。所以上天给统治者最重要的命令就是要他们做后代的好
护卫者,要他们极端注意在后代灵魂深处金属的混合情况。如果他们的孩
子心灵里混入了一些废铜烂铁,他们决不能稍存姑息,应当把他下放到与其
C 素质适合的位置上去,安置于农民工人之间;如果农民工人的后辈中间意外
地发现其天赋中有金或银者,他们就要重视他,把他提升到护卫者或辅助者
岗位上去。须知,神谕曾经说过“铜铁当道,国破家亡”,你看你有没有办法
使他们相信这个故事?

D 格:不,这一代人是怎么也不会相信这个故事的。不过我看他们的后一
代或后代的后代或别的后来人迟早总会有人相信的。

苏:我理解你的意思。就是说,即使这样也可以起到一个使他们更关爱他们的国家、更相互关爱的好作用。我想就这样让这故事口头相传流传下去吧!

现在让我们武装这些大地的子孙们,把他们引导到统治者的领导之下。
到达之后要让他们在城里找一个最适宜于扎营的地方,从那里他们可以对
E 内镇压不法之徒,对外抗虎狼般入侵之敌。扎下营盘祭过应祭的神祇之后,
他们必须做窝。是不是?

格:是的。

苏:这些窝要能冬天暖和夏天宽敞吗?

格:当然是的。因为我想你是指他们的住处。

苏:是的,我是指兵士的营房,不是指商人的住房。

格:你为什么作这样的区别?

416 苏:让我来告诉你。对牧羊人来说,人世上最可怕最可耻的事情实在莫
过于把那些帮助他们管羊群的牧犬饲养成这个样子:它们或因放纵或因饥
饿或因别的什么,竟然去攻击和伤害所保护的羊群,它们倒像是豺狼而不像
是牧犬了。

格:确是可怕。

B 苏:那么我们要不要注意用一切办法防止我们的助手用任何这样的态

度来对待公民,并且由于自己比较强,因而使自己由一个温和的盟友变成了一个野蛮的主子呢?

格:我们一定要注意。

苏:他们要是受过真正好的教育,他们在这方面不就有了主要的保证了吗?

格:他们已经受过真正好教育了呀!

苏:我们还不能肯定这个,亲爱的格劳孔,不过我们可以肯定刚才说的
那句话,即,如果他们不仅主要能够对他们自己人温文和蔼,而且对他们所 C
护卫的人也温文和蔼的话,他们一定要受正确的教育,不管它是什么。

格:这话很对。

苏:那么,除了好的教育之外,任何明白事理的人都会说,我们必须供给他们住处和别的东西,使他们得以安心去做最好的护卫者,而不要迫使他们对别的公民为非作歹。

格:他会这么说,说得对。 D

苏:好,请考虑一下,如果要他们做最好的护卫者,像我们所希望的那
样,是否应该要他们按下述这种方式生活和居住?第一,除了绝对的必需品
以外,他们任何人不得有任何私产。第二,任何人不应该有不是大家都可以 E
随意出入的房屋或仓库。至于他们的食粮,则由其他公民供应,作为给能够
打仗既智且勇的护卫者的职务报酬,按照需要,每年定量分给,既不让多余,
亦不使短缺。他们必须同住同吃,像士兵在战场上一样。至于金银我们一
定要告诉他们,他们已经从神明处得到了神圣的金银,永藏于心灵深处,他
们不需要人间的金银了。他们不应该让神圣的金银同世俗的金银混杂在一 417
起而受到沾污;因为世俗的金银是众多罪恶之源,心灵深处的金银是纯洁无
瑕的至宝。公民之中只有这些护卫者不许与金和银发生任何关系,甚至不
许接触它们,不许和它们同居一室,不许在身上挂一点金银的装饰品或者用
金杯银杯喝酒;他们就这样来拯救他们自己,拯救他们的国家。一旦他们谋
置了自己私有的土地、房屋或金钱,他们就成了房主地主,就不再是护卫者
了。他们就从人民的盟友蜕变为人民的敌人和暴君了;他们恨人民,人民恨 B
他们;他们就会算计人民,人民就要谋图打倒他们;他们终身在恐惧之中,他
们就会惧怕人民超过惧怕国外的敌人。结果就会是,他们和国家一起走上

灭亡之路。

苏:根据以上所有的理由,让我们宣告,就供给护卫者以这样的住处及其他的一切,并将之制定为法律。我们要不要这样?

格:完全要。

第四卷

[到此阿得曼托斯插进来提出一个问题。] 419

阿:苏格拉底,假如有人反对你的主张,说你这是要使我们的护卫者成为完全没有任何幸福的人,使他们自己成为自己不幸的原因;虽然城邦确乎是他们的,但他们从城邦得不到任何好处,他们不能像平常人那样获得土地,建造华丽的住宅,置办各种奢侈的家具,用自己的东西献祭神明,款待宾客,以争取神和人的欢心,他们也不能有你刚才所提到的金和银以及凡希望幸福的人们常有的一切;我们的护卫者竟穷得全像那些驻防城市的雇佣兵,除了站岗放哨而外什么事都没有份儿那样。——对于这种指责你怎么答 420
复呢?

苏:嗯,我还可以替他们补充呢:我们的护卫者只能得到吃的,除此而外,他们不能像别的人那样,再取得别的报酬;因此,他们要到哪里去却不能去;他们没钱给情人馈赠礼品,或在其他方面像那些被认为幸福的人那样随心所欲地花钱。诸如此类的指责我还可以补充许许多多呢。

阿:如果这些话一并包括在指责里,怎么样呢?

苏:你是问我们怎样解答吗? B

阿:是的。

苏:如果我们沿着这个路子论证下去,我相信我们会找到答案的。我们的答案将是:我们的护卫者过着刚才所描述的这种生活而被说成是最幸福的,这并没有什么可奇怪的。因为,我们建立这个国家的目标并不是为了某一个阶级的单独突出的幸福,而是为了全体公民的最大幸福;因为,我们认

为在一个这样的城邦里最有可能找到正义，而在一个建立得最糟的城邦里
C 最有可能找到不正义。等到我们把正义的国家和不正义的国家都找到了之
后，我们也许可以作出判断，说出这两种国家哪一种幸福了。当前我认为我
们的首要任务乃是铸造出一个幸福国家的模型来，但不是支离破碎地铸造
一个为了少数人幸福的国家，而是铸造一个整体的幸福国家。（等会儿我们
还要考察相反的那种国家①。）打个比方，譬如我们要给一个塑像画上彩色，
有人过来对我说："你为什么不把最美的紫色用到身体最美的部分——眼
D 睛上去，而把眼睛画成了黑色的呢？"对于这个问题我们完全可以认为下述
回答是正确的："你这是不知道，我们是不应该这样来美化眼睛的，否则，眼
睛看上去就不像眼睛了。别的器官也如此。我们应该使五官都有其应有的
样子而造成整体美。"因此我说：别来硬要我们给护卫者以那种幸福，否则就
使他们不成其为护卫者了。须知，我们也可以给我们的农民穿上礼袍戴上
金冠，地里的活儿，他们爱干多少就干多少；让我们的陶工也斜倚卧榻，炉边
宴会，吃喝玩乐，至于制作陶器的事，爱干多少就干多少；所有其他的人我们
也都可以这样使他们幸福；这样一来就全国人民都幸福啦②。但是我们不
421 这样认为。因为，如果我们信了你的话，农民将不成其为农民，陶工将不成
其为陶工，其他各种人也将不再是组成国家一个部分的他们那种人了。这
种现象出现在别种人身上问题还不大，例如一个皮匠，他腐败了，不愿干皮
匠活儿，问题还不大。但是，如果作为法律和国家保卫者的那种人不成其为
护卫者了，或仅仅似乎是护卫者，那么你可以看到他们将使整个国家完全毁
B 灭；反之，只要护卫者成其为护卫者，就能使国家有良好的秩序和幸福。我
们是要我们的护卫者成为真正的护国者而不是覆国者。而那些和我们主张
相反的人，他们心里所想的只是正在宴席上饮酒作乐的农民，并不是正在履
行对国家职责的公民。若是这样，彼此说的就是两码事了，而他们所说的不
是一个国家。因此，在任用我们的护卫者时，我们必须考虑，我们是否应该
割裂开来单独注意他们的最大幸福，或者说，是否能把这个幸福原则不放在

---

① 指449A和第八章、第九章。退化的国家类型有四种，不过，和好的国家最为相反的类型是一种，即僭主政治。

② 这是一句带揶揄口吻的反话。

国家里作为一个整体来考虑。我们必须劝导护卫者及其辅助者,竭力尽责, C
做好自己的工作。也劝导其他的人,大家和他们一样。这样一来,整个国家将得到非常和谐的发展,各个阶级将得到自然赋予他们的那一份幸福。

阿:我认为你说得很对。

苏:我还有一个想法,不知你是否赞同。

阿:什么想法?

苏:似乎有两个原因能使技艺退化。 D

阿:哪两个原因?

苏:贫和富。

阿:它们怎么使技艺退化的呢?

苏:是这样的:当一个陶工变富了时,请想想看,他还会那样勤苦地对待他的手艺吗?

阿:定然不会。

苏:他将日益懒惰和马虎,对吗?

阿:肯定是这样。

苏:结果他将成为一个日益蹩脚的陶工,对吗?

阿:是的,大大退化。

苏:但是,他如果没有钱,不能买工具器械,他也不能把自己的工作做得 E
那么好,他也不能把自己的儿子或徒弟教得那么好。

阿:当然不能。

苏:因此,贫和富这两个原因都能使手艺人和他们的手艺退化,对吗?

阿:显然是这样。

苏:因此,如所看到的,我们在这里发现了第二害,它们是护卫者必须尽一切努力防止其在某个时候悄悄地潜入城邦的。

阿:什么害?

苏:贫和富呀。富则奢侈、懒散和要求变革,贫则粗野、低劣,也要求 422
变革。

阿:的确是这样;但是,苏格拉底啊,我还要请问,如果我们国家没有钱财物资,我们城邦如何能进行战争呢?特别是一旦不得不和一个富足而强大的城邦作战时。

B 苏:很明显,和一个这样的敌人作战是比较困难的;但是和两个这样的敌人作战,则比较容易。

阿:这是什么意思?

苏:首先,请告诉我,如果不得不打仗,我方将是受过训练的战士,而对方则是富人组成的军队,是不是?

阿:是这样的。

苏:阿得曼托斯,你不认为,精于拳术的人只要一个就可以轻易地胜过两个对拳术一窍不通的胖大个儿的富人吗?

阿:如果两个人同时向一个人进攻,我认为这一个人不见得能轻易取胜。

C 苏:如果他能以脱身在前面逃,然后返身将两对手中之先追到者击倒,如果他能在如火的烈日之下多次这样做,他也不能取胜吗?这样一个斗士不能甚至击倒更多的那种对手吗?

阿:如能那样,胜利当然就没什么可奇怪的了。

苏:你不认为和军事方面比较起来,富人在拳术方面的知识和训练要多些吗?

阿:我看是的。

苏:因此,我们的斗士大概是容易打败数量比他多两倍、三倍的敌人的。

阿:我同意你的看法,因为我觉得你说得有道理。

D 苏:如果我们派遣一名使节到两敌国之一去,把真实情况告诉他们:金银这东西我们是没有也不容许有的,但他们可以有,所以他们还是来帮助我们作战,掳掠另一敌国的好。听到这些话,有谁愿去和瘦而有力的狗打,而不愿意和狗在一边去攻打那肥而弱的羊呢?

阿:我想不会有谁愿意和狗打的。但是许多国家的财富聚集到一个国
E 家去了,对于这个穷国可能有一种危险。

苏:对于和我们所建立的这个城邦不同的任何别的国家,如果你认为值得把它称呼为**一个**国家,那就太天真了。

阿:那么怎么称呼它呢?

苏:称呼别的国家时,"国家"这个名词应该用复数形式,因为它们每一个都是许多个而不是一个,正如戏曲里所说的那样。无论什么样的国家,都

分成相互敌对的两个部分,一为穷人的,一为富人的,而且这两个部分各自 423
内部还分成许多个更小的对立部分。如果你把它们都当作许多个,并且把
其中一些个的财富、权力或人口许给另一些个部分,那你就会永远有许多的
盟友和不多的敌人。你们的国家只要仍在认真地执行这一既定方针,就会
是最强大的。我所说的最强大不是指名义上的强大,而是指实际上的强大,
即使它只有一千名战士也罢。像我们拟议中的城邦这样规模而又“是一
个”的国家,无论在希腊还是在希腊以外的任何地方都是很难找得到的,而
“似乎是一个”的国家,比我们大许多许多倍的你也可以找得到。或许,你 B
有不同的想法吧?

阿:没有,真的。

苏:因此我国的当政者在考虑城邦的规模或要拥有的疆土大小时似乎
应该规定一个不能超过的最佳限度。

阿:什么限度最佳呢?

苏:国家大到还能保持统一——我认为这就是最佳限度,不能超过它。

阿:很好。 C

苏:因此,这是我们必须交给我们国家的护卫者的又一项使命,即尽一
切办法守卫着我们的城邦,让它既不要太小,也不要仅仅是看上去很大,而
要让它成为一个够大的且又统一的城邦。

阿:我们交给他们的这个使命或许算不上一个很难的使命。

苏:还有一个更容易的使命,我们在前面说到过的①,即如果护卫者的
后裔变低劣了,应把他降入其他阶级,如果低等阶级的子孙天赋优秀,应把
他提升为护卫者。这用意在于昭示:全体公民无例外地,每个人天赋适合做 D
什么,就应派给他什么任务,以便大家各就各业,一个人就是一个人而不是
多个人,于是整个城邦成为统一的一个而不是分裂的多个。

阿:是的,这个使命比那个还要来得容易。

苏:我的好阿得曼托斯,我们责成我国当政者做的这些事并不像或许有
人认为的那样,是很多的困难的使命,它们都是容易做得到的,只要当政者
注意一件大家常说的所谓大事就行了。(我不喜欢称之为“大事”,而宁愿 E

① 415B。

称之为“能解决问题的事”。）

阿：这是什么事呢？

苏：教育和培养。因为，如果人们受了良好的教育就能成为事理通达的人，那么他们就很容易明白，处理所有这些事情还有我此刻没有谈及的别的一些事情，例如婚姻嫁娶以及生儿育女——处理所有这一切都应当本着一
424 个原则，即如俗话所说的，“朋友之间不分彼此”。

阿：这大概是最好的办法了。

苏：而且，国家一旦很好地动起来，就会像轮子转动一般，以越来越快的速度前进。因为良好的培养和教育造成良好的身体素质，良好的身体素质
B 再接受良好的教育，产生出比前代更好的体质，这除了有利于别的目的外，也有利于人种的进步，像其他动物一样。

阿：有道理。

苏：因此扼要地说，我国的领袖们必须坚持注视着这一点，不让国家在不知不觉中败坏了。他们必须始终守护着它，不让体育和音乐翻新，违犯了固有的秩序。他们必须竭力守护着。当有人说，人们最爱听

歌手们吟唱最新的歌[①]

C 时，他们会担心，人们可能会理解为，诗人称誉的不是新歌，而是新花样的歌，所以领袖们自己应当不去称赞这种东西，而且应当指出这不是诗人的用意所在。因为音乐的任何翻新对整个国家是充满危险的，应该预先防止。因为，音乐风貌改变，国家根本大法不会不随之有所变动。是戴蒙这样说的，我相信他这话。

阿：是的。你也把我算作赞成这话的一个吧。

D 苏：因此，我们的护卫者看来必须就在这里——在音乐里——布防设哨。

阿：这种非法[②]的确容易悄然潜入。

苏：是的。因为它被认为不过是一种游戏，不成任何危害[③]。

① 比读史诗《奥德赛》I 352。

② 非法（παρανομία），除了道德上的含义外（537E）还暗示音乐中的非法的翻新。

③ 比读《法律篇》797A—B，那里警告人们不要在孩子游戏中翻新。

阿:别的害处是没有,只是它一点点地渗透,悄悄地流入人的性格和习惯,再以渐大的力量由此流入人与人之间的关系,再由人与人的关系肆无忌惮地流向法律和政治制度,苏格拉底呀,它终于破坏了[1]公私方面的一切。 E

苏:呀! 是这样吗?

阿:我相信是这样。

苏:那么,如我们开头说的,我们的孩子必须参加符合法律精神的正当游戏。因为,如果游戏是不符合法律的游戏,孩子们也会成为违反法律的孩子,他们就不可能成为品行端正的守法公民了。 425

阿:肯定如此。

苏:因此,如果孩子们从一开始做游戏起就能借助于音乐养成遵守法律的精神,而这种守法精神又反过来反对不法的娱乐,那么这种守法精神就会处处支配着孩子们的行为,使他们健康成长。一旦国家发生什么变革,他们就会起而恢复固有的秩序。

阿:确实是的。

苏:孩子们在这样的教育中长大成人,他们就能自己去重新发现那些已被前辈全都废弃了的看起来微不足道的规矩。

阿:哪种规矩?

苏:例如下述这些:年轻人看到年长者来到应该肃静;要起立让座以示 B
敬意;对父母要尽孝道;还要注意发式、袍服、鞋履;总之体态举止,以及其他
诸如此类,都要注意。你或许有不同看法吧?

阿:我和你看法相同。

苏:但是,把这些规矩订成法律我认为是愚蠢的。因为,仅仅订成条款写在纸上,这种法律是得不到遵守的,也是不会持久的。

阿:那么,它们怎么才能得到遵守呢?

苏:阿得曼托斯啊,一个人从小所受的教育把他往哪里引导,却能决定他后来往哪里走。“同声相应,同气相求”——事情不总是这样吗? C

阿:的确是的。

苏:直到达到一个重大的结果,这个结果也许是好的,也许是不好的。

---

① 比读389D。

阿:当然啰。

苏:由于这些理由,因此我不想再把这种事情制定成法律了。

阿:理由充足。

苏:但是,关于商务,人们在市场上的相互交易,如果你愿意的话,还有,
D 和手工工人的契约,关于侮辱和伤害的诉讼,关于民事案件的起诉和陪审员的遴选这些问题,还可能有人会提出关于市场上和海港上必须征收的赋税问题。总之,市场的、公安的、海港的规则,以及其他诸如此类的事情,我的天哪,是不是都得我们来一一订成法律呢?

阿:不,对于优秀的人,把这么许多的法律条文强加给他们是不恰当的。
E 需要什么规则,大多数他们自己会容易发现的。

苏:对,朋友,只要神明保佑他们能保存住我们已给他们订定的那些法律,也就可以了。

阿:否则的话,他们将永无止境地从事制定这类繁琐的法律,并为使它们达到完善把自己的一生都用来修改这种法律。

苏:你的意思是说,这种人的生活很像那些纵欲无度而成痼疾的人不愿抛弃对健康不利的生活制度一样。

426 阿:很对。

苏:诚然,他们过着极乐生活。他们虽就医服药但一无效果,只有使疾病更复杂并加重;他们还一直指望有人能告诉他们一种灵丹妙药,使他们可以恢复健康。

阿:有这种疾病的人大都这副样子。

苏:是的,而且有趣的是,谁对他们说实话,告诉他们:如果他们不停止
B 大吃大喝,寻花问柳,游手好闲,那么显而易见,无论药物还是烧灼法还是外科手术,是咒语还是符箓或别的任何治疗方法都治不好他们的病。——谁对他们这样说,他们就会把谁视为自己最可恶的敌人。

阿:根本谈不上有趣,因为对说老实话的人生气是不好的。

苏:我觉得你似乎对这种人没有好感。

阿:的确没有好感。

苏:如果一个国家也像我刚才说的那种人那样行事,你大概也不会称赞
C 它的行为的。你没有看到有些国家的行为也是这样的吗?那里政治不良,

但禁止公民触动整个国家制度,任何企图改变国家制度的要处以死刑;但同时不论什么人,只要他能极为热忱地为生活在这种不良政治秩序下的公民服务,为了讨好他们不惜奉承巴结,能窥探他们的心意,巧妙地满足他们的愿望,他们就把这种人视为优秀的有大智大慧的人并给予尊敬。

阿:是的,我认为这种国家的行为和那种病人的行为是一样的,我无论如何也不能称赞它。

苏:但是,对于那些愿为这种国家热诚服务的人又怎么样呢? 你能不称 D
赞他们的勇敢和不计个人利害的精神吗?

阿:我称赞他们,只是不称赞其中那些缺乏自知之明的,因为有许多得人称赞后而竟以为自己真是一个政治家了的人们。

苏:你的意思是什么呢? 你不原谅他们一点吗? 一个人不会量尺寸,另外有许多人也不会量尺寸,但他们告诉他说他身长四肘尺,你认为他能不相
信这个关于他身长的说法吗? E

阿:他怎能不相信呢?

苏:因此,你别对他们生气。因为,他们不也挺可怜吗? 他们像我刚才说过的那样不停地制定和修改法律,总希望找到一个办法来杜绝商业上的以及我刚才所说的那些其他方面的弊端,他们不明白,他们这样做其实等于在砍九头蛇的脑袋①。

阿:的确,他们所做的正是这样的事。 427

苏:因此我认为,真正的立法家不应当把力气花在法律和宪法方面做这一类的事情,不论是在政治秩序不好的国家还是在政治秩序良好的国家;因为在政治秩序不良的国家里法律和宪法是无济于事的,而在秩序良好的国家里法律和宪法有的不难设计出来,有的则可以从前人的法律条例中很方便地引申出来。

阿:那么,在立法方面还有什么事要我们做的呢? B

苏:没什么还要我们做的,特尔斐的阿波罗还有事要做,他还有最重大最崇高最主要的法律要规定。

阿:有哪些?

---

① 古希腊神话中的怪蛇,九个头,斩去一头又生两头。

苏:祭神的庙宇和仪式,以及对神、半神和英雄崇拜的其他形式,还有对
C 死者的殡葬以及安魂退鬼所必须举行的仪式。这些事是我们所不知道的,作为一个城邦的建立者的我们,如果是有头脑的,也不会把有关这些事的法律委诸别的解释者而不委诸我们祖传的这位神祇的。因为,这位神乃是给全人类解释他们祖先的这些宗教律令的神祇,我们的祖先就是在这位大神那设在大地中央脐石上的神座上传达他的解释的。

阿:你说得很好,我们必须这样做。

D 苏:因此,阿里斯同之子,你们的城邦已经可以说是建立起来了。接下来的事情就是要从某个地方弄到足够的灯光来照明,以便你自己,还要叫来你的兄弟,玻勒马霍斯以及其他朋友来帮你一起,寻找一下,看看我们是否能用什么办法发现,在城里什么地方有正义,在什么地方有不正义,两者之间区别又何在,以及想要得到幸福的人必须具有正义呢还是不正义,不论诸神和人们是否知道[①]。

格劳孔:废话,你曾答应要亲自寻找正义的。你曾说过,你如果不想一
E 切办法尽力帮助正义,就是不虔敬的人。

苏:我确曾这样说过,我必须这样做,但你也应助我一臂之力。

格:我们愿意。

苏:因此我希望用如下的办法找到它。我认为我们的城邦假定已经正确地建立起来了,它就应是善的。

格:必定的。

苏:那么可想而知,这个国家一定是智慧的、勇敢的、节制的和正义的。

格:这是很明白的。

苏:因此,假定我们在这个国家里找到了这些性质之一种,那么,我们还没有找到的就是剩下的那几种性质了[②]。对吗?

428 格:怎么不对呢?

苏:正如另外有四个东西,假定我们要在某事物里寻求它们之中的某一个,而一开始便找到了它,那么这在我们就很满意了。但是,如果我们所找

---

① 367E。

② 这里是在玩弄逻辑上的推论。

到的是另外三个,那么这也足以使我们知道我们所要寻求的那第四个了,因为它不可能是别的,而只能是剩下来的那一个。

格:说得对。

苏:那么,既然我们现在所要寻求的东西也是四个,我们不也可以用同样的方法来寻求它们吗?

格:当然可以。

苏:而且我在我们国家中清清楚楚看到的第一件东西便是智慧,而这个 B
东西显得有点奇特之处。

格:有什么奇特之处?

苏:我觉得我们所描述的这个国家的确是智慧的,因为它是有很好的谋划的,不是吗?

格:是的。

苏:好的谋划这东西本身显然是一种知识。因为,其所以有好的谋划,乃是由于有知识而不是由于无知。

格:显然是这样。

苏:但是在一个国家里有着多种多样的知识。

格:当然。

苏:那么,一个国家之所以称为有智慧和有好的谋划,是不是由于它的
木工知识呢? C

格:绝对不是。凭这个只能说这个国家有发达的木器制造业。

苏:这样看来,一个国家不能因为有制造木器的知识,能谋划生产最好的木器,而被称为有智慧。

格:的确不能。

苏:那么,能不能因为它长于制造铜器或其他这一类东西而被称为有智慧呢?

格:不能,根本不能。

苏:我想,也不能凭农业生产的知识吧!因为这种知识只能使它有农业发达之名。

格:我想是这样。

苏:在我们刚才建立起来的这个国家里,是不是有某些公民具有一种知

识，这种知识并不是用来考虑国中某个特定方面事情的，而只是用来考虑整
D 个国家大事，改进它的对内对外关系的呢？

格：是的，有这么一种知识。

苏：这是一种什么知识呢？它在哪里呢？

格：这种知识是护国者的知识，这种知识是在我们方才称为严格意义下的护国者的那些统治者之中。

苏：那么，具有这种知识的国家你打算用什么名称来称呼它呢？

格：我要说它是深谋远虑的，真正有智慧的。

E 苏：你想在我们的国家里究竟是哪一种人多？铜匠多呢，还是这种真正的护国者多呢？

格：当然是铜匠多得多。

苏：和各种具有某个特定方面知识而得到某种与职业有关的名称的人相比，这种护国者是不是最少呢？

格：少得多。

苏：由此可见，一个按照自然[①]建立起来的国家，其所以整个被说成是有智慧的，乃是由于它的人数最少的那个部分，这些领导着和统治着它的人们所具有的知识。并且，如所知道的，唯有这种知识才配称为智慧，而能够
429 具有这种知识的人按照自然规律总是最少数。

格：再对不过。

苏：现在我们多少总算是找到了我们的四种性质的一种了，并且也找到了它在这个国家里的所在了。

格：不管怎么说，我觉得它是被充分地找到了。

苏：接下去，要发现勇敢本身和这个给国家以勇敢名称的东西究竟处在国家的哪一部分，应当是并不困难的吧！

格：你为什么这么说呢？

B 苏：因为凡是说起一个国家懦弱或勇敢的人，除掉想到为了保卫它而上战场打仗的那一部分人之外，还能想到别的哪一部分人呢？

格：没有人会想着别的部分人的。

---

① “自然”以及后文中用到的“本性”“天性”，在希腊文中是一个词，也是一个意思。

苏:我想,其所以这样,就是因为国家的这种性质不能视其他人的勇敢或懦弱而定。

格:是的,是不能视其他人的勇敢与否而定的。

苏:因此,国家是因自己的某一部分人的勇敢而被说成勇敢的。是因这
一部分人具有一种能力,即无论在什么情形之下他们都保持着关于可怕事 C
物的信念,相信他们应当害怕的事情乃是立法者在教育中告诫他们的那些
事情以及那一类的事情。这不就是你所说的勇敢吗?

格:我还没完全了解你的话,请你再说一说。

苏:我的意思是说,勇敢就是一种保持。

格:一种什么保持?

苏:就是保持住法律通过教育所建立起来的关于可怕事物——什么样
的事情应当害怕——的信念。我所谓"无论在什么情形之下"的意思,是说
勇敢的人无论处于苦恼还是快乐中,或处于欲望还是害怕中,都永远保持这 D
种信念而不抛弃它。如果你想听听的话,我可以打个比方来解释一下。

格:我想听听你的解释。

苏:你知道,染色工人如果想要把羊毛染成紫色,首先总是从所有那许
多颜色的羊毛中挑选质地白的一种,再进行辛勤仔细的预备性整理,以便这
种白质羊毛可以最成功地染上颜色,只有经过了挑选和整理之后才着手染 E
色。通过这样的过程染上颜色的东西颜色吃得牢。洗衣服的时候不管是否
用碱水①,颜色都不会褪掉。但是,如果没有很好的准备整理,那么不论人
们把东西染成紫色还是别的什么颜色,会发生什么样的情况你是可想而
知的。

格:我知道会褪色而变成可笑的样子。

苏:因此,你一定明白,我们挑选战士并给以音乐和体操的教育,这也是
在尽力做同样的事情。我们竭力要达到的目标不是别的,而是要他们像羊 430
毛接受染色一样,最完全地相信并接受我们的法律,使他们关于可怕事情和
另外一些事情的信念都能因为有良好的天性和得到教育培养而牢牢地生
根,并且使他们的这种"颜色"不致被快乐这种对人们的信念具有极强褪色

① 那个时候,希腊人多用草木灰泡成的碱性水洗衣服。

B 能力的碱水所洗褪，也不致被苦恼、害怕和欲望这些比任何别的碱水褪色能力都强的洗剂所洗褪。这种精神上的能力，这种关于可怕事物和不可怕事物的符合法律精神的正确信念的完全保持，就是我主张称之为勇敢的，如果你没有什么异议的话。

格：我没有任何异议。因为，我觉得你对勇敢是有正确理解的，至于那些不是教育造成的，与法律毫不相干的，在兽类或奴隶身上也可以看到的同样的表现，我想你是不会称之为勇敢，而会另给名称的。

C 苏：你说得对极了。

格：那么，我接受你对勇敢所作的这个说明。

苏：好。你在接受我的说明时，如在“勇敢”上再加一个“公民的”限定词，也是对的。如果你有兴趣，这个问题我们以后再作更充分的讨论，眼前我们要寻找的不是勇敢而是正义，为达到这个目的，我认为我们说这么些已经够了。

格：有道理。

D 苏：我们要在这个国家里寻求的性质还剩下两种，就是节制和我们整个研究的对象——正义了。

格：正是。

苏：我们能够有办法不理会节制而直接找到正义吗？

格：我既不知道有什么办法，也不想先发现正义，以免我们会把节制忽略了。因此，如果你愿意让我高兴的话，请你先考虑节制吧！

E 苏：不愿意让你高兴，我是肯定不会的。

格：那就研究起来吧！

苏：我一定来研究。尽目前所知，节制比前面两种性质更像协调或和谐。

格：何以这样？

苏：节制是一种好秩序或对某些快乐与欲望的控制。这就是人们所说的“自己的主人”这句我觉得很古怪的话的意思——我们还可以听到其他类似的话——是不是呢？

格：是的，很对。

苏：“自己的主人”这种说法不是很滑稽吗？因为一个人是自己的主人

也就当然是自己的奴隶,一个人是自己的奴隶也就当然是自己的主人,因为所有这两种说法都是说的同一个人。 431

格:无疑是的。

苏:不过我认为这种说法的意思是说,人的灵魂里面有一个较好的部分和一个较坏的部分,而所谓“自己的主人”就是说较坏的部分受天性较好的部分控制。这无疑是一句称赞之词。当一个人由于坏的教养或者和坏人交往而使其较好的同时也是较小的那个部分受到较坏的同时也是较大的那个部分统治时,他便要受到谴责而被称为自己的奴隶和没有节制的人了。 B

格:这看来是不错的。

苏:现在来看看我们的新国家吧。你在这里也会看到有这两种情况之一。因为,既然一个人的较好部分统治着他的较坏部分,就可以称他是有节制的和自己是自己的主人。那么你应该承认,我们说这个国家是自己的主人是说得对的。

格:我看过了这个国家。你是说得对的。

苏:还可以看到,各种各样的欲望、快乐和苦恼都是在小孩、女人、奴隶 C
和那些名义上叫做自由人的为数众多的下等人身上出现的。

格:正是这样。

苏:反之,靠理性和正确信念帮助,由人的思考指导着的简单而有分寸的欲望,则只能在少数人中见到,只能在那些天分最好且又受过最好教育的人中间见到。

格:对。

苏:你不是在这个国家里也看到这一点吗?你不是看到了,在这里为数众多的下等人的欲望被少数优秀人物的欲望和智慧统治着吗? D

格:是的。

苏:因此,如果说有什么国家应被称为自己快乐和欲望的主人,即自己是自己主人的话,那它就必定是我们这个国家了。

格:一点不错。

苏:根据所有上述理由,这个国家不也可以被称为有节制的吗?

格:当然可以。

苏:又,如果有什么国家,它的统治者和被统治者,在谁应当来统治这个 E

问题上具有一致的信念,那也只有我们这个国家是这样的了,你不这样认为吗?

格:我坚定地这样认为。

苏:既是这样,那么你认为节制存在于哪个部分的公民中呢?存在于统治者中还是存在于被统治者中呢?

格:两部分人中都存在。

苏:因此你看到,我们刚才揣测节制像是一种和谐,并不很错吧?

格:为什么呢?

苏:因为它的作用和勇敢、智慧的作用不同,勇敢和智慧分别处于国家
432 的不同部分中而使国家成为勇敢的和智慧的。节制不是这样起作用的。它贯穿全体公民,把最强的、最弱的和中间的(不管是指智慧方面,还是——如果你高兴的话——指力量方面,又或者是指人数方面,财富方面,或其他诸如此类的方面)都结合起来,造成和谐,就像贯穿整个音阶,把各种强弱的音符结合起来,产生一支和谐的交响乐一样。因此我们可以正确地肯定说,节制就是天赋优秀和天赋低劣的部分在谁应当统治,谁应当被统治——不管
B 是在国家里还是在个人身上——这个问题上所表现出来的这种一致性和协调。

格:我完全同意你的意见。

苏:好了,我们至此可以认为,我们已经在我们国家中找到了三种性质了。剩下的那个使我们国家再具一种美德的性质还能是什么呢?剩下来的这个显然就是正义了。

格:显然是的。

苏:格劳孔啊,现在正是要我们像猎人包围野兽的藏身处一样密切注意的时候了。注意别让正义漏了过去,别让它从我们身边跑掉在不知不觉中
C 消失了。它显然是在附近的某个地方。把你的眼睛睁大些,努力去发现它。如果你先看见了,请你赶快告诉我。

格:但愿我能够,不过你最好还是把我看成只是一个随从,我所能看得见的只不过是你指给的东西罢了,这样想你就能最有效地使用我了。

苏:既然如此,那么为了胜利,就请你跟着我前进吧!

格:请你只管前头走,我跟着来了。

苏:这真像是个无法到达的所在呢,一片黑暗呀!

格:的确是一片黑暗,不容易寻找。

苏:不管怎么样,我们总得向前进! D

格:好,向前进。

[我看见了什么,并招呼他。]

苏:喂,格劳孔,我想我找到了它的踪迹了,我相信它是逃不掉了。

格:听到这个消息我很高兴。

苏:真的,我们的确太愚蠢了。

格:为什么?

苏:为什么吗?你想想,这个东西从一开始就老是在我们跟前晃来晃 E
去,我们却总是看不见它。我们就像一个人要去寻觅始终在他自己手上的东西一样可笑。我们不看近在眼前的这个东西,反而去注意远处。这或许就是为什么我们总是找不到它的缘故呢。

格:你说的是什么意思?

苏:我的意思是说,我们一直以某种方式在谈论这个东西,但是我们自己始终不知道我们是在谈论着它。

格:对于一个性急的听众说来,你这篇前言太冗长了。赶快言归正 433
传吧!

苏:那么你听着,看我说得对不对。我们在建立我们这个国家的时候,曾经规定下一条总的原则。我想这条原则或者这一类的某条原则就是正义。你还记得吧,我们规定下来并且时常说到的这条原则就是:每个人必须在国家里执行一种最适合他天性的职务。

格:是的,我们说过这点。

苏:再者,我们听到许多人说过,自己也常常跟着说过,正义就是只做自
己的事而不兼做别人的事。 B

格:是的,我们也曾说过这话。

苏:那么,朋友,做自己的事——从某种角度理解这就是正义。可是,你知道我是从哪里推导出这个结论的吗?

格:不知道,请你告诉我。

苏:我认为,在我们考察过了节制、勇敢和智慧之后,在我们城邦里剩下

的就是正义这个品质了，就是这个能够使节制、勇敢、智慧在这个城邦产生，
并在它们产生之后一直保护着它们的这个品质了。我们也曾说过，如果我
C 们找到了三个，正义就是其余的那一个了。

格：必定的。

苏：但是，如果有人要我们判断，这四种品质中我们国家有了哪一种最
能使我们国家善，是统治者和被统治者的意见一致呢，还是法律所教给军人
的关于什么该怕什么不该怕的信念在军人心中的保持呢？还是统治者的智
慧和护卫呢，还是这个体现于儿童、妇女、奴隶、自由人、工匠、统治者、被统
D 治者大家身上的品质，即每个人都作为一个人干他自己分内的事而不干涉
别人分内的事呢？——这似乎是很难判断的。

格：的确很难判断。

苏：看来，似乎就是“每个人在国家内做他自己分内的事”这个品质在使国家完善方面与智慧、节制、勇敢较量能力大小。

格：是的。

苏：那么，在使国家完善方面和其余三者较量能力大小的这个品质不就是正义吗？

E 格：正是。

苏：再换个角度来考察一下这个问题吧，如果这样做能使你信服的话。你们不是委托国家的统治者们审理法律案件吗？

格：当然是的。

苏：他们审理案件无非为了一个目的，即，每一个人都不拿别人的东西，也不让别人占有自己的东西，除此而外还有别的什么目的吗？

格：只有这个目的。

苏：这是个正义的目的吗？

格：是的。

苏：因此，我们大概也可以根据这一点达到意见一致了：正义就是有自己的东西，干自己的事情。

434 格：正是这样。

苏：现在请你考虑一下，你是不是同意我的下述看法：假定一个木匠做鞋匠的事，或者一个鞋匠做木匠的事，假定他们相互交换工具或地位，甚至

假定同一个人企图兼做这两种事,你想这种互相交换职业对国家不会有很大的危害,是吧?

格:我想不会有太大的危害。

苏:但是我想,如果一个人天生是一个手艺人或者一个生意人,但是由 B
于有财富,或者能够控制选举,或者身强力壮,或者有其他这类的有利条件
而又受到蛊惑怂恿,企图爬上军人等级,或者一个军人企图爬上他们不配的
立法者和护国者等级,或者这几种人相互交换工具和地位,或者同一个人同
时执行所有这些职务,我看你也会觉得这种交换和干涉意味着国家的毁
灭吧。

格:绝对是的。

苏:可见,现有的这三种人互相干涉互相代替对于国家是有最大害处 C
的。因此可以正确地把这称为最坏的事情。

格:确乎是这样。

苏:对自己国家的最大危害,你不主张这就是不正义吗?

格:怎么会不呢?

苏:那么这就是不正义。相反,我们说:当生意人、辅助者和护国者这三种人在国家里各做各的事而不相互干扰时,便有了正义,从而也就使国家成为正义的国家了。

格:我看情况不可能不是这样。 D

苏:我们还不能把这个关于正义的定义就这么最后地定下来。但是如
果它在应用于个人时也能被承认为正义的定义,那时我们就承认它,因为我
们还有什么别的话好说呢?否则我们将另求别的正义。但是现在我们还是
来做完刚才这个对正义定义的研究工作吧。在这一工作中我们曾假定,如
果我们找到了一个具有正义的大东西并在其中看到了正义,我们就能比较
容易地看出正义在个人身上是个什么样子的。我们曾认为这个大东西就是 E
城邦,并且因而尽我们之所能建立最好的城邦,因为我们清楚地知道,在这
个好的国家里会有正义。让我们再把在城邦里发现的东西应用于个人吧。
如果两处所看到的是一致的,就行了。如果正义在个人身上有什么不同,我
们将再回到城邦并在那里检验它。把这两处所见放在一起加以比较研究, 435
仿佛相互摩擦,很可能擦出火光来,让我们照见了正义,当它这样显露出来

时，我们要把它牢记在心。

格：你提出了一个很好的程序，必须这么办。

苏：那么，如果两个事物有同一名称，一个大一个小，它们也相同呢，还是，虽有同一名称而不相同呢？

格：相同。

B 苏：那么，如果仅就正义的概念而论，一个正义的个人和一个正义的国家也毫无区别吗？

格：是的。

苏：现在，当城邦里的这三种天赋的人各做各的事时，城邦被认为是正义的，并且，城邦也由于这三种人的其他某些情感和性格①而被认为是有节制的、勇敢的和智慧的。

格：是的。

苏：因此，我的朋友，个人也如此。我们也可以假定个人在自己的灵魂
C 里具有和城邦里所发现的同样的那几种组成部分，并且有理由希望个人因这些与国家里相同组成的"情感"而得到相同的名称。

格：无疑的。

苏：啊，我们又碰上了一件容易事，即研究：灵魂里是否有这三种品质。

格：我倒不认为这是个容易解决的问题呢。因为，苏格拉底呀，或许俗话说得对："不入虎穴，焉得虎子"呢。

D 苏：显然如此。让我告诉你，格劳孔，我也认为，用我们现在的这个论证方法是无论如何也不能弄清楚这个问题的。解决这个问题的正确方法是一个另外的有着困难而长远道路的方法。但是用我们这个方法使问题得到一定程度的解决，做到像解决前面的问题那样的程度或许还是可以的。

格：不就够了吗？在我这方面，在目前阶段这就满意了。

苏：在我这方面也的确满意了。

格：那么不要厌倦，让我们继续研究下去。

---

① ἕξεις（性格），这里近似亚里士多德的ἕξις。亚里士多德《尼可马各伦理学》1105b20，把人的全部精神因素归结为 πάθη（情感）、ἕξεις（性格）和 δυνάμεις（能力），并对这些概念作了明白的解释。

苏:因此我们不是很有必要承认,在我们每个人身上都具有和城邦里一 E
样的那几种品质和习惯[①]吗?因为除了来自个人而外城邦是无从得到这些
品质的。须知,假如有人认为,当城邦里出现激情[②]时,它不是来自城邦公
民个人——如果他们被认为具有这种像色雷斯人和西徐亚人以及一般地说
北方人样的品质的话——那是荒谬的。其他如城邦里出现热爱智慧这种品
质(它被认为主要是属于我们这个地方的),或贪婪财富这种品质时(在腓
尼基人和埃及人那里都可以看到这种性格,而且他们彼此不相上下),也都 436
应该认为这是由于公民个人具有这种品质使然的。

格:对。

苏:事实如此,理解这一点毫不困难。

格:当然不困难。

苏:但是,如果有人进一步问:个人的品质是分开的三个组成部分呢还
是一个整体呢?回答这个问题就不那么容易了。就是说,我们学习时是在
动用我们自己的一个部分,愤怒时是在动用另一个部分,要求满足我们的自 B
然欲望时是在动用第三个部分呢,还是,在我们的每一种活动中都是整个灵
魂一同起作用的呢?确定这一点就难了。

格:我也有这个感觉。

苏:那么现在让我们来试着确定这个问题吧:它们是一个东西呢还是不同的几个呢?

格:怎么确定呢?

苏:有一个道理是很明白的:同一事物的同一部分关系着同一事物,不
能同时有相反的动作或受相反的动作。因此,每当我们看到同一事物里出
现这种相反情况时我们就会知道,这不是同一事物而是不同的事物在起 C
作用。

格:很好。

苏:请注意我的话。

---

① 参考亚里士多德《尼可马各伦理学》1103a—b。道德方面的美德是"习惯"(ἦθος)的结果。道德方面的美德没有一种是由于自然而产生的,要通过运用的实践才能获得。立法者通过使公民养成习惯而使他们变好。

② θυμοειδὲς(激情)是理智和欲望之间的一种品质。

格:说吧!

苏:同一事物的同一部分同时既动又静是可能的吗?

格:是无论如何不可能的。

苏:让我们还要理解得更明确些,以免今后讨论过程中有分歧。例如有一个人站着不动,但是他的头和手在摇着,假如有人认为,这就是同一个人同时既动又静。我认为我们不应当把这个说法当作一个正确的说法,我们
D 应当说,这个人是一部分静另一部分动着,不是吗?

格:是的。

苏:假设争论对方还要更巧妙地把这种玩笑开下去,他说陀螺的尖端固定在一个地点转动着,整个陀螺是同时既动又静,关于任何别的凡是在同一地点旋转的物体他也都可以这么说。我们这方面应当反对这种说法,因为在这种情况下静止和运动着的不是事物的同一部分。我们应该说在它们自
E 身内有轴心的直线部分和圆周线部分;着眼于直线部分则旋转物体是静止的,如果它们不向任何方向倾斜的话,如果着眼于圆周线则它们是在运动的。但是,如果转动时轴心线向左或向右、向前或向后倾斜,那么旋转物体就无论如何也谈不上静止了。

格:对。

苏:那么再不会有任何这一类的话能把我们搞糊涂了,能使我们哪怕有一点点相信这种说法了:同一事物的同一部分相对于同一事物能够同时有
437 相反的动作或受相反的动作。

格:我相信再不会了。

苏:不过我们还是说:我们可以不必一一考察所有这类的反对意见和证明它们的谬误,让我们且假定它们是谬误的,并在这个假设下前进,但是心里要记住,一旦发现我们这个假设不对,就应该把所有由此引申出来的结论撤销。

格:我们必须这样做。

B 苏:另外我要问:你同意以下这些以及诸如此类都是彼此相反的吗:赞同和异议、求取和拒受、吸引和排斥?——不论是主动的还是被动的,因为这对于相反毫无影响。

格:是的,它们都是相反的。

苏:那么,干渴和饥饿以及一般地说欲望,还有愿望和希望,你不把所有
这些东西归到刚才说的某一类里去吗?你不认为有所要求的那个人的灵魂 C
正在求取他所要的东西,希望有某东西的人在吸引这个东西到自己身边来
吗?或者还有,当一个人要得到某一东西,他的心因渴望实现自己的要求,
不会向他的愿望点头赞同(仿佛有一个人在向他提出这个问题那样),让他
得到这个东西吗?

格:我会这样认为的。

苏:关于不愿意、不喜欢和无要求你又有什么看法呢?我们不应该把它
们归入灵魂的拒受和排斥,一般地说,归到与所有前者相反的那一类里 D
去吗?

格:应该。

苏:既然总的关于欲望的说法是对的,那么我们不认为欲望是一个类,这一类中最为明显的例子乃是我们所谓的干渴与饥饿吗?

格:我们将这样认为。

苏:这两种欲望不是一个要求饮料另一个要求食物吗?

格:是的。

苏:那么,就渴而言,我们说渴是灵魂对饮料的欲望,这里所涉及的除了
饮料而外,我们还提到过什么别的没有?我们有没有指明,例如是渴望得到
热的饮料还是得到冷的饮料,多的饮料还是少的饮料,一句话,有没有指明
渴望得到的是什么样的饮料呢?但是,假设渴同时伴有热,那么欲望便会要 E
求冷的饮料,如果渴同时伴有冷,那么欲望会要求热的饮料,不是吗?如果
渴的程度大,所要求的饮料也就多,如果渴的程度小,所要求的饮料也就少,
不是吗?单纯渴本身永远不会要求任何别的东西,所要求的不外是得到它
本性所要求的那东西,即饮料本身,饥对食物的欲望情况也如此。不是吗?

格:是这样。每一种欲望本身只要求得到自己本性所要求得到的那种
东西。特定的这种欲望才要求得到特定的那种东西。 438

苏:这里可能会有人提出反对意见说,没有人会只要求饮料而不要求好的饮料,只要求食物而不要求好的食物的。因为所有的人都是想要好东西的。因此,既然渴是欲望,它所要求的就会是好的饮料。别的欲望也同样。对于这种反对意见我们不能粗心大意,不要让人家把我们搞糊涂了。

格:反对意见看来或许有点道理。

B 苏:不过我们还是应当认为,特定性质的东西关系着特定性质的相关者,仅本身的东西关系着仅本身的相关者。

格:我不懂你的意思。

苏:你应当懂得,所谓较大的东西是一个相关的名称。

格:这一点我很清楚。

苏:那不是和较小的东西相关吗?

格:是和较小的东西相关。

苏:大得多的东西关系着小得多的东西,是吧?

格:是的。

苏:某个时候较大的东西关系着某个时候较小的东西,将较大者关系着将较小者,不也是这样吗?

格:也这样。

C 苏:又如较多者关系着较少者,一倍者关系着一半者,以及诸如此类,还有,较重者关系着较轻者,较快者关系着较慢者,还有,较热者关系着较冷者,以及所有诸如此类,不都是这样吗?

格:是这样。

苏:科学怎么样?是同一个道理吗?仅科学本身就只是关于知识本身,或别的无论什么我们应当假定为科学对象的东西的,但是一门特定的科学
D 是关于一种特定知识的。我的意思是譬如,既然有建房造屋的科学,它不同于别的科学,它不是被叫做建筑学吗?

格:有什么不是呢?

苏:那不是因为它有特定的,非别的任何科学所有的性质吗?

格:是的。

苏:它有这个特定的性质,不是因为它有特定的对象吗?其他科学和技艺不也是如此吗?

格:是如此。

苏:那么,如果你现在了解我的意思了,你也就必定明白,我前面所说的那些关于种种相对关系的话,其用意也就在这里了。我前面说过:仅本身的东西关系着仅本身的东西,特定性质的东西也关系着特定性质的东西。我

完全不是说,它们关系着什么就是和什么同类,以致关于健康和疾病的科学 E
也就是健康的科学和有病的科学了,关于邪恶和美德的科学因而就是丑恶的科学和美好的科学了。我不是这个意思。我的意思只是说,当科学变得不再是关于一般科学对象的,而是变成了关于特定对象的,即关于疾病和健康的科学时,它就成了某种科学,这使它不再被单纯地叫做“科学”,而被叫做特定的科学,即医学了。

格:我懂了。我也认为是这样。

苏:再说渴。你不认为渴属于这种本质上就是有相关事物的东西之一 439
吗?渴无疑关系着某种事物。

格:我也这样认为;它关系着饮料。

苏:那么,如果饮料是特定种类的,渴就也是特定种类的,但是与渴单纯自身相关的饮料无所谓多和少或好和坏,总之,不管饮料是什么种类的,单纯的渴自身自然仅单纯地关系着饮料单纯本身。不是吗?

格:无疑是的。

苏:因此渴的灵魂,如果仅渴而已,它所想要的就没有别的,仅饮而已,它就极为想要这个并力求得到它。

格:这是很明显的。 B

苏:因此,如果一个人在渴的时候他心灵上有一个东西把他拉开不让他饮,那么这个东西必定是一个另外的东西,一个不同于那个感到渴并牵引着他像牵引着牲畜一样去饮的东西,不是吗?因为我们说过,同一事物以自己的同一部分在同一事情上不能同时有相反的行动。

格:是不能的。

苏:所以我认为,关于射箭者的那个比方里,说他的手同时既拉弓又推弓是说得不妥的,应当说他的一只手推弓另一只手拉弓才对。

格:确实是的。 C

苏:那么,我们不是可以说有这种事情吗:一个人感到渴但不想要饮?

格:这诚然是常见的。

苏:关于这些事例人们会有什么看法呢?岂不是在那些人的灵魂里有两个不同的东西,一个叫他们饮另一个阻止他们饮,而且阻止的那个东西比叫他们饮的那个东西力量大吗?

格:我也这样认为。

苏:而且,这种行为的阻止者,如果出来阻止的话,它是根据理智考虑出
D 来阻止的,而牵引者则是情感和疾病使之牵引的。不是吗?

格:显然是的。

苏:那么,我们很有理由假定,它们是两个,并且彼此不同。一个是人们用以思考推理的,可以称为灵魂的理性部分;另一个是人们用以感觉爱、饿、渴等物欲之骚动的,可以称为心灵的无理性部分或欲望部分,亦即种种满足和快乐的伙伴。

E 格:我们这样假定是很有道理的。

苏:那么让我们确定下来,在人的灵魂里确实存在着这两种东西。再说激情①,亦即我们借以发怒的那个东西。它是上述两者之外的第三种东西呢,还是与其中之一同种的呢?

格:它或许与其中之一即欲望同种吧。

苏:但是,我曾经听说过一个故事,并且相信它是真的。故事告诉我们:
阿格莱翁之子勒翁提俄斯从比雷埃夫斯进城去,路过北城墙下,发现刑场上
440 躺着几具尸体,他感觉到想要看看但又害怕而嫌恶它们,他暂时耐住了,把
头蒙了起来,但终于屈服于欲望的力量,他张大眼睛冲到尸体跟前骂自己的
眼睛说:“瞧吧,坏家伙,把这美景瞧个够吧!”

格:我也听说过这个故事。

苏:这个故事的寓意在于告诉人:愤怒有时作为欲望之外的一个东西和欲望发生冲突。

格:是有这个意思。

苏:我们不是还看到过许多这类的事例吗:当一个人的欲望在力量上超
B 过了他的理性,他会骂自己,对自身内的这种力量生气。这时在这种像两个
政治派别间的斗争中,人的激情是理性的盟友。激情参加到欲望一边
去——虽然理性不同意它这样——反对理性,这种事情我认为是一种你大

① 激情(θυμός),照柏拉图的意思,如果不被坏的教育带坏,激情在本性上是理智的盟友。但照字面上理解,激情或许属于灵魂的无理性部分。因此,照格劳孔的暗示,它应和欲望同种。

概从来不会承认曾经在你自己身上看到出现过的,我也认为是一种不曾在别的任何人身上看到出现过的事情。

格:真的,不曾有过的。 C

苏:再说,假定有一个人认为自己有错,那么这个人愈是高贵,他对自己所受到的饥、寒或任何其他诸如此类的别人可能加诸他的苦楚——他认为这个人的做法是公正的——就愈少可能感到愤怒,照我的说法就是,他的情感拒绝被激发起来反对那个人。我这样说对吗?

格:对的。

苏:但是,假如一个人认为自己受到了不公正的待遇,他会怎么样呢?
他的情感会激动而发怒,加入他认为是正义的那方面作战,并且还会由于受 D
到饥、寒以及其他诸如此类的苦楚,而更坚决地争取胜利,他的高贵的灵魂不会平静下来,直至杀死对方或被对方杀死,或者直至听到理性的呼声而停战,就像狗听到牧人的禁约声而停止吠叫一样。是这样吧?

格:你的比方很贴切。如我们前面说过的,在我们的国家里辅助者像狗一样,他们听命于统治者,后者仿佛是城邦的牧人。

苏:你对我所想说明的意思理解得很透彻。但是,你也注意到了这一点吗?

格:哪一点? E

苏:我们现在对激情的看法正好和刚才的印象相反。刚才我们曾假定它是欲望的一种。但现在大不同了,我们很应该说,在灵魂的分歧中它是非常宁愿站在理性一边的。

格:当然。

苏:那么它和理性也不同吗,或者,它只是理性的一种,因此在灵魂里只有两种东西而不是三种呢,即只有理性和欲望呢?或者还是说,正如国家由
三等人——生意人、辅助者和谋划者——组成一样,在灵魂里也这样地有一 441
个第三者即激情呢(它是理性的天然辅助者,如果不被坏教育所败坏的话)?

格:必然有第三者。

苏:正如已证明它是不同于欲望的另一种东西一样,如果它也能被证明是不同于理性的另一种东西的话,就可以肯定了。

格:这不难证明。人们在小孩身上也可以看到:他们差不多一出世就充满了激情,但是有些孩子我们从未看到他们使用理性,而大多数孩子,他们
B 能使用理性则都是很迟很迟以后的事情。

苏:确实是这样,你说得很好。还有,人们在兽类身上也可以看到你所说的有激情存在的现象。并且,在这些例子之外我们还可以把前面曾引用过的荷马的一句诗拿来作证明,这句诗是:

捶胸叩心责备自己。[①]

C 因为在这行诗里荷马分明认为,判断好坏的理性是一个东西,它在责备那个无理性的主管愤怒的器官,后者被当作另一个东西。

格:你说得很对。

苏:我们漂洋过海,好不容易到达了目的地,并且取得了相当一致的意见:在国家里存在的东西在每一个个人的灵魂里也存在着,且数目相同。

格:是的。

苏:那么据此我们不是可以立即得到如下的必然推论吗:个人的智慧和国家的智慧是同一智慧,使个人得到智慧之名的东西和使国家得到智慧之名的东西是同一东西?

格:当然可以这样推论。

D 苏:我们也可以推论:个人的勇敢和国家的勇敢是同一勇敢,使个人得到勇敢之名的东西和使国家得到勇敢之名的东西是同一东西,并且在其他所有美德方面个人和国家也都有这种关系。

格:必然的。

苏:那么,格劳孔,我认为,我们以什么为根据承认国家是正义的,我们也将以同样的根据承认个人是正义的。

格:这也是非常必然的。

苏:但是我们可别忘了:国家的正义在于三种人在国家里各做各的事。

格:我认为我们没有忘了。

苏:因此我们必须记住:我们每一个人如果自身内的各种品质在自身内
E 各起各的作用,那他就也是正义的,即也是做他本分的事情的。

---

① 《奥德赛》XX 17。本书第三卷 390D 处引用过。

格:的确,我们也必须记住这一点。

苏:理性既然是智慧的,是为整个心灵的利益而谋划的,还不应该由它起领导作用吗?激情不应该服从它和协助它吗?

格:无疑应该如此。

苏:因此,不是正如我们说过的,音乐和体育协同作用将使理智和激情
得到协调吗,既然它们用优雅的言词和良好的教育培养和加强理性,又用和 442
声与韵律使激情变得温和平稳而文明?

格:完全对。

苏:这两者(理性和激情)既受到这样的教养、教育并被训练了真正起
自己本分的作用,它们就会去领导欲望——它占每个人灵魂的最大部分,并
且本性是最贪得财富的——它们就会监视着它,以免它会因充满了所谓的
肉体快乐而变大变强不再恪守本分,企图去控制支配那些它所不应该控制
支配的部分,从而毁了人的整个生命。 B

格:完全正确。

苏:那么,这两者联合一起最好地保卫着整个灵魂和身体不受外敌的侵犯,一个出谋划策,一个在它的领导下为完成它的意图而奋勇作战,不是这样吗?

格:是这样。

苏:因此我认为,如果一个人的激情无论在快乐还是苦恼中都保持不忘
理性所教给的关于什么应当惧怕什么不应当惧怕的信条,那么我们就因他
的激情部分而称每个这样的人为勇敢的人。 C

格:对。

苏:我们也因每个人身上的这个起领导作用的和教授信条的小部分——它也被假定为这个人身上既懂得这三个部分各自利益,也懂得这三个部分共同利益者——而称他为智慧的。

格:完全对。

苏:当人的这三个部分彼此友好和谐,理性起领导作用,激情和欲望一 D
致赞成由它领导而不反叛,这样的人不是有节制的人吗?

格:的确,无论国家的还是个人的节制美德正是这样的。

苏:我们也的确已经一再说明过,一个人因什么或该怎样才算是一个正

义的人。

格:非常对。

苏:个人的正义其形象在我们心目中不是有点模模糊糊,好像它是别的什么,不大像它在国家里显示出来的那个形象吗?

格:我觉得不是这样。

E 苏:这就对了。须知,如果我们心里对这个定义还有什么怀疑存留着的话,那是用一些很平常的事例就可以充分证实我们所说不谬的。

格:你是指什么样的事例呢?

苏:例如假设要我们回答一个关于正义的国家和一个与正义国家有同样先天同样教养的个人的问题,即,我们是否相信这种人——如果把金银财宝交给他管的话——会鲸吞盗用它们,你以为有谁会相信这种人会比不正义的人更像干这种事的呢?

443 格:没有人会这样相信的。

苏:这样的人也是决不会渎神、偷窃,在私人关系中出卖朋友,在政治生活中背着祖国的吧?

格:决不会的。

苏:他也是无论如何也不会不信守誓言或别的协约的。

格:怎么会呢?

苏:这样的人决不会染上通奸、不尊敬父母、不履行宗教义务的罪恶的,尽管有别人犯这种罪恶。

格:他们是决不会的。

B 苏:这一切的原因不是在于,他心灵的各个部分各起各的作用,领导的领导着,被领导的被领导着吗?

格:正是这样,别无其他。

苏:那么,除了能使人和国家成为正义人和正义国家的这种品质之外,你还要寻找什么别的作为正义吗?

格:说真的,我不想再找了。

苏:到此我们的梦想已经实现了;而我们所作的推测[1]——在我们建立

---

① 见前文434D。

这个国家之初由于某种天意我们碰巧就已经想到了它是正义的根本定 C
义——到此已经得到证实了。

格：的的确确。

苏：因此格劳孔，木匠做木匠的事，鞋匠做鞋匠的事，其他的人也都这样，各起各的天然作用，不起别种人的作用，这种正确的分工乃是正义的影子——这也的确正是它[1]之所以可用的原因所在。

格：显然是的。

苏：但是，真实的正义确是如我们所描述的这样一种东西，然而它不是
关于外在的"各做各的事"，而是关于内在的，即关于真正本身，真正关切的 D
事情。这就是说，正义的人不许可自己灵魂里的各个部分相互干涉，起别的部分的作用。他应当安排好真正自己的事情，首先达到自己主宰自己，自身
内秩序井然，对自己友善。当他将自己心灵的这三个部分合在一起加以协 E
调，仿佛将高音、低音、中音以及其间的各音阶合在一起加以协调那样，使所有这些部分由各自分立而变成一个有节制的、和谐的整体时，于是，如果有必要做什么事的话——无论是在挣钱、照料身体方面，还是在某种政治事务或私人事务方面——他就会做起来；并且在做所有这些事情过程中，他都相信并称呼凡保持和符合这种和谐状态的行为是正义的好的行为，指导这种
和谐状态的知识是智慧，而把只起破坏这种状态作用的行为称作不正义的 444
行为，把指导不和谐状态的意见称作愚昧无知。

格：苏格拉底，你说得非常对。

苏：如果我们确定下来说，我们已经找到了正义的人、正义的国家以及正义人里的正义和正义国家里的正义各是什么了，我想，我们这样说是没有错的。

格：真的，没有说错。

苏：那么，我们就定下来了？

格：就这么定下来吧。

苏：这个问题就谈到这里为止了。下面我认为我们必须研究不正义。

格：显然必须研究它了。

---

① 从语气看来，显然是指以正确的分工作为正义的定义。

B 苏:不正义应该就是三种部分之间的争斗不和、相互间管闲事和相互干涉,灵魂的一个部分起而反对整个灵魂,企图在内部取得领导地位——它天生就不应该领导而是应该像奴隶一样为统治部分服务的——不是吗?我觉得我们要说的正是这种东西。不正义、不节制、懦怯、无知,总之,一切的邪恶,正就是三者的混淆与迷失。

格:正是这个。

C 苏:如果说不正义和正义如上所述,那末,“做不正义的事”、“是不正义的”,还有下面的“造成正义”——所有这些词语的涵义不也都跟着完全清楚了吗?

格:怎么会的?

苏:因为它们完全像健康和疾病,不同之点仅在于后者是肉体上的,前者是心灵上的。

格:怎么这样?

苏:健康的东西肯定在内部造成健康,而不健康的东西在内部造成疾病。

格:是的。

苏:不也是这样吗:做正义的事在内部造成正义,做不正义的事在内部造成不正义?

D 格:必定的。

苏:但是健康的造成在于身体内建立起这样的一些成分:它们合自然地有的统治着有的被统治着,而疾病的造成则在于建立起了这样一些成分:它们反自然地有的统治着有的被统治着。

格:是这样。

苏:正义的造成也就是在灵魂里建立起了一些成分:它们相互间合自然地有的统治着有的被统治着,而相互间反自然地统治着和被统治着就造成不正义,不是吗?

格:的确是的。

E 苏:因此看来,美德似乎是一种心灵的健康,美和坚强有力,而邪恶则似乎是心灵的一种疾病,丑和软弱无力。

格:是这样。

苏:因此不也是这样吗:实践做好事能养成美德,实践做丑事能养成邪恶?

格:必然的。

苏:到此看来,我们还剩下一个问题要探讨的了:做正义的事、实践做好
事、做正义的人(不论是否有人知道他是这样的)有利呢,还是做不正义的 445
人、做不正义的事(只要不受到惩罚和纠正)有利呢?

格:苏格拉底,在我看来这个问题已经变得可笑了。因为,若身体的本
质已坏,虽拥有一切食物和饮料,拥有一切财富和权力,它也被认为是死了。
若我们赖以活着的生命要素的本质已遭破坏和灭亡,活着也没有价值了。
正义已坏的人尽管可以做任何别的他想做的事,只是不能摆脱不正义和邪 B
恶,不能赢得正义和美德了。因为后两者已被证明是我们已经表述过的那
个样子的。

苏:这个问题是变得可笑了。但是,既然我们已经爬至这个高度了(在这里可以最清楚地看到这些东西的真实情况),我们必须还是不懈地继续前进。

格:我发誓一点也不懈怠。

苏:那么到这里来,以便你可以看见邪恶有多少种——我是指值得一看 C
的那几种。

格:我的思想正跟着你呢,尽管讲下去吧!

苏:的确,我们的论证既已达到这个高度,我仿佛从这个高处看见了,美德是一种,邪恶却无数,但其中值得注意的有那么四种。

格:这话什么意思?

苏:我是说,有多少种类型的政体就能有多少种类型的灵魂。

格:倒是有多少种呀? D

苏:有五种政体,也有五种灵魂。

格:请告诉我,哪五种?

苏:告诉你,其中之一便是我们所描述的这种政体,它可以有两种名称:王政或贵族政治。如果是由统治者中的一个卓越的个人掌权便叫做王政,如果是由两个以上的统治者掌权便叫做贵族政治。

格:对的。

苏:我们刚才说的这两种形式是一种政体。因为无论是两个以上的人
E 掌权还是一个人掌权,只要他们是受过我们前面提出过的那种教育和培养的,他们是不会更改我国的那些值得一提的法令的。

格:一定的。

第五卷

苏:这样一种国家,这样一种体制,还有这样一种人物,我说都是善的, 449
正义的;如果在管理国家和培养个人品质方面,这是一种善的制度,那么,其余的各种制度就都是恶的,谬误的。恶的制度可以分为四类。

格:哪四类?

苏:[当我正要把那四类制度按照看来是自然的次序列举出来时,坐在 B
离阿得曼托斯不远处的玻勒马霍斯伸出手去从上面抓起格劳孔的上装的肩部,拉他靠近些,说了几句耳语,其中我们只听到一句:"我们放他走呢,还是怎么样?"其余都没有听清。接着阿得曼托斯说:"怎么也不能让他走。"他这句话说得相当响。于是我问他们:]你们两人说"不能让他走",请问这个"他"是指的谁?

阿:指你。

苏:指我?请问为什么? C

阿:我们觉得你是在偷懒,你是要逃避全部辩论中并非微不足道的一整大段,企图不对我们作出解释就滑过去。你希望随随便便地提了几句话就溜之大吉,似乎那个关于妇女儿童的问题,即,"朋友之间一切共有"[①]这个原则可以应用于妇女儿童身上,这对于任何人都是一目了然了似的。

苏:难道我说得不对,阿得曼托斯?

阿:你说的对是对的,不过所谓"对",同别的事情一样,要有个解释,要

① 见第四卷424。

D 说明如何共有法？有各种不同的做法，你应该告诉我们你心里想的是哪种做法。我们已经等了好久，希望听听你对儿童的生育和培养的问题有什么高见，看看你对所讲的关于妇女与儿童公有的问题有什么说明。我们觉得
450 事关重大，搞得对不对将对于国家有极重大深远的影响。现在你还没有把这个问题讲清楚，倒又想去着手另一个问题了。你必须像论述别的问题一样把这件事说个一清二楚，在此以前如你刚才已听到的，我们是下定决心不让你离开这里的。

格：好，我也投票赞成。

色：苏格拉底，你可以放心大胆地把这看作我们大家一致的决议。

苏：哎哟，你们在搞什么鬼，和我这样过不去？你们要把国家体制从头再辩论一番。这是在引起多么大的一场辩论呀，我总以为辩论算是结束了，
B 心里很庆幸呢。因为只要你们无异议，接受我的想法，我就心满意足了。你们没有看到，你们提出这个要求来会引起多么激烈的一场争论。我是早就预料到的，所以我是尽量避免陷进去拔不出来呀！

色：咳！我们大家来这里干什么的？你以为我们是来淘金发财的，不是来听讲的吗？

苏：听讲也总有个限度嘛。

格：苏格拉底啊，对于一个有头脑的人来说，听这样的谈话，其限度就是
C 到死方休。因此，你不要为我们担心，你自己请不要厌烦，你要答复我们的问题，告诉我们：你觉得我们的护卫者应该怎样去把妇女与儿童归为公有；儿童从出生至接受正规教育，这一阶段大家公认是教育最难的时期，这一时期应该怎样去培养他们。因此，请告诉我们，这一切该怎么办。

苏：我的好朋友，要说明这些不容易；这里比前面讨论的问题，有更多的终点。因为人们会怀疑，我所建议的是不是行得通；就说行得通吧，人们还
D 会怀疑这做法是不是最善。因此，我的好朋友啊，我怕去碰这个问题，怕我的这个理论会被认为只是一种空想。

格：不用怕。我们听众对你是善意的，信任的，能理解你的困难的。

苏：老朋友，你这些话的意思是为了鼓励我吗？

格：是的。

苏：可是结果适得其反。因为，如果我对于我所要讲的很有把握，那么

这种鼓励是非常好的。当一个人和志同道合的朋友们在一起讨论大家所关 E
心的头等大事，心里有数，讲起来自然左右逢源，头头是道。但是，如果像我
目前的情况，胸无成竹，临时张皇，那是可怕而危险的。我怕的不是人家嘲
笑，那是孩子气；我怕的是迷失真理，在最不应该摔跤的地方摔了跤，自己跌 451
了不算，还把我的朋友们统统拖下去跌成一大堆！所以，格劳孔啊，在我讲
以前，我先向复仇女神致敬，求她宽恕。在我看来，失手杀人其罪尚小，混淆
美丑、善恶、正义与不正义，欺世惑众，其罪大矣。所以这种事情是一种冒
险，是只能在敌人中间干而不能在朋友之间干的。所以你的鼓励是不能增 B
加我的勇气的。

格（带笑）：苏格拉底啊！就是你在辩论中偶有错误，对我们有害，我们还是释放你，像在误杀案中一样，赦你无罪，不算你欺骗了我们。所以请你放大胆子讲下去吧！

苏：好，那么，在法律上，凡被开释者，就无罪了；既然法律上是这样，那么我们这里想必也是这样。

格：既然如此，讲下去吧，不要推托了。

苏：那么现在我们必须回过头来把那些按照应有的顺序也许早就应该
讲了的东西讲一讲。男子表演过了后，让妇女登台，这可能是一个好办法， C
尤其是因为你们急得要听我讲。对于像我们在前面说过的那样成长和教育出来的男子说来，我认为他们保有与使用孩子和妇女的唯一正确的方式，应像我们在当初开始讨论男子问题时建议的那样①。你还记得那时我们曾竭力论证他们应做羊群的护卫者吗？

格：是的。

苏：让我们保持这个比喻，给妇女以同样的培养和训练，看这样说适当 D
不适当。

格：怎么个培养训练法？

苏：这样。我们要不要指望母犬帮助公犬一起在外追寻搜索，参加一切警卫工作？或者还是让母犬躲在窝里，只管生育小犬，抚育小犬，让公犬独任警卫羊群的工作呢？

---

① 用动物作比方。见375—376，422D，466D，467B，491D—E，537A，546A—B，564A。

E　格：我们除了把母的警犬看作较弱者，公的看作较强者以外，应当一切工作大家同干。

苏：对于一种兽类如果你不给以同样的饲养、同样的训练，你能不分彼此地使用它们吗？

格：不能。

苏：那么，如果我们不分彼此地使用女子，照使用男子那样，我们一定先
452 要给女子以同样的教育。

格：是的。

苏：我们一向是用音乐和体操教育男子的。

格：是的。

苏：那么，为了同样地使用女子，我们一定要同样地用两门功课来教育女子，并且还要给她们军事教育。

格：根据你说的看来似乎有理。

苏：好，我们刚才所提的许多建议，要是付诸实施的话，由于违反当前的风俗习惯，我怕或许会让人觉得好笑的。

格：的确。

B　苏：你看其中最可笑的是什么？难道不显然是女子在健身房里赤身裸体[①]地和男子一起锻炼吗？不仅年轻女子这样做，还有年纪大的女人，也像健身房里的老头儿一样，皱纹满面的，看上去很不顺眼，可是她们还在那儿坚持锻炼呢。这不是再可笑没有了吗？

格：啊呀！在目前情况下，似乎有些可笑。

苏：关于女子体育和文艺教育的改革，尤其是关于女子要受军事训练，如携带兵器和骑马等方面的问题，我们既然开始讨论了，就得坚持下去。文
C 人雅士们的俏皮话、挖苦话我们是必定会听到的，千万不要怕。

格：你说的很对。

苏：我们既然出发了，在立法征途上虽然遇到困难，也决不能后退。我们请求那些批评家们暂时抛弃轻薄故态，严肃一些；请他们回顾一下希腊

① 古代希腊男子操练时都是裸体。“健身房”一词（γυμνάσιον）原意便是“裸体操练的地方”。

人，在并不太久以前，还像现在大多数野蛮人那样，认为男子给人家看到赤
身裸体也是可羞可笑的呢。当最初克里特人和后来斯巴达人开始裸体操练 D
时，你知道不是也让那个时候的才子派的喜剧家们用来开过玩笑吗？

格：确是如此。

苏：但是，既然（我认为）经验证明，让所有的这类事物赤裸裸的比遮遮
掩掩的要好，又，眼睛看来可笑的事物在理性认为最善的事物面前往往会变
得不可笑。那么，这也就说明了下述这种人的话乃是一派胡言：他们不认为 E
邪恶是可笑的，倒认为别的都是可笑的；他们不去讽刺愚昧和邪恶，却眼睛
盯着别的现象加以讥讽；他们一本正经地努力建立某种别的美的标准，却不
以善为美的标准。

格：你说得完全对。

苏：我们要取得一致意见的第一件事就是，这些建议是否行得通。是
吧？因为无论发言人是在开玩笑，还是认认真真的，我们都一定要准备提出
这个问题：女子按其天性能胜任男子的一切职务吗，或者还是什么都干不 453
了，或者只能干其中有限的几种？如果说能干其中的几种，战争是不是包括
在内？我们这样开始讨论，由此逐渐深入，可以得到最美满的结论。这样不
是最好的方法吗？

格：这是极好的方法。

苏：那么我们要不要替我们的假想论敌，向我们自己提出诘难，以免因
没有人替他们辩护，只听到我们的一面之词呢？

格：你完全可以这样做。 B

苏：那么，要不要让我们替他们说句话："我的亲爱的苏格拉底、格劳孔
呀！实在没有必要让别人来批评你们。你们自己在开始讨论建立你们国家
的时候，早已同意一个原则，即每个人应该做天然适宜于自己的工作。"

格：我想，我们的确是同意过的，不是吗？

苏：他们会这样问：男子与女子之间不是天然就有很大的差别吗？当我
们承认有之后，他们会问我们要不要给男子女子不同的工作，来照顾这些天 C
然的差别？当我们说要的，他们会再问下去：既说男女应该有同样的职业，
又说他们之间有很大的自然差别，这岂不是在犯自相矛盾的错误吗？那怎
么办？你聪明人能够答复这个问题吗？

格:要我立刻答复这样突然的问题,实在不容易。我只有请求你替我们这方面答辩一下,话随你怎么说。

苏:亲爱的格劳孔,这些困难,还有别的许多类似的困难都是我早就看
D 到的,因此我怕触及妇女儿童如何公有、如何教育方面的立法问题。

格:真的,这不像是一件容易的事情。真不容易。

苏:当然不容易。但是既然跌到水里了,那就不管是在小池里还是在大海里,我们义无反顾,只好游泳了。

格:极是。

苏:那么,我们也只好游下去,希望安然渡过这场辩论。但愿音乐家阿里安的海豚[①]把我们驮走,或者还有其他什么急救的办法。

格:看来如此。

E 苏:好,让我们来看看能不能找到一条出路。我们承认过不同的禀赋应该有不同的职业,男子与女子有不同的禀赋。可是现在我们又说不同禀赋的人应该有同样的职业,这岂不是对我们自己的一种反驳吗?

格:一点不错。

454 苏:亲爱的格劳孔,争论艺术的力量真了不起呀!

格:怎么回事?

苏:因为我看到许多人甚至不由自主地跌到这个陷阱中去,他们以为是在辩论,实际上不过在吵架而已。因为他们不懂得在研究一句话的时候怎样去辨别其不同的涵义,只知道在字面上寻找矛盾之处。他们咬文嚼字,互相顶嘴,并不是在作辩证式的讨论。

格:是的,许多场合都有这种情况,不过你认为我们这里也是这样吗?

B 苏:绝对是的。无论如何,我担心我们在这里有不知不觉陷入一场文字争吵的危险。

格:怎么会这样的?

苏:不同样的禀赋不应该从事于同样的职业。我们对于这个原则,在字面上鼓足勇气,斤斤计较,可是我们从来没有停下来考虑考虑,不同样的禀赋究竟是什么意思,同样的禀赋究竟是什么意思,对不同样的禀赋给以不同

① 见希罗多德《历史》第一卷第二十四节。

样的职业,对同样的禀赋给以同样的职业,究竟是什么意思? C

格:我们确实没有考虑过。

苏:看来,根据这个原则,我们就可以问我们自己:秃头的人们和长头发的人们是同样的还是异样的禀赋;要是我们同意他们是异样的禀赋,我们就禁止长头发的人做鞋匠而不禁止秃头的人做鞋匠,或者禁止秃头的人做鞋匠而不禁止长头发的人做鞋匠。

格:这可笑到极点。

苏:可笑的原因在于,我们所说禀赋的同异,绝不是绝对的,无限制的,
而只是关连到行业的同异。例如一个男子和一个女人都有医疗的本领,就 D
有同样的禀赋。你觉得对不对?

格:对的。

苏:但是一个男医生和一个男木工的禀赋就不同。

格:确是不同。

苏:那么,如果在男性和女性之间,发现男性或女性更加适宜于某一种
职业,我们就可以把某一种职业分配给男性或女性。但是,如果我们发现两
性之间,唯一的区别不过是生理上的区别,阴性受精生子,阳性放精生子,我 E
们不能据此就得出结论说,男女之间应有我们所讲那种职业的区别;我们还
是相信,我们的护卫者和他们的妻子应该担任同样的职业为是。

格:你说的很对。

苏:其次,我们要请那些唱反调的人告诉我们,对建设国家有贡献的技
术和职业,哪些仅仅适宜于女性,哪些仅仅适宜于男性呢? 455

格:这你无论如何是问得公道合理的。

苏:也许有人会像你刚才所说的那样说:一下子不容易找到令人满意的答复,只要给他们时间想一想,这也并不太难的。

格:他也许会这么说。

苏:那么,我们可不可以请求反对我们的人一直跟着我们,以便我们或
许能够向他证明,在治理一个国家方面没有一件事是只有男子配担任,女人 B
担任不了的?

格:当然可以。

苏:那么,让我们来请他答复这个问题。"当你说一个人对某件事有天

赋的才能另一个人没有天赋的才能,是根据什么呢?是因为一个人学习起来容易另一个人学起来困难,对吗?是不是因为有的人一学就懂,懂了就能类推,举一反三;有的人学习了好久,甚至还不记得所学的是什么东西?是
C 不是因为有的人身体能充分地为心灵服务,有的人身体反而阻碍心灵的发展呢?你还有什么别的东西可用来作为每一问题上区分有好天赋与没有好天赋的依据吗?"

格:没有人能找到别的东西来作为区分的根据了。

苏:那么,有没有一种人们的活动,从上述任何方面看,男性都不胜于女性?我们要不要详细列举这种活动,像织布、烹饪、做糕点等等,女人以专家
D 自命,要是男人胜了,她们觉得害羞,怕成为笑柄的?

格:你说得对。我们可以说,一种性别在一切事情上都远不如另一性别。虽然在许多事物上,许多女人的确比许多男人更为擅长,但是总的看来,情况是像你所说的那样。

苏:那么,我的朋友,没有任何一项管理国家的工作,因为女人在干而专属于女性,或者因为男人在干而专属于男性。各种的天赋才能同样分布于
E 男女两性。根据自然,各种职务,不论男的女的都可以参加,只是总的说来,女的比男的弱一些罢了。

格:很对。

苏:那么,我们要不要把一切职务都分配给男人而丝毫不分配给女人?

格:啊,那怎么行?

苏:我想我们还是这样说的好:有的女人有搞医药的天赋,有的没有,有的女人有音乐天赋,有的没有。

格:诚然。

456 苏:我们能不能说:有的女人有运动天赋,爱好战斗,有的女人天性不爱战斗,不爱运动?

格:能说。

苏:同样我们能不能说有的爱智,有的厌智,有的刚烈,有的懦弱?

格:也能这么说。

苏:因此,有的女人具有担任护卫者的才能,有的没有这种才能;至于男人,难道我们不能根据同样的禀赋来选择男的保卫者吗?

格:是这样。

苏:那么,女人男人可以有同样的才能适宜于担任国家保卫者的职务,分别只在于女人弱些男人强些罢了。

格:显然是如此。

苏:因此应该挑选这种女子和这种男子住在一起同负护卫者的职责,既 B
然女的男的才能相似、禀赋相似。

格:当然。

苏:同样的禀赋应该给同样职务,不是吗?

格:是的。

苏:话又说回到前面。我们同意,给护卫者的妻子们以音乐和体育上的锻炼,并不违背自然。

格:毫无疑问。 C

苏:因此我们的立法并不是不切实际的空想,既然我们提出的法律是合乎自然的。看来倒是目下流行的做法是不自然的。

格:似乎如此。

苏:那么,我们所要考虑的问题是:我们的建议是否行得通?如果行得通的话,它们是不是最好?

格:是这个问题。

苏:我们已经同意是行得通的,不是吗?

格:是的。

苏:那么,我们要取得一致意见的次一个问题是:我们建议的是不是最好?

格:显然是的。

苏:好,为了培养护卫者,我们对女子和男子并不用两种不同的教育方法,尤其是因为不论女性男性,我们所提供的天然禀赋是一样的。

格:应该是同样的教育。 D

苏:那么,对于下面的问题,你的意见如何?

格:什么问题?

苏:问题是:你以为男人们是有的好些有的差些,还是所有男人都是一样的呢?

格:他们当然不是一样的。

苏:那么,在我们正建立的这个国家里,哪些男人是更好的男人?是受过我们所描述过的那种教育的护卫者呢,还是受过制鞋技术教育的鞋匠呢?

格:这是可笑的问题。

苏:我懂。但请你告诉我,护卫者是不是最好的公民?

E 格:是最好的。好得多。

苏:那么,是不是这些女护卫者也是最好的女人?

格:也是最好的。

苏:一个国家里能够造就这些出类拔萃的女人和男人,还有什么事情比这个更好的吗?

格:没有。

457 苏:这是受了我们所描述过的音乐和体操教育的结果吧?

格:当然是的。

苏:那么,我们所提议的立法,不仅是可能的,而且对于国家也是最好的。

格:确实是的。

苏:那么,女的护卫者必须裸体操练,既然她们以美德做衣服。她们必须同男人一起参加战争,以及履行其他护卫者的义务,这是她们唯一的职
B 责。在这些工作中她们承担比较轻些的,因为女性的体质比较文弱。如有任何男人对女人(出于最好的动机)裸体操练加以嘲笑,正如诗人品达所云“采不熟之果”[①],自己不智,反笑人愚,他显然就不懂自己在笑什么,在做什么。须知,“有益的则美,有害的则丑”这一句话,现在是名言,将来也是名言。

格:我完全同意。

苏:在讨论妇女法律问题上,我们可以说已经越过了第一个浪头,总算
C 幸而没有遭灭顶之灾。我们规定了男的护卫者与女的护卫者必须担任同样的职务;并且相当一致地证明了,这个建议不仅是可行的,而且是有益的。

格:的确如此,你越过的浪头可不小呀!

---

① 见品达,残篇209。柏拉图在这里文字上有改动。

苏:你要看到了第二个浪头,你就不会说第一个浪头大了。

格:那么,讲下去,让我来看看。

苏:作为上面这个论证以及前面的所有论证的结果,依我看,是一条如下的法律。

格:什么样的?

苏:这些女人应该归这些男人共有,任何人都不得与任何人组成一夫一
妻的小家庭。同样地,儿童也都公有,父母不知道谁是自己的子女,子女也 D
不知道谁是自己的父母。

格:这比前面说的是一个更大的浪头了,使人怀疑这个建议是不是行得通,有没有什么益处。

苏:啊,关于有没有什么益处,我看这点不必怀疑,谁都不会否认妇女儿
童一律公有有最大的益处。但是,是否行得通?据我看来,这个问题将引起 E
极大的争论。

格:两个问题都要大争而特争的。

苏:你的意思是不是说,我要腹背受敌了。我原来希望你同意这个建议是有益的,那样我就可以避重就轻来讨论是否行得通的问题了。

格:你休想滑过去,给我发觉了!你不许走,你得对两个建议,都要说出道理来。

苏:好,我甘愿受罚,但请你原谅让我休息一下。有那么一种懒汉,他们
独自徘徊,想入非非,不急于找到实现他们愿望的方法,他们暂时搁起,不愿 458
自寻烦恼去考虑行得通与行不通的问题;姑且当作已经如愿以偿了,然后在
想象中把那些大事安排起来,高高兴兴地描写如何推行如何实现;这样做他
们原来懒散的心灵更加懒散了。我也犯这个毛病,很想把是否行得通的问 B
题推迟一下,回头再来研究它。现在我们假定这是行得通的;在你许可之
下,我愿意先探讨治理者们在实行起来时怎样安排这些事情。同时还要证
明这些安排对于国家对于护卫者都有极大的益处。我准备同你先研讨这个
问题,然后再考虑其他问题,如果你赞成的话。

格:我赞成,请讲下去。

苏:那么我以为,治理者和他们的辅助者如果都名副其实的话,辅助者 C
必须愿意接受命令,而治理者必须发布命令——在一些事情中按照法律发

布命令,在另一些我们让他们自己斟酌的事情中根据法律的精神发布命令。

格:大概是的。

苏:那么,假定你这个立法者选出了一些男人,同时选出了一些女人,这
D 些女人的品质和这些男人一样,然后把这些女人派给这些男人。这些男人女人同吃同住,没有任何私财;彼此在一起,共同锻炼,天然的需要导致两性的结合。我所说的这种情况不是一种必然的结果吗?

格:这不是几何学的必然,而是情欲的必然。对大多数人的行动来讲,情欲的必然比几何学的必然有更大的强制力与说服力。

苏:确是如此。不过再说,格劳孔,如果两性行为方面或任何他们别的
E 行为方面毫无秩序,杂乱无章,这在幸福的国家里是亵渎的。我们的治理者是决不能容许这样的。

格:是的,这是不对的。

苏:因此很明白,婚姻大事应尽量安排得庄严神圣,婚姻若是庄严神圣的,也就能是最有益的。

459 格:诚然。

苏:那么,怎么做到最有益呢?格劳孔,请告诉我,我在你家里看到一些猎狗和不少纯种公鸡,关于它们的交配与生殖你留意过没有?

格:什么?

苏:首先,在这些纯种之中——虽然它们都是良种——是不是有一些证明比别的一些更优秀呢?

格:是的。

苏:那么,你是一律对待地加以繁殖呢,还是用最大的注意力选出最优秀的品种加以繁殖的呢?

B 格:我选择最优秀的加以繁殖。

苏:再说,你选择年龄最幼小的,还是选择最老的,还是尽量选择那些正在壮年的加以繁殖呢?

格:我选那些正在壮年的。

苏:如果你不这样选种,你不是要你的猎狗和公鸡的品种每况愈下吗?

格:是的。

苏:马和其他兽类怎么样?情况会有不同吗?

格:倘若不是这样,那才怪呢!

苏:天啊!我亲爱的朋友,这个原则如果同样适用于人类的话,需要我们的统治者拿出多高明的手腕呀!

格:是适用的。但是为什么说需要高明的手腕呢? C

苏:因为他们要用大量我们前面讲过的那种药物[①]。对肯用规定的膳食,不必服药的病人,普通的医生就可以应付了。如果遇到需要服用药物的病人,我们知道就需要一个敢想敢做的医生才行了。

格:是的。不过同我们的问题有什么关系?

苏:这个,大概是治理者为了被治理者的利益,有时不得不使用一些假
话和欺骗。我以为我们说过,它们都是作为一种药物使用的。 D

格:是的,说得对。

苏:那么,在他们结婚和生育方面,这个"对"看来还不是个最小的"对"呢。

格:这是怎么的?

苏:从上面同意的结论里,我们可以推断:最好的男人必须与最好的女
人尽多结合在一起;反之,最坏的与最坏的要尽少结合在一起。最好者的下
一代必须培养成长,最坏者的下一代则不予养育,如果品种要保持最高质量 E
的话;除了治理者外,别人不应该知道这些事情的进行过程。否则,护卫者
中难免相互争吵闹不团结。

格:很对。

苏:按照法律须有假期,新妇新郎欢聚宴饮,祭享神明,诗人作赞美诗,
祝贺嘉礼。结婚人数的多寡,要考虑到战争、疾病以及其他因素,由治理者 460
们斟酌决定;要保持适当的公民人口,尽量使城邦不至于过大或过小。

格:对的。

苏:我想某些巧妙的抽签办法一定要设计出来,以使不合格者在每次求偶的时候,只好怪自己运气不好而不能怪治理者。

格:诚然是的。

苏:我想当年轻人在战争中证明他们英勇卫国功勋卓著的,一定要给以 B

① 比喻。含义与前面389B处相同。

荣誉和奖金,并且给以更多的机会,使与妇女配合,从他们身上获得尽量多的后裔。

格:对得很。

苏:生下来的孩子将由管理这些事情的官员带去抚养。这些官员或男或女,或男女都有。因为这些官职对女人男人同样开放。

C 格:是的。

苏:优秀者的孩子,我想他们会带到托儿所去,交给保姆抚养;保姆住在城中另一区内。至于一般或其他人生下来有先天缺陷的孩子,他们将秘密地加以处理,有关情况谁都不清楚。

格:是的。这是保持治理者品种纯洁的必要条件。

苏:他们监管抚养孩子的事情,在母亲们有奶的时候,他们引导母亲们

D 到托儿所喂奶,但竭力不让她们认清自己的孩子。如果母亲的奶不够,他们另外找奶妈。他们将注意不让母亲们喂奶的时间太长,把给孩子守夜以及其他麻烦事情交给奶妈和保姆去干。

格:你把护卫者妻子抚育孩子的事情,安排得这么轻松!

苏:这是应该的。现在让我们谈谈我们规划的第二部分。我们曾经说过,儿女应该出生在父母年轻力壮的时候。

E 格:诚然。

苏:你同意一个女人精力最好的时候大概可以说是二十年,男人是三十年吗?

格:你要选择哪几年?

苏:女人应该从二十岁到四十岁为国家抚养儿女,男人应当从过了跑步

461 速度最快的年龄到五十五岁。

格:这是男女在身心两方面都精力旺盛的时候。

苏:因此,如果超过了这个年龄或不到这个年龄的任何人也给国家生孩子,我们说,这是亵渎的不正义的。因为他们生孩子(如果事情不被发觉的话)得不到男女祭司和全城邦的祷告祝福——这种祝祷是每次正式的婚礼都可以得到的,祈求让优秀的对国家有贡献的父母所生的下代胜过老一代

B 变得更优秀,对国家更有益——这种孩子是愚昧和淫乱的产物。

格:很对。

苏:同样的法律也适用于这样的情况:一个尚在壮年的男人与一个尚在壮年的女子苟合,未得治理者的准许。因为我们将说他们给国家丢下一个私生子,这是不合法的,亵渎神明的。

格:对极了。

苏:但是,我想女人和男人过了生育之年,我们就让男人同任何女人相
处,除了女儿和母亲,女儿的女儿以及母亲的母亲。至于女人同样可以和任 C
何男人相处,只除了儿子、父亲,或父亲的父亲和儿子的儿子。我们一定要警告他们,无论如何不得让所怀的胎儿得见天日,如果不能防止,就必须加以处理,因为这种后代是不应该抚养的。

格:你所讲的这些话都很有道理。但是他们将怎样辨别各人的父亲、女
儿和你刚才所讲的各种亲属关系呢? D

苏:他们是很难辨别。但是有一个办法,即,当他们中间有一个做了新郎之后,他将把所有在他结婚后第十个月或第七个月里出生的男孩作为他的儿子,女孩作为他的女儿;他们都叫他父亲。他又把这些儿女的儿女叫做孙子孙女,这些孙子孙女都叫他的同辈为祖父祖母。所有孩子都把父母生自己期间出生的男孩女孩称呼为兄弟姐妹。他们不许有我们刚才讲的那种
性关系。但是,法律准许兄弟姐妹同居,如果抽签决定而且特尔斐的神示也 E
表示同意的话。

格:对极了。

苏:因此,格劳孔,这就是我们城邦里护卫者中间妇女儿童公有的做法。这个做法和我们政治制度的其余部分是一致的,而且是最好最好的做法。
这一点我们一定要在下面以论辩证实之。你认为然否? 462

格:诚然。

苏:因此,为取得一致意见,我们是不是首先要问一问自己:什么是国家制度的至善,什么是立法者立法所追求的至善,以及,什么是极恶;其次,我们是不是要考虑一下,我们刚才提出的建议是否与善的足迹一致而不和恶的足迹一致?

格:完全是的。

苏:那么,对于一个国家来讲,还有什么比闹分裂化一为多更恶的吗?
还有什么比讲团结化多为一更善的吗? B

格:当然没有。

苏:那么,当全体公民对于养生送死尽量做到万家同欢万家同悲时,这种同甘共苦是不是维系团结的纽带?

格:确实是的。

苏:如果同处一国,同一遭遇,各人的感情却不一样,哀乐不同,那么,团结的纽带就会中断了。

格:当然。

苏:这种情况的发生不是由于公民们对于“我的”“非我的”以及“别人
C 的”这些词语说起来不能异口同声,不能一致吗?

格:正是。

苏:那么,一个国家最大多数的人,对同样的东西,能够同样地说“我的”“非我的”,这个国家就是管理得最好的国家。

格:最好最好的。

苏:当一个国家最最像一个人的时候,它是管理得最好的国家。比如像
D 我们中间某一个人的手指受伤了,整个身心作为一个人的有机体,在统一指
挥下,对一部分所感受的痛苦,浑身都感觉到了,于是我们说这个人在手指
部分有痛苦了。这个道理同样可应用到一个人的其他部分,说一个人感到
痛苦或感到快乐。

格:同样,有如你所说的,管理得最好的国家最像各部分痛痒相关的一个有机体。

苏:那么,任何一个公民有时有好的遭遇,有时有坏的遭遇,这种国家很
E 可能会说,受苦的总是国家自己的一个部分,有福应该同享,有难应该同当。

格:一个管理得很好的国家必须是这样的。

苏:现在是时候了,我们应该回到我们这个国家来看看,是否这里可以看到我们所一致同意过的那些品质,不像别的国家。

格:我们应该这样做。

463 苏:好,那么,在我们的国家里,也有治理者和人民,像在别的国家里一
样,是吗?

格:是这样。

苏:他们彼此互称公民,是吗?

格:当然是的。

苏:在别的国家里,老百姓对自己的治理者,除了称他们为公民外,还称作什么呢?

格:在很多国家里叫他们首长;在平民国家里叫治理者。

苏:在我们国家里对于治理者除了叫他们公民外还叫什么?

格:保护者与辅助者。 B

苏:他们怎样称呼人民?

格:纳税者与供应者。

苏:别的国家的治理者怎样称呼人民?

格:奴隶。

苏:治理者怎样互相称呼?

格:同事们。

苏:我们的治理者怎样互相称呼?

格:护卫者同事们。

苏:告诉我,在别的国家里是不是治理者同事们之间有的以朋友互称,有的却不是?

格:是的,这很普遍。

苏:他们是不是把同事中的朋友看作自己人,把其他同事看作外人? C

格:是的。

苏:你们的护卫者们怎么样?其中有没有人把同事看成或说成外人的?

格:当然不会有。他一定会把他所碰到的任何人看作是和他有关系的,是他的兄弟、姐妹,或者父亲、母亲,或他的儿子、女儿,或他的祖父、祖母、孙子、孙女。

苏:你答复得好极了。请再告诉我一点。这些亲属名称仅仅是个空名
呢,还是必定有行动来配合这些名称的呢?对所有的父辈,要不要按照习惯 D
表示尊敬,要不要照顾他们,顺从他们,既然反此的行为是违天背义为神人
所共愤的?要不要让这些道理成为人们对待父亲和其他各种亲属应有的态
度,从全体人民那里一致听到的神谕呢?还是让别的某种教导从小就充塞 E
孩子们的耳朵呢?

格:要这些道理。如果亲属名称仅仅是口头上说说的,而无行动配合,

这是荒谬的。

苏:那么,这个国家不同于别的任何国家,在这里大家更将异口同声歌颂我们刚才所说的“我的”这个词儿。如果有任何一个人的境遇好,大家就都说“我的境遇好”,如果有任何一个人的境遇不好,大家就都说“我的境遇不好”。

格:极是。

464 苏:我们有没有讲过,这种认识这种措词能够引起同甘共苦彼此一体的感觉?

格:我们讲过。并且讲得对。

苏:那么护卫者们将比别的公民更将公有同一事物,并称之为“我的”,而且因这种共有关系,他们苦乐同感。

格:很对。

苏:那么,除了国家的政治制度之外,在护卫者之间妇女儿童的公有不也是产生苦乐与共的原因吗?

格:这无疑是主要的原因。

B 苏:我们还曾一致说过,这是一个国家的最大的善,我们还曾把一个管理得好的国家比之于个人的身体,各部分苦乐同感,息息相关。

格:我们一致这样说过,说得非常对。

苏:我们还可以说,在辅助者之间妇女儿童公有对国家来说也是最大的善,并且是这种善的原因。

格:完全可以这样说。

苏:这个说法和我们前面的话是一致的。因为我想我们曾经说过,我们
C 的护卫者不应该有私人的房屋、土地以及其他私人财产。他们从别的公民那里得到每日的工资,作为他们服务的报酬,大家一起消费。真正的护卫者就要这个样子。

格:你说得对。

苏:那么,我们已讲过的和我们正在这里讲的这些规划,是不是能确保他们成为更名副其实的保卫者,防止他们把国家弄得四分五裂,把公有的东
D 西个个说成“这是我的”,各人把他所能从公家弄到手的东西拖到自己家里去,把妇女儿童看作私产,各家有各家的悲欢苦乐呢?他们最好还是对什么

叫自己的有同一看法,行动有同一目标,尽量团结一致,甘苦与共。

格:完全对。

苏:那么,彼此涉讼彼此互控的事情,在他们那里不就不会发生了吗?
因为他们一切公有,一身之外别无长物,这使他们之间不会发生纠纷。因为 E
人们之间的纠纷,都是由于财产,儿女与亲属的私有造成的。

格:他们之间将不会发生诉讼。

苏:再说,他们之间也不大可能发生行凶殴打的诉讼事件了。因为我们将布告大众,年龄相当的人之间,自卫是善的和正义的。这样可以强迫他们注意锻炼,增进体质。

格:很对。

苏:这样一项法令还有一个好处。一个勃然发怒的人经过自卫,怒气发 465
泄,争吵也就不至于走到极端了。

格:诚然。

苏:权力应该赋予年长者,让他们去管理和督教所有比较年轻的人。

格:道理很明白。

苏:再说,理所当然,年轻人是不大会对老年人动武或者殴打的,除非治
理者命令他们这样做。我认为年轻人也不大会对老年人有其他无礼行为
的。有两种心理在约束他们:一是畏惧之心,一是羞耻之心。羞耻之心阻止 B
他去冒犯任何可能是他父辈的人;畏惧之心使他生怕有人来援助受害者,而
援助者可能是他的儿辈、兄弟或父辈。

格:结果当然是这样。

苏:因此,我们的法律将从一切方面促使护卫者们彼此和平相处。是吧?

格:很和平!

苏:只要他们内部没有纷争,就不怕城邦的其他人和他们闹纠纷或相互闹纠纷了。

格:是的,不必怕。 C

苏:他们将摆脱一些十分琐碎无聊的事情。这些事是不值得去烦心的,我简直不愿去谈到它们。诸如,要去奉承富人,要劳神焦思去养活一家大小,一会儿借债,一会儿还债,要想尽办法挣几个大钱给妻子仆役去花费。

D 所有这些事琐琐碎碎，大家都知道，不值一提。

格：啊，这个道理连瞎子也能明白。

苏：那么，他们将彻底摆脱这一切，如入极乐世界，生活得比最幸福的奥林匹克胜利者还要幸福。

格：怎么会的？

苏：他们得到的比奥林匹克胜利者还要多。他们的胜利更光荣，他们受到的公众奉养更全面。他们赢得的胜利是全国的资助。他们得到的报酬是他们及其儿女都由公家供养。他们所需要的一切，都由公家配给。活着为
E 全国公民所敬重，死后受哀荣备至的葬礼。

格：真是优厚。

苏：你还记得吗？以前辩论时，有人责怪我们没有使护卫者们得到幸
466 福，说他们掌握一切，自己却什么也没有。我想你还记得，我们曾答应过，在适当的时候可以回到这个问题上来；当时我们所关心的是使一个护卫者成为一个名副其实的护卫者，尽可能使国家作为一个整体得到幸福，而不是只为某一个阶级考虑，只使一个阶级得到幸福。

格：我记得。

苏：那么，好，既然我们的扶助者①的生活，看来比奥林匹克运动会的胜
B 利者的生活还要好，那么，还有什么必要去和鞋匠，其他匠人，以及农民的生活去比较吗？

格：我想没有必要。

苏：再者，我们不妨把我在别的地方说过的一些话在这里重说一遍。如果护卫者一心追求一种不是一个名副其实的护卫者应有的幸福生活，不满足于一种适度的安稳的，在我们看来是最好的生活，反而让一种幼稚愚蠢的
C 快乐观念困扰、支配，以至利用权力损公肥私，损人利己，那么他迟早会发现赫西俄德说的“在某种意义上半多于全”这句话确是至理名言！

格：如果他听我的劝告，他会仍然去过原来的这种生活。

苏：那么，你同意女子也过我们所描述的这种生活？——女子和男子有共同的教育、有共同的子女并共同保护其他公民；无论是在国内还是外出打

① ἐπικούρων，这里包括治理者在内。

仗,女子与男子都应当像猎犬似的,一起守卫一起追逐;并且,尽可能以一切
方式共有一切事物?你同意,只有这样做他们才能把事情做得最好,既不违 D
反女子与男子不同的自然特性,也不违反女子与男子之间天然的伙伴关系?

格:我同意。

苏:那么,还有待于研究的问题是:这样的共同关系能否像在别的动物中那样,真正在人与人之间建立起来呢?如果可能,还要问,怎么做才可能?

格:我正要提这个问题,给你抢先说了。

苏:他们在战争中将怎么做,我以为是明摆着的。

格:怎么做? E

苏:她们将和男子一同整队出发,带了身强力壮的孩子,让他们见识一
下将来长大了要做的事情,像别的行业中带着孩子看看一样。除了看看而
外,这些孩子还要帮助他们的父母从事各种军中勤务,并侍候他们的父母。 467
你有没有看到过技工(譬如陶工)的孩子在自己正式动手做之前有过长期
的观察和帮做的过程?

格:我看到过的。

苏:难道陶工倒更应该比护卫者注意去教育他们的孩子,让孩子跟他们见识和实习,以便将来做好自己的工作?

格:这种想法就太可笑了。

苏:再说,人也像动物一样,越是在后代面前,对敌人作战也越是勇猛。 B

格:确是如此。不过苏格拉底,冒的危险可也不小呀!胜败兵家常事。要是打了败仗,他们的后代将同他们自己一样遭到巨大损失,以致劫后遗民复兴祖国成为不可能。

苏:你的话是对的。不过你想永远不让他们冒任何危险吗?

格:绝无此意。

苏:如果危险非冒不可的话,那么冒险而取得胜利者不是可以经过锻炼而得到进步吗?

格:显然如此。 C

苏:一个长大了要做军人的人,少年时不去实习战争,以为这个险不值得冒,或者冒不冒差别不大,你看这个想法对不对?

格:不对。这个险冒与不冒,对于要做军人的人有很大的区别。

苏:那么,作为前提我们一定要让孩子们从小实地见习战争,同时我们也采取必要措施避免危险,这样就两全了。是不是?

格:是的。

苏:那么,首先他们的父辈,关于军事总不见得没有一点经验吧?总懂

D 得点哪些战役是危险的,哪些是不危险的吧?

格:他们应当懂得的。

苏:因此他们可以把孩子带去参加不危险的战役,不带去参加有危险的战役。

格:对。

苏:他们将把孩子们交给那些在年龄和经验方面都有资格做孩子们领导者和教师的,不是滥竽充数的军官去带领。

格:这是非常恰当的。

苏:可是我们也要看到,人们遭遇意外是屡见不鲜的。

格:的确是的。

苏:因此我以为,为了预防意外,我们应该一开始就给孩子们装上翅膀,必要时让他们可以振翼高飞。

E 格:什么意思?

苏:我们一定要让孩子们从小学会骑马,然后带他们骑马到战场上去察看战斗,但不要让他们骑那种好战的劣马,而要让他们骑那种既跑得快而又容易驾驭的驯马。这样他们就既可以很好地看到自己将来要做的事情,一有危险,他们只要跟着长辈领导人,又可以迅速撤离。

格:我看你的话是对的。

468 苏:那么,关于军事纪律应该如何规定?士兵应该如何对待自己人,如何对待敌人?我的想法不知对不对?

格:请把你的想法告诉我。

苏:如果任何士兵开小差逃跑,或者丢掉武器,或者由于胆怯犯了其他类似的错误,这种士兵要不要被下放去做工匠或者农夫?

格:断然要。

苏:任何士兵被敌人活捉做了战俘,我们同意不同意,把他当作礼物送给敌人,随敌人怎么去处理他?

格:完全同意。 B

苏:一个士兵如果在战场上勇敢超群,英名远扬,他应当首先受到战场上战友们的致敬,然后再受到少年和儿童的致敬。你赞成不赞成?

格:赞成。

苏:他还应该受到他们向他伸出右手的欢迎?

格:应该。

苏:但是,我想你不会再赞成我下面的话了。

格:什么话?

苏:他应该吻每一个人,并且被每一个人所亲吻。你赞成吗?

格:完全赞成。我对这条法令,还要补充一点:在该战役期间他要爱谁,
谁都不准拒绝。理由是:如果他在爱着什么人(男的或女的),他就会更热 C
切地要赢得光荣。

苏:好极了。我们已经说过,结婚的机会对于优秀人物,应该多多益善,以便让他们尽可能地多生孩子。

格:是的,我们曾经这样说过的。

苏:但是荷马诗篇中还讲起过,用下述方法敬重年轻人中的勇士也是正
当的。荷马告诉我们,埃阿斯打起仗来英勇异常,在宴席上受到全副脊肉的 D
赏赐;这样对于年轻勇士既是荣誉,还可以增强他们的体力。

格:极是。

苏:那么,这里我们至少可以把荷马作为我们的榜样。在祭礼及其他类似场合上,我们表扬那些功勋卓著智勇双全的优秀人物,给他们唱赞美诗,
给他们刚才讲过的那些特殊礼遇,给以上座,羊羔美酒,这样对于这些男女 E
勇士,既增强了他们的体质,还给了他们荣誉。

格:你说得好极了。

苏:好,那么,对那些战死沙场的人怎么样?如果有人死得特别壮烈,我们要不要首先肯定他是名门望族的金种子?

格:绝对要。

苏:我们要不要相信,赫西俄德诗篇里①所说的黄金种子死后成为“置

① 《工作与时日》191 以下。

469 身河岳的精灵,驱邪护佑下民的救星”?

格:当然要。

苏:我们要不要去询问一下阿波罗,然后按照他所指示的隆重方式安葬这些勇士神人?

格:我们还能采用什么别的方式吗?

苏:而且,以后我们还要对他们的坟墓按时祭扫,尊崇死者有若神明。
B 我们还要把同样的荣誉给予那些因年老或别的原因而死亡的,在正常的一生活动中表现得特别优秀的人物。对吗?

格:肯定对的。

苏:再说,我们的士兵应当怎样对待敌人?

格:在哪方面?

苏:首先在变战败者为奴隶方面。希腊人征服别的希腊城邦,把同一种族的人降为奴隶,你以为这样做是合乎正义的吗?还是——不但自己不这
C 样,而且还竭力阻止别的城邦这样做,使大家看到有被蛮族征服的危险,使希腊人和希腊人团结起来,互不伤害蔚然成风。——还是这样合乎正义呢?

格:希腊人大家团结一致的好。

苏:那么,他们自己不要希腊人做自己的奴隶,同时劝告别的希腊人也不要希腊人做自己的奴隶?

格:当然。无论如何,那样就大家宁愿外抗蛮族,内求团结了。

苏:在战场上作为胜利者,对于被击毙的敌人,除武器外,不去剥取死者其他东西,这样是不是好些?搜剥敌尸财物,仿佛在做什么不可少的事情一
D 样,这不让一些贪生怕死的胆小鬼找到了借口,他们可以不去追击活着的敌人了吗?不是有过许多军队曾断送于这种只顾抢劫的行为吗?

格:的确是的。

苏:你不觉得抢劫死尸是卑鄙龌龊的行为吗?把死者的尸体看作敌人,而让真正的敌人丢下武器远走高飞,这不是女流之辈胸襟狭隘的表现吗?
E 这种行为与狗儿向着扔中它们的石头狂叫,却不过去咬扔石头的人,有什么两样呢?

格:丝毫没有两样。

苏:因此,我们一定要禁止抢劫死尸,一定要给死者埋葬。

格:真的,我们一定要这样做。

苏:再说,我们也不要把缴获的武器送到庙里,作为捐献的祭品,为了关心维护与其他希腊人的友好关系,尤其不要把希腊人的武器送去。我们倒 470
真该害怕把同种人的这些武器,作为祭品送到庙里去,以至亵渎神圣,除非神指示要这样做。

格:再对不过了。

苏:关于蹂躏敌方希腊人的土地和焚烧敌方希腊人的房屋的问题,你的士兵们究竟应该怎样去对待呢?

格:我很高兴听听你对这个问题的意见。

苏:据我看,他们对希腊敌人既不能蹂躏土地也不该焚烧房屋。他们应 B
该限于把一年的庄稼运走。要不要我把理由告诉你?

格:要。

苏:我的看法是:正如我们有两个不同的名称——"战争"与"内讧"一样,我们也有两个不同的事情。所谓两个不同的事情,一指内部的,自己人的;一指国外的,敌我的。国内的冲突可称为"内讧",对外的冲突可称为"战争"。

格:你的话很中肯。

苏:如果我说希腊人与希腊人之间的一切关系是属于内部的,自家人 C
的;希腊人与蛮族之间的关系是属于外部的,敌我的;请问,你觉得我这个话也同样中肯吗?

格:很中肯。

苏:那么,当希腊人抗拒野蛮人,或者野蛮人侵略希腊人,他们是天然的敌人,他们之间的冲突必须叫做"战争";如果希腊人同希腊人冲突,他们是
天然的朋友,不过希腊民族不幸有病,兄弟不和罢了,这种冲突必须叫做 D
"内讧"。

格:我完全同意你的看法。

苏:那么,研究一下我们现在所说的"内讧"问题吧。当内讧发生,一个国家,分裂为二,互相蹂躏其土地,焚烧其房屋,这种荒谬绝伦的行动,使人觉得双方都不是真正的爱国者;否则他们为什么要这样残酷地去伤害自己衣食父母的祖国呢?但是我们认为,如果胜利者仅限于把对手所收获的庄

E 稼带走,他们的所作所为表明他们还是指望将来言归于好,停止没完没了的
内战的,那么他们的行为就还是适度的,可理解的。

格:是的,这种想法还比较文明些,比较合乎人情些。

苏:好。那么,你要创建的城邦,是一个希腊城邦吗?

格:一定是的。

苏:那么,这个城邦的公民不都是文明的君子人吗?

格:确实是的。

苏:他们要不要热爱同种族的希腊人?要不要热爱希腊故国的河山?要不要热爱希腊人共同的宗教信仰?

格:当然要的。

471 苏:他们会把同种族希腊人之间的不和看作内部冲突,称之为"内讧"
而不愿称之为"战争"吗?

格:当然会的。

苏:他们虽然争吵,但还时刻指望有朝一日言归于好吗?

格:完全是这样。

苏:那么,他们的目的在于善意告诫,而不在于恶意奴役和毁灭。他们是教导者,绝不是敌人。

格:很对。

苏:那么,他们既然是希腊人,就不会蹂躏希腊的土地,焚毁希腊的房
屋。他们也不会把各城邦的希腊人(少数罪魁祸首除外),不论男女老少,
B 都当作敌人;由于这些理由,他们绝不会蹂躏土地,拆毁房屋,因为对方大多
数人都是他们的朋友。他们作为无辜者进行战争只是为了施加压力,使对
方自知悔误陪礼谢罪,达到了这个目标就算了。

格:我同意你的说法。我们的公民应该这样对待自己的希腊对手。至于对付野蛮人,他们则应该像目前希腊人对付希腊人那样。

C 苏:那么,我们要不要再给我们的护卫者制定这样一条法律——不准蹂
躏希腊人的土地,不准焚烧希腊人的房屋?

格:要的。让我们认为这些话以及前面说过的那些话都是对的。

但是,如果我们让你这样滔滔不绝地讲下去,亲爱的苏格拉底,我担心你将永远说不到那个你答应要解答的问题上来。那个问题是:我们所描述

的这样一种国家是否可能实现？如果可能，又怎样才能实现？我承认，你的
国家如能实现，那是非常理想的；你没有描述到的，我还可以替你补足。我
看到全国公民在战争中互不抛弃，彼此以兄弟、父辈、儿子相待，使他们无敌 D
于天下；如果再加上女兵，或同男兵并肩作战或为了吓唬敌人，一齐努力，使
他们无往不胜。我还看到你没有提及的种种平时在国内的好处。这些我都
承认。如果这种国家实现的话，还有其他说不尽的好处，你也不必再去细讲 E
了。但是，让我们立即来只说明这个问题：这是不是可能？如果可能的话，
又怎么才可能？其余一切，我们不谈。 472

苏：你这是对我的议论做了一次突然的攻击，对我的稍微犹豫你一点也不体谅。你或许不知道，我好不容易刚躲开了头两个浪头，你如今紧接着又向我掀起了第三个浪头，也是最大最厉害的一个浪头。等你看到听到了这个浪头，你一定会谅解我，承认我的担心和稍作犹豫是自然的，因为要提出来讨论的这个议论是如此的奇特怪异。

格：你越是这样推诿，我们越是不能放你走；无论如何，你一定得告诉我 B
们，这种政治制度怎样才能实现。因此请讲下去，不要再浪费时间了。

苏：好吧，我们首先要记得，我们是从研究“什么是正义”“什么是不正义”的问题走到这儿来的。

格：是的，那又怎么样呢？

苏：哦，没有什么。问题在这里：如果我们真找到了什么是正义的话，我
们是不是要求一个正义的人和正义本身①毫无差别，在各方面都完全一模
一样呢？还是，只要正义的人能够尽量接近正义本身，体现正义比别人多 C
些，我们也就满意了呢？

格：哦，尽量接近标准就可以使我们满意了。

苏：那么，我们当初研究正义本身是什么，不正义本身是什么，以及一个
绝对正义的人和一个绝对不正义的人是什么样的（假定这种人存在的话），
那是为了我们可以有一个样板。我们看着这些样板，是为了可以按照它们 D
所体现的标准，判断我们的幸福或不幸，以及我们的幸福或不幸的程度。我
们的目的并不是要表明这些样板能成为在现实上存在的东西。

① “本身”，即柏拉图的理念。

格:你的话是真的。

苏:如果一个画家,画一个理想的美男子,一切的一切都已画得恰到好处,只是还不能证明这种美男子能实际存在,难道这个画家会因此成为一个最糟糕的画家吗?

格:不,我的天啊,当然不能这样说。

E 苏:那么, 我们说我们不是在这里用词句在创造一个善的国家吗?

格:确是如此。

苏:那么,如果我们不能证明一个国家能在现实中管理得像我们所描述的那样好,难道就可以因此说我们的描述是最糟糕的理论吗?

格:当然不可以。

苏:道理就在这里。但是,如果我为了使你高兴,设法给你指出,在什么情况下和在哪个方面我所描述的这些东西最可能接近实现。请把你前面同意过的话再说一遍。

格:什么话?

473 苏:凡是说过的都一定要做到,这可能吗?还是说,真理通常总是做到的比说到的要少?也许有人不这样认为。可是你同意不同意我这个说法?

格:同意。

苏:那么,你就不要老是要我证明,我用词句描述的东西是可以完完全全地做得到的。不,如果我们能够找到一个国家治理得非常接近于我们所描写的那样,你就得承认,你所要求的实现已经达到,你已经满意了。你说
B 你满意了没有?我自己是觉得满意了。

格:我也觉得满意了。

苏:第二件要做的事情看来是,设法寻找和指出在现行的那些城邦法制中,是什么具体缺点妨碍了他们按照我们所描写的法制去治理它;有什么极少数的变动就可以导致他们所企求的符合我们建议的法律;如果一项变动就够了,那是最好,如果一项不行,就两项,总之变动愈少愈小愈是理想。

C 格:确是如此。

苏:那么,我们可以指出,有一项变动可以引起所要求的改革。这个变动并非轻而易举,却是可能实现的。

格:那是什么变动呢?

苏:哦!我想我已临近我们所比拟的那个最大的怪论之浪了。然而我还是要讲下去。就是为此把我淹没溺死在讥笑和藐视的浪涛当中,我也愿意。好,现在听我讲下去。

格:讲下去吧。

苏:除非哲学家成为我们这些国家的国王,或者我们目前称之为国王和 D
统治者的那些人物,能严肃认真地追求智慧,使政治权力与聪明才智合而为
一;那些得此失彼,不能兼有的庸庸碌碌之徒,必须排除出去。否则的话,我
亲爱的格劳孔,对国家甚至我想对全人类都将祸害无穷,永无宁日。我们前 E
面描述的那种法律体制,都只能是海客谈瀛,永远只能是空中楼阁而已。这
就是我一再踌躇不肯说出来的缘故,因为我知道,一说出来人们就会说我是
在发怪论。因为一般人不容易认识到:除了这个办法之外,其他的办法是不
可能给个人给公众以幸福的。

格:哦,苏格拉底,你信口开河,在我们面前乱讲了这一大套道理,我怕
大人先生们将要脱去衣服,赤膊上阵,顺手拣起一件武器向你猛攻了。假使 474
你找不到论证来森严你的堡垒,只是弃甲抛戈而逃的话,那时你将尝到为人
耻笑的滋味了。

苏:都是你把我搞得这么尴尬的。

格:我是做得对的。但我不会袖手旁观,我将尽我之所能帮助你。我可
以用善意和鼓励帮助你,也许我还可以答复你的问题答得比别人恰当些。
因此,在我的支持下,你去试着说服那些怀疑派去吧:真理的确是在你的 B
一边。

苏:有你这样一个坚强的朋友,我一定去试。我觉得,如果我们要能避
过你所讲的那种攻击,就必须对我们敢于认为应该做我们治理者的那种哲
学家,给以明确的界说。在哲学家的界说明确后,我们就可以无所畏惧了,
因为那时我们可以向人们指出,研究哲学和政治艺术的事情天然属于爱智 C
者的哲学家兼政治家。至于其余的人,不知研究哲学但知追随领导者是合
适的。

格:给以清楚的界说,不宜再迟了。

苏:那么,跟我来罢,我们也许有什么办法可以来说明我们的意思。

格:讲下去吧。

苏:那么,不必我提醒你,你一定还记得,如果我们说一个人是一样东西的爱好者,如果我们称他为这东西的爱好者说得不错的话,意思显然是指,他爱这东西的全部,不是仅爱其中的一部分而不爱其余部分。

D 格:看来我需要你的提醒,我实在不太理解。

苏:格劳孔啊,你那个答复于别人合适,对你并不合适。像你这样一个
"爱者"不应该忘记,应该懂得所有风华正茂的青少年总能拨动爱孩子的人
的心弦,使他觉得可爱。你对美少年的反应不是这样吗?看见鼻扁者你说
他面庞妩媚;看见鹰鼻者你说他长相英俊;看见二者之间鼻型的人你说他匀
E 称恰到好处;看见面黑的人你说他英武勇敢;看见面白的你说他神妙秀逸。
"蜜白"这个形容词,本身就是爱者所发明,用来称呼瘦而白的面容的。一
475 句话,只要是在后起之秀者身上,你便没有什么缺点不可以包涵的,没有什
么优点会漏掉而不加称赞的。

格:如果你一定要我充当具有这种倾向的爱者的代表的话,为了便于论证起见,我愿意充当。

苏:再说,爱喝酒的人怎么样?你没有注意到他们也有这种情况吗?他们爱喝每一种酒,并且都有一番道理。

格:确是这样。

苏:至于爱荣誉的人,我想你大概看到过也是这样的。他们做不到将
B 军,做连长也可以;得不到大人物的捧场,让小人物捧捧也过瘾。不论怎样,
荣誉他们是少不得的。

格:是的,不错。

C 苏:那么,你肯不肯再回答一次我的这个问题——当我们说某某人爱好某某东西,不管是什么东西,他是爱好这个东西的全部呢,还是仅爱好它的一部分呢?

格:全部。

苏:那么,关于哲学家我们不也可以这么说吗?哲学家是智慧的爱好者,他不是仅爱智慧的一部分,而是爱它的全部。

格:是的,他爱全部。

苏:那么,一个不爱学习的人,特别是如果他还年轻,还不能判断什么有益,什么无益,我们就不会说他是一个爱学习的人,或一个爱智的人。正像

一个事实上不饿因而不想吃东西的人，我们不会说他有好胃口，说他是一个爱食者一样。

格：很对。

苏：如果有人对任何一门学问都想涉猎一下，不知厌足——这种人我们 D
可以正确地称他为爱智者或哲学家吗？

格：如果好奇能算是爱智的话，那么你会发现许多荒谬的人物都可以叫做哲学家了。所有爱看的人都酷爱学习，因此也必定被包括在内，还有那些永远爱听的人也不在少数，也包括在内。——这种人总是看不到他们参加任何认真的辩论，认真的研究；可是，仿佛他们已把耳朵租出去听合唱了似的，一到酒神节，他们到处跑，不管城里乡下，只要有合唱，他们总是必到。
我们要不要称这些人以及有类似爱好的人，还有那些很次要的艺术的爱好 E
者为哲学家呢？

苏：决不要。他们只是有点像哲学家罢了。

格：那么，哪些是真正的哲学家呢？

苏：那些眼睛盯着真理的人。

格：这话很对，不过你所指的究竟是什么意思呢？

苏：和别人讲很难说得明白，但是和你讲，我想，你会同意我下述论点的。

格：什么论点？

苏：美与丑是对立的，它们是二。

格：哦，当然。 476

苏：它们既是二，各自则为一。

格：是的。

苏：我们可以同样说别的相反的东西，正义与非正义，善与恶，以及其他类似的理念。这个说法作如下表述也能成立：就它们本身而言，各自为一，但由于它们和行动及物体相结合，它们彼此互相结合又显得无处不是多。

格：你说得对。

苏：那么，我这里一定要划一条线把两种人分开来。在那一边是你说过
的看戏迷、艺术迷、爱干实务的人；在这一边是我们所讨论的这种人。只有 B
这边的这些人才配叫做哲学家。

格:你说的是什么意思?

苏:一种人是声色的爱好者,喜欢美的声调、美的色彩、美的形状以及一切由此而组成的艺术作品。但是他们的心智不能认识并喜爱美本身。

格:确实如此。

苏:另一种人能够理解美本身,就美本身领会到美本身,这种人不是很少吗?

C 格:很少,很少。

苏:那么,一个人能够认识许多美的东西,但不能认识美本身,别人引导他去认识美本身,他还总是跟不上——你认为这种人的一生是如在梦中呢还是清醒的呢?请你想想看,一个人无论是睡着还是醒着,他把相似的东西当成了事物本身,他还不等于在梦中吗?

格:我当然要说,他的一生如在梦中。

苏:好,再说相反的一种人,这种人认识美本身,能够分别美本身和分有
D 美本身的许多具体的东西,又不把美本身与含有美的许多个别东西相混淆。这个人的一生,据你看来,是清醒的呢,还是在梦中呢?

格:他是完全清醒的。

苏:那么,我们说能有这种认识的这种人的心智具有"知识",而前一种人,由于只能有那样的"意见",所以我们说他们的心智有的只是意见而已,这样说不对吗?

格:当然对的。

苏:假使那个如我们所说的,只有意见,没有知识的人,大发脾气,不服
E 我们的说法,说我们是在欺骗他,那么,我们要不要好言相慰,然后婉转地让他知道,他的心智是不太正常的呢?

格:我们应该婉转地让他知道这一点。

苏:那么让我们想一想对他该说些什么话吧。我们要不要这样说:他们有知识,我们非但不妒忌,反而很高兴。然后再问他肯不肯答复下面这个问题:"一个有知识的人,总是知道一点点的呢,还是一无所知的呢?"你来代他答复一下看。

格:我将这样答复——"这个人总是知道一点点的"。

苏:这个"一点点"是"有"还是"无"①?

格:"一点点"是"有","无"怎么可知呢? 477

苏:因此,即使从一切方面来考虑这个问题,我们都完全可以断言,完全有的东西是完全可知的;完全不能有的东西是完全不可知的。

格:是的,完全可以这样断言。

苏:好,假使有这样一种东西,它既是有又是无,那么这种东西能够是介于全然有与全然无之间的吗?

格:能够是的。

苏:那么,既然知识与有相关,而无知必然与无相关,因此,我们必须要找出和无知与知识之间的状况相对应的东西来,如果有这种东西的话。 B

格:是的。

苏:不是有一种我们叫做"意见"的东西吗?

格:有的。

苏:它和知识是同一种能力呢,还是另一种能力呢?

格:是另一种能力。

苏:意见与知识由于是不同的能力,它们必然有不同的相关者。

格:必然有。

苏:因此,知识天然地与有相关,知识就是知道有和有者的存在状况。不过等一等,这里有一个区别,我认为必须把它说明一下。

格:什么区别?

苏:让我把我们身上以及其他一切东西所具有的功能归并起来作为一 C
个类,即,使我们能够做各种力所能及的工作的"能力"。例如视、听就是我们指的这种能力,②如果对我所指的这个类你和我有相同理解的话。

格:我也这样理解。

苏:那么让我把我对这些功能的印象告诉你吧。我看不到功能有颜色、形状或其他类似的那种特质——在别的许多场合,我凭它们就能划分各类事物的。对于功能我只注意一件事,即它的相关者和效果。我就是凭这个 D

---

① "有""无"或译为"存在"与"不存在"。

② 官能。

来把各种功能称作一个功能的。关系着同一件事,完成同一件事,我们就说功能是同一功能;关系着不同的事,完成不同的事,我们就说功能是不同的功能。你以为怎样?你是不是这样做的?

格:同你一样。

苏:那么,我的好朋友,言归正传。请你告诉我,你以为"知识"是一种
E 能力吗?或者,你还有别的归类方法吗?

格:没有别的归类法,能力是所有功能中力量最大的一种。

苏:"意见"怎么样?我们应该不把它归入能力而归入别的什么类吗?

格:不行。因为使我们能有意见的力量只能是形成意见的能力,不能是别的。

苏:但是,不久以前你刚同意过说知识与意见①不是一回事呀。

格:是的,因为没有一个明白事理的人会把绝对不会有错误的东西和容易有错误的东西混为一谈的。

苏:好极了。我们显然看法相同:意见和知识不是一回事。

478 格:它们不是一回事。

苏:因此,它们各有各的相关者,既然它们各有各的能力。

格:必然如此。

苏:据我看,知识与"有"相关,知识的目的在于认识"有"的状况。

格:是的。

苏:至于意见,我们认为它不过形成意见。

格:是的。

苏:知识的对象与意见的对象相同,可知的东西和可以对之有意见的东西也将相同呢,还是说,它们是不可能相同的呢?

格:根据我们一致同意的原则来看,它们不可能是相同的。如果不同的
B 能力天然有不同的对象,又,如我们主张的,意见与知识是不同的能力,那么,知识与意见的对象也当然是不同的了。

苏:如果"有"是知识的对象,那么意见的对象一定不是有,而是另外一种东西了,对吗?

---

① 知识 ἐπιστήμη,意见 δόξα。

格:对的,一定是另外一种东西。

苏:那么意见的对象是“无”吗?还是说,关于“无”连有一个“意见”也是不行的呢?想想看吧。一个有意见的人,他的意见不是对某种东西的吗?或者请问:一个人有意见,却是对于无的意见——这是可能的吗?

格:不,这是不可能的。

苏:因此,一个具有意见的人就是对某一个东西具有意见了?

格:是的。

苏:既是无,就不能说它是“某个东西”——只有称它“无”是最正确的。 C

格:是的。

苏:那么,我们必须把关于“无”者称作无知,把关于“有”者称作知识。

格:很对。

苏:那么一个人具有意见就既不是对于有的也不是对于无的了。

格:的确,都不是的。

苏:所以意见既非无知,亦非知识。

格:看来是这样。

苏:那么是不是超出它们,是不是比知识更明朗,比无知更阴暗?

格:都不是。

苏:因此,你是不是把意见看作比知识阴暗,比无知明朗。

格:完全是这个想法。

苏:是介于两者之间?

格:是的。 D

苏:因此,意见就是知识和无知两者之间的东西了。

格:绝对是的。

苏:我们前面说过:如果有什么东西显得既是有,同时又是无,那它就处于完全的有和完全的无之间,与之对应的能力就既不是知识又不是无知,而是处于这两者之间的一种能力。我们不是这么说过吗?

格:对的。

苏:我们刚才看到了,在知识和无知之间有一种被我们称之为意见的东西。

格:看到了。

E 苏:那么剩下来要我们做的事情就是去发现既是有又是无,不能无条件地说它仅是有或仅是无的那种东西了。如果我们能找到了它,我们就相当有理由说这就是意见的对象,于是把两端的东西与两端相关联,把中间的东西与中间相关联。我这样说你能同意吗?

格:同意。

苏:这些原则已经肯定了。现在让那位爱看景物的人有话可以说出来,
479 我要让他答复我的问题。他不相信有永远不变的美本身或美的理念,而只相信有许多美的东西,他绝对不信任何人的话,不信美本身是"一",正义本身是"一",以及其他东西本身是"一",等等。我们问他:我的好朋友,在这许许多多美的东西里,难道没有一丁点儿丑的东西吗?在许许多多正义的东西里,难道没有一丁点儿不正义的东西吗?在许许多多虔诚的东西里,难道没有一丁点儿不虔诚的东西吗?

格:不,必定有的。这许多美的东西都会以某种方式显得既是美的,又
B 是丑的。你所问及的其他东西也无不如此。

苏:还有许多东西不是有些东西的双倍吗?它们显得是一样东西的双倍,难道不同样又显得是另一样东西的一半吗?

格:是的。

苏:还有许多东西我们说它们是大的或小的,轻的或重的,难道不可以同样把大的看作小的,小的看作大的,轻的看作重的,重的看作轻的吗?

格:都是可以的。彼此可以互通的。

苏:那么,这些多样性的东西中每一个是不是只能说是这样的而不能(如有些人主张的)是那样的呢?

格:这很像那些在宴席上用模棱两可的话难人的把戏,或小孩子玩的猜
C 那个含义模棱的谜语一样——那个关于太监用什么东西打一只蝙蝠,蝙蝠停在什么东西上的谜语①。这些事物都太模棱,以至无法确切决定,究竟是它还是非它;还是,既是它又非它;又或者,既不是它,也不是非它。

---

① 谜语是:一个男人(又非男人)见(又非见)鸟(又非鸟)停在一根树枝(又非树枝)上,用石块(又非石块)打它。谜底应是:太监瞥见一只蝙蝠停在一根芦苇上,用一块轻石片去打它。

苏:那么,你有没有对付它们的办法呢?除了在“是”和“不是”之间,你
还能找到什么更好的地方去安置它们吗?须知,不可能找到比不存在更暗
的地方,以致使它更不实在些,也不可能找到比存在更明朗的地方,以致使 D
它更实在些。

格:极是极是。

苏:因此看来,我们似乎已经发现了:一般人关于美的东西以及其他东西的平常看法,游动于绝对存在和绝对不存在之间。

格:的确是的。

苏:但是我们在前面已一致同意:如果我们找到了这类东西,它应该被说成是意见的对象,而不应该被说成是知识的对象;这种东西游动于中间地区,且为中间的能力或官能所理解。

格:是的,我们同意过。

苏:因此,那些只看到许许多多美的东西,许许多多正义的东西,许许多
多其他的东西的人,虽然有人指导,他们也始终不能看到美本身、正义等等 E
本身。关于这些人我们要说,他们对一切都只能有意见,对于那些他们具有
意见的东西谈不上有所知。

格:这是必定的。

苏:相反,关于那些能看到每一事物本身,甚至永恒事物的人们,我们该说什么呢?我们不应该说他们具有知识而不是具有意见吗?

格:必定说他们具有知识。

苏:我们不想说,他们专心致志于知识的对象,而另一种人只注意于意见
的对象吗?你还记得吗,我曾说过,后一种人专注意于声色之美以及其他种 480
种,他们绝对想不到世上会有美本身,并且是实在的?

格:是的,我们还记得。

苏:因此,如果我们称他们为爱意见者,而不称他们为爱智者,不会有什么冒犯他们吧?如果我们这样说,他们会对我们生气吗?

格:他们如果相信我的劝告,是不会生气的。因为对真理生气是不对的。

苏:那些专心致志于每样东西的存在本身的人,我们是不是必须称他们为爱智者而不称他们为爱意见者呢?

格:是的,当然是的。

第六卷

苏:那么,格劳孔,经过这么漫长而累人的讨论,我们终于搞清楚了,什 I 484
么样的人才是真哲学家,什么样的人不是真哲学家了。

格:要知道,欲速则不达呀。

苏:我觉得不是这样。我还是认为,如果我们仅仅讨论这一个问题,如果不是还有许多其他的问题需要我们同时加以讨论的话(这些问题是一个希望弄清楚正义者的生活和不正义者的生活有何区别的人所必须研究的),我们或许把这个问题已经弄得更清楚了呢。

格:且说,下面我们该讨论什么问题呢? B

苏:是的,我们应当考虑接下来要讨论的问题。既然哲学家是能把握永恒不变事物的人,而那些做不到这一点,被千差万别事物的多样性搞得迷失了方向的人就不是哲学家,那么,两种人我们应该让哪一种当城邦的领袖呢?

格:你说我们怎么回答才对呢?

苏:我认为谁看来最能守卫城邦的法律和习惯,就确定让谁做城邦的护卫者。

格:对。 C

苏:再说,一个不管是看守什么事物的人,应当用一个盲者呢还是用一个视力敏锐的人去担当呢?这个问题的答案该是一明二白的吧?

格:当然是明明白白的。

苏:你认为下述这种人与盲者有什么不同吗:他们不知道每一事物的实

在,他们的心灵里没有任何清晰的原型,因而不能像画家看着自己要画的东西那样,注视着绝对真实,不断地从事复原工作,并且,在必要时尽可能真切
D 地注视着原样,也在我们这里制定出关于美、正义和善的法律,并守护着它们?

格:真的,这种人与盲者没有多大区别。

苏:另外还有一种人,他们知道每一事物的实在,而且在经验方面也不少似上述那种人,在任何一种美德方面也不差似上述那种人,那么,我们还不任命这种人当护卫者,反而去任命上述那种类似盲者的人当护卫者吗?

格:的确,不挑选这种人当护卫者是荒唐的,如果他们在经验和别的美德方面都不差的话。因为他们这种懂得事物实在的知识或许是一切美德中
485 最大的美德呢。

苏:现在我们不是应该来讨论这样一个问题了吗:同一的人怎能真的具有这两个方面优点的?

格:当然应该。

苏:那么,正如这一讨论之初我们曾经说过的,我们首先必须弄清楚哲学家的天性;我还认为,如果我们在这个问题上取得了足够一致的意见,我们就也会在下列问题上取得一致的认识:同一的人们同时具有两种品质是可能的;以及,应当正是让这种人而不是让别种人当城邦的统治者。

格:是吗?

II 苏:让我们一致认为这一点是哲学家天性方面的东西吧,即永远酷爱那
B 种能让他们看到永恒的、不受产生与灭亡过程影响的实体的知识。

格:就把这一点作为我们一致的看法吧。

苏:再让我们一致认为:他们爱关于实体的知识是爱其全部,不会情愿拒绝它的一个无论大点的还是小点的,荣誉大点的还是荣誉小点的部分。这全像我们前面在谈到爱者和爱荣誉者时所说过的那样。[1]

格:你说得对。

苏:那么请接下来研究一个问题:如果一定要他们是我们所说的那种
C 人,那么在他们的天性里此外是否还必存有别种品质也是必具的了?

---

① 474C 以下。

格:哪种品质?

苏:一个"真"字。他们永远不愿苟同一个"假"字,他们憎恶假,他们爱真。

格:可能是的。

苏:我的朋友呀,不是仅仅"可能"如此,是"完全必定"如此:一个人天性爱什么,他就会珍惜一切与之相近的东西。

格:对。

苏:你还能找到什么比真实与智慧关系更相近的吗?

格:不能了。

苏:那么,同一天性能够既爱智慧又爱假吗?

格:是无论如何也不可能的。 D

苏:因此,真正的爱智者应该从小时起就一直是追求全部真理的。

格:无疑是的。

苏:再说,凭经验我们知道,一个人的欲望在一个方面强时,在其他方面就会弱,这完全像水被引导流向了一个地方一样。

格:是的。

苏:当一个人的欲望被引导流向知识及一切这类事情上去时,我认为,他就会参与自身心灵的快乐,不去注意肉体的快乐,如果他不是一个冒牌的 E
而是一个真正的哲学家的话。

格:这是完全必然的。

苏:这种人肯定是有节制的,是无论如何也不会贪财的;因为,别的人热心追求财富和巨大花费所要达到的那种目的①,是不会被他们当作一件重要事情对待的。

格:是这样。

苏:在判别哲学家的天性和非哲学家的天性上还有一点是需要注意的。 486

格:哪一点?

苏:你可别疏忽了任何一点胸襟偏窄的毛病。因为哲学家在无论神还是人的事情上总是追求完整和完全的,没有什么比器量窄小和哲学家的这

① 指物质享受,肉体的快乐。

种心灵品质更其相反的了。

格:绝对正确。

苏:一个人眼界广阔,观察研究所有时代的一切实在,你想,他能把自己的一条性命看得很重大吗?

格:不可能的。

B 苏:因此,这种人也不会把死看作一件可怕的事情吧?

格:绝对不会的。

苏:那么,胆怯和狭隘看来不会属于真正哲学家的天性。

格:我看不会。

苏:一个性格和谐的人,既不贪财又不偏窄,既不自夸又不胆怯,这种人会待人刻薄处事不正吗?

格:不会的。

苏:因此,这也是你在识别哲学家或非哲学家灵魂时所要观察的一点:这人从小就是公正温良的呢还是粗暴凶残的呢?①

格:的确。

苏:我想你也不会疏忽这一点的。

C 格:哪一点?

苏:学习起来聪敏还是迟钝呀。一个人做一件事如果做得不愉快,费了好大的劲然而成效甚微,你想他能真正热爱这项工作吗?

格:不会的。

苏:还有,一个人如果健忘,学了什么也记不得,他还能不是一个头脑空空的人吗?

格:怎能不是呢?

苏:因此,一个人如果劳而无功,他最后一定深恨自己和他所从事的那项工作。

格:怎能不呢?

D 苏:因此一个健忘的灵魂不能算作真正哲学家的天性,我们坚持哲学家要有良好的记性。

---

① 比读375B—C。

格:完全对。

苏:我们还应该坚持认为,天性不和谐、不适当只能导致没分寸,不能导致别的什么。

格:一定是的。

苏:你认为真理与有分寸相近呢还是与没分寸相近呢?

格:和有分寸相近。

苏:因此,除了别的品质而外,我们还得寻求天然有分寸而温雅的心灵,
它本能地就很容易导向每一事物的理念。 E

格:当然还得注意这一品质。

苏:那么怎么样?我们还没有以某种方式给你证明,上面列述的诸品质是一个要充分完全地理解事物实在的灵魂所必须具备的,又是相互关联的吗?

格:是最必需的。 487

苏:综上所述,一个人如果不是天赋具有良好的记性,敏于理解,豁达大度,温文尔雅,爱好和亲近真理、正义、勇敢和节制,他是不能很好地从事哲学学习的。那么,如果是一个具备了这些优良品质的人从事这一学习,对此你还有什么可指摘的吗?

格:对此虽玛摩斯[①]也无法挑剔了。

苏:因此,像这样的人——在他们教育完成了,年龄成熟了的时候——不是也只有这样的人你才肯把国家托付给他们吗?

阿得曼托斯:苏格拉底啊,对于你上面所说的这些话虽然没人能加以反 III
驳,然而这些一直在听着你刚才的讨论的人,他们觉得:他们由于缺乏问答 B
法的经验,在每一问之后被你的论证一点儿一点儿地引入了歧途,这些一点
儿一点儿的差误积累起来,到讨论进行到结论时,他们发现错误已经很大,
结论已经和他们原先的看法相反了。他们觉得,这正如两人下棋,棋艺差的
人最后被高手所困,一个子儿也走不动了一样,他们在这场不是使用棋子而 C
是运用语言的竞技中也被最后逼得哑口无言了;然而真理是不会因口才高
低而有任何改变的。我是注意到了刚才的讨论情况说这个话的。因为现在

① Μῶμος,希腊神话中一个神,爱挑剔诸神的缺点。

人们可能会说,他们虽然口才不好,不能在每一提问上反驳你,但作为事实,
D 他们看到热爱哲学的那些人,不是仅仅为了完成自己的教育而学一点哲学
并且在还年轻时就放下它,而是把学习它的时间拖得太长,以致其中大多数
变成了怪人(我们且不说他们变成了坏蛋),而那些被认为是其中最优秀者
的人物,也还是被你们称赞的这种学习变成了对城邦无用的人。

苏:[听了他的这些话之后我说道:]你认为他们说的这些话是错的吗?

E 阿:我不知道,我很高兴听听你的意见。

苏:你可以听到的意见大概是:"我觉得他们说得对。"

阿:既然我们[①]一致认为哲学家对城邦无用,那么"在哲学家统治城邦
之前城邦不能摆脱邪恶"——你的这个论断又怎能成立呢?

苏:你的这个问题须用譬喻来解答。

阿:啊,我想,你诚然不是惯于用譬喻说话的呀!

IV 苏:你已把我置于如此进退维谷的辩论境地,现在又来讥笑我了。不
过,还得请你听我的比喻,然后你可以更清楚地看到,我是比喻得多么吃力
488 了。因为,最优秀的人物他们在和城邦关系方面的感受是很不愉快的,并且
世界上没有任何一种单一的事物和这种感受相像,因此为了比得像,以达到
替他们辩护的目的,需要把许多东西凑到一起来拼成一个东西,像画家们画
鹿羊之类怪物时进行拼合那样。好,请设想有一队船或一只船,船上发生这
B 样的事情:船上有一个船长,他身高力大超过船上所有船员,但是耳朵有点
聋,眼睛不怎么好使,他的航海知识也不太高明。船上水手们都争吵着要替
代他做船长,都说自己有权掌舵,虽然他们从没学过航海术,都说不出自己
C 在何时跟谁学过航海术。而且,他们还断言,航海术是根本无法教的,谁要
是说可以教,他们就准备把他碎尸万段。同时,他们围住船长强求他,甚至
不择手段地骗他把舵交给自己;有时他们失败了,别人获船长同意代为指
挥,他们就杀死别人或把别人逐出船去,然后用麻醉药或酒之类东西把高贵
的船长困住;他们夺得了船只的领导权,于是尽出船上库存,吃喝玩乐,他们
D 就照自己希望的这么航行着。不仅如此,凡是曾经参与阴谋,狡猾地帮助过
他们从船长手里夺取权力的人,不论是出过主意的还是出过力的,都被授以

---

① 指对话者双方。

航海家、领航、船老大等荣誉称号,对不同伙的人,他们就骂是废物。其实,
真正的航海家必须注意年、季节、天空、星辰、风云,以及一切与航海有关的
事情,如果他要成为船只的真正当权者的话;并且,不管别人赞成不赞成,这 E
样的人是必定会成为航海家的。如果不是事实如此的话,那些人大概连想
都没想到过,在学会航海学的同时精通和实践这一技术是有可能的。你再
说说看,在发生过这种变故之后的船上,一个真正的航海家在这些篡了权的 489
水手中会被怎样看待呢?他们不会把他叫做唠叨鬼、看星迷或大废物吗?

阿:正是的。

苏:那么我想你是不再需要听我来解释这个比喻了,因为你已经明白了,我是用它来说明一个真正的哲学家在城邦中的处境的。

阿:的确。

苏:那么,你碰到谁对哲学家在我们这些城邦里不受尊重的状况感到惊
讶,就请你首先把这个比方说给他听一听,再努力使他相信,要是哲学家受 B
到尊重,那才更是咄咄怪事呢!

阿:行,就这么办。

苏:你还要告诉他:他说哲学家中的最优秀者对于世人无用,这话是对
的;但是同时也要对他说清楚,最优秀哲学家的无用,其责任不在哲学本身,
而在别人不用哲学家。因为,船长求水手们受他管带或者智者趋赴富人门
庭,[①]都是不自然的。"智者们应趋富人门庭"这句俏皮话是不对的。真正
合乎自然的事理应当是这样:一个人病了,不管他是穷人还是富人,应该是
他趋赴医生的家门去找医生,任何要求管治的人应该是他们自己登门去请 C
有能力管治的人来管他们。统治者如果真是有用的统治者,那么他去要求
被统治者受他统治是不自然的。你如果把我们当前的政治统治者比作我们
刚才所说的那种水手,把被他们称为废物、望星迷的哲学家比作真正的舵
手,你是不会错的。

阿:绝对正确。

苏:因此,根据这些情况看来,在这样一些人当中,哲学这门最可贵的学
问是不大可能得到反对者尊重的;然而使哲学蒙受最为巨大、最为严重毁谤 D

① 意思是:有学问的人向没有学问的富人表示敬意。

的还是那些自称也是搞哲学的人——他们就是你在指出哲学的反对者说大多数搞哲学的人都是坏蛋,而其中的优秀者也是无用的时,你心里所指的那些人;我当时也曾肯定过你的话是对的。[①] 是这样吗?

阿:是的。

V 苏:其中的优秀者所以无用,其原因我们有没有解释清楚呢?

阿:已经解释清楚了。

苏:那么,让我们接下来指出:大多数哲学家的变坏是不可避免的,以
E 及,如果可以做得到的话,让我们再试着证明这也不能归咎于哲学。我们可以做这个了吗?

阿:可以了。

苏:让我们一问一答地,从回忆我们前面描述一个要成为美而善者的人
490 必须从小具备的天性处说起吧。如果你还记得的话,真理是他时时处处要追随的领袖,否则他就是一个和真正哲学毫无关系的江湖骗子。

阿:记得是这么说过的。

苏:这一点不是跟今人对哲学家的看法刚好相反吗?

阿:是的。

苏:我们不是很有理由用如下的话为他辩护吗:追求真实存在是真正爱
B 知者的天性;他不会停留在意见所能达到的多样的个别事物上的,他会继续追求,爱的锋芒不会变钝,爱的热情不会降低,直至他心灵中的那个能把握真实的,即与真实相亲近的部分接触到了每一事物真正的实体,并且通过心灵的这个部分与事物真实的接近,交合,生出了理性和真理,他才有了真知,才真实地活着成长着;到那时,也只有到那时,他才停止自己艰苦的追求过程?

阿:理由不能再充分了。

苏:这种人会爱虚假吗?或者正相反,他会恨它呢?

C 阿:他会恨它的。

苏:真理带路,我想我们大概可以说,不会有任何邪恶跟在这个队伍里的。

---

① 见487D—E。

阿:怎么可能呢?

苏:真理的队伍里倒是有一个健康的和正义的心,由节制伴随着。

阿:对。

苏:没有必要从头再来证明一遍哲学家所应具的天性了吧?因为,你一定还记得,勇敢、大度、聪敏、强记是这种天赋所必具的品质。你曾提出反对意见说,虽然大家都不得不同意我们的话,但是,只要抛开言词,把注意力集 D
中到言词所说到的那些人身上,大家就会说,他们所看到的实际是:那些人里有些是无用的,大多数则是干尽了坏事的。于是我们开始研究名声坏的原因,这方面现在我们已经走到了这一步[1]:下面要研究,为什么其中大多数人变坏了?为此我们重新提出了真正哲学家的天性问题并且确定了它必须是什么。

阿:是这样。 E

苏:我们必须在下面研究哲学家天性的败坏问题:为什么大多数人身上 VI
这种天性败坏了,而少数人没有;这少数人就是虽没被说成坏蛋,但被说成无用的那些人。然后我们再考察那些硬打扮成哲学家样子,自称是在研究哲学的人,看一看他们的灵魂天赋,看一看这种人是在怎样奢望着一种他们 491
所不能也不配高攀的研究工作,并且以自己的缺乏一贯原则,所到之处给哲学带来了你所说的那种坏名声。

阿:你所说的败坏是什么意思呢?

苏:我将尽我所知试解释给你听。我想,任何人都会同意我们这一点:像我们刚才要求于一个完美哲学家的这种天赋是很难能在人身上生长出来的,即使有,也是只在很少数人身上生长出来的。你不这样认为吗? B

阿:的确难得。

苏:请注意,败坏它的那些因素却是又多又强大的呢!

阿:有哪些因素?

苏:就中最使人惊讶的是,我们所称赞的那些自然天赋,其中每一个都能败坏自己所属的那个灵魂,拉着它离开哲学;这我是指的勇敢、节制,以及我们列举过的其余这类品质。

---

① 意思是:有些学哲学的人于世无用的问题已经讨论过了。

C 阿:这听起来荒唐。

苏:此外还有全部所谓的优越——美观、富裕、身强体壮、在城邦里有上层家族关系,以及与此关联的一切——这些因素也都有这种作用,我想你是明白我的意思的。

阿:我明白;但是很高兴听到你更详细的论述。

苏:你要把问题作为一个整体来正确地理解它。这样你就会觉得它很容易明白,对于我前面说的那些话你也就不会认为它荒唐了。

阿:那么你要我怎么来理解呢?

D 苏:我们知道,任何种子或胚芽(无论植物的还是动物的)如果得不到合适的养分、季节、地点,那么,它愈是强壮,离达到应有的发育成长程度就愈远,因为,恶对善比对不善而言是一更大的反对力量。

阿:是的。

苏:因此我认为这也是很合理的:如果得到的是不适合的培养,那么最好的天赋就会比差的天赋所得到的结果更坏。

阿:是的。

E 苏:因此,阿得曼托斯啊,我们不是同样可以说:天赋最好的灵魂受到坏的教育之后就会变得比谁都坏吗?或者,你认为巨大的罪行和纯粹的邪恶来自天赋差的,而不是来自天赋好的但被教育败坏了的人吗?须知一个天赋贫弱的人是永远不会做出任何大事(无论好事还是坏事)的。

阿:不,还是你说得对。

492 苏:那么,我们所假定的哲学家的天赋,如果得到了合适的教导,必定会成长而达到完全的至善。但是,如果他像一株植物,不是在所需要的环境中被播种培养,就会长成一个完全相反的东西,除非有什么神力保佑。或者你也像许多人那样,相信真有什么青年被所谓诡辩家①所败坏,相信真有什么私人诡辩家够得上说败坏了青年?说这些话的人自己才真是最大的诡辩
B 家②呢!不正是他们自己在最成功地教育着男的、女的、老的、少的,并且按照他们自己的意图在塑造着这些人吗?

---

① 柏拉图这里指像苏格拉底和他自己这类私人教师。

② 指那些用雄辩的演说在公共场所影响舆论的政治野心家或可称为公众诡辩家。

阿:什么时候?

苏:每当许多人或聚集到一起开会,或出席法庭听取审判,或到剧场看
戏,或到兵营过军事生活,或参加其他任何公共活动,他们就利用这些场合
大呼小叫,或指责或赞许一些正在做的事或正在说的话,无论他们的指责还
是赞许,无不言过其实;他们鼓掌哄闹,引起岩壁和会场回声,闹声回声互助 C
声势,变得加倍响亮。在这种场合你想一个年轻听从的心,如所说的,会怎
么活动呢?有什么私人给他的教导能站得住不被众人的指责或赞许的洪流
所卷走?他能不因此跟着大家说话,大家说好他也说好,大家说坏他也说 D
坏,甚至跟大家一样地行事,并进而成为他们那样的人吗?

阿:苏格拉底啊,这是完全必然的。

苏:有一个最重要的“必然”我们还从未提到过呢! VII

阿:哪一个呀?

苏:这些教育家和诡辩家在用言词说不服的时候就用行动来强加于人。你没听说过他们用剥夺公民权、罚款和死刑来惩治不服的人吗?

阿:他们的确是这样干的。

苏:那么,你想有什么别的诡辩家或私人教师的教导有希望能在这种力
量悬殊的对抗中取得胜利呢? E

阿:我想是一个也没有的。

苏:连起这种念头都是一个很大的愚蠢。因为用美德教育顶着这股公
众教育的势力造就出一种美德来,这样的事情现在没有,过去不曾有过,今
后也是永远不会有的。朋友,这我当然是指的人力而不是指的神功,神功
(正如俗语所说的)不是一码了事。你大可以相信,在当前这样的政治状况 493
下,如果竟有什么德性得救,得到一个好的结果,那么,你说这是神力保佑,
是不会有错的。

阿:我没有异议。

苏:那么此外还有一点也希望你没有异议。

阿:哪一点?

苏:这些被政治家叫做诡辩派①加以敌视的收取学费的私人教师,其实
他们并不教授别的,也只教授众人在集会时所说出的意见,并称之为智慧。
B 这完全像一个饲养野兽的人在饲养过程中了解野兽的习性和要求那样。他
了解如何可以同它接近,何时何物能使它变得最为可怕或最为温驯,各种情
况下它惯常发出几种什么叫声,什么声音能使它温驯,什么声音能使它发
野。这人在不断饲养接触过程中掌握了所有这些知识,把它叫做智慧,组成
一套技艺,并用以教人。至于这些意见和要求的真实,其中什么是美的什么
是丑的,什么是善的什么是恶的,什么是正义的什么是不正义的,他全都一
C 无所知。他只知道按猛兽的意见使用所有这些名词儿,猛兽所喜欢的,他就
称之为善,猛兽所不喜欢的,他就称之为恶。他讲不出任何别的道理来,只
知道称必须的东西为正义的和美的。他从未看到过,也没有能力给别人解
释必须者和善者的本质实际上差别是多么的大。说真的,你不觉得这样一
个人是一个荒谬的教师吗?

阿:是的。

苏:有人认为无论在绘画、音乐,还是甚至政治上,他的智慧就是懂得辨
D 别五光十色的人群集会时所表现出来的喜怒情绪,那么你觉得他和上述饲
养野兽的那种人又有什么区别呢? 如果一个人和这种群众搞在一起,把自
己的诗或其他的什么艺术作品或为城邦服务所做的事情放到他们的面前来
听取他们的批评,没有必要地承认群众对他的权威,那么这种所谓"迪俄墨
得斯的必须"②就会使他创作出(做出)他们所喜欢的东西(事情)来。但
E 是,你可曾听说过,有哪一条他拿来证明群众所喜欢的这些东西是真善真美
的理由不是完全荒谬的?

阿:我过去没听说过,我想以后也不会听到的。

VIII 苏:那么,请你把所有这些话牢记心上,再回想到前面的问题上去。能

① 这里似指历史上存在过的真的诡辩派,或称智者派的哲学家。"诡辩家"初时指教人修辞和辩论术的职业教师,并无贬义,后来才逐渐堕落为一批指黑为白之徒。

② Διομήδεια ἀναγκη("迪俄墨得斯的必须"或"迪俄墨得斯的强迫")是一句俗语,说的是佛拉吉亚的比斯同人的国王迪俄墨得斯的故事。传说这位国王曾强迫自己的俘虏和自己的女儿们同居。ἀνάγκη 译为"必须""必然""必定"都可以,是一个意思。

有许多人承认或相信真实存在的只有美本身[1]而不是众多美的事物，或者说，有的只是任何一种事物本身而不是许多个别特殊的东西？

阿：绝对不可能。

苏：因此，能有许多人成为哲学家吗？

阿：不可能。 494

苏：因此，研究哲学的人受到他们非难是必然的、不可避免的。

阿：是必不可免的。

苏：那些跟众人混在一起讨取他们赞许的私人教师，非难哲学家也是必然的。

阿：显然是的。

苏：从这些情况你看到天生的哲学家有什么办法可以坚持自己的研究一直走到底吗？请你考虑这个问题时不要离开我们前面讲过了的话。我们曾一致同意：敏于学习、强于记忆、勇敢、大度是哲学家的天赋。 B

阿：是的。

苏：这种人从童年起不就常常一直是孩子中的尖子吗，尤其是假如他的身体素质也能和灵魂的天赋相匹配的话？

阿：干吗不是呢？

苏：我想，他的亲友和本城邦的同胞都会打算等他长大了用他为自己办事的。

阿：当然。

苏：因此他们将跪到他的脚下，向他祈求，向他致敬，估量着他将来的权 C
力，向他献媚。

阿：这种现象是常见的。

苏：在这种情况下，你以为这个年轻人会怎么样呢，尤其是，假如他是一个大邦的公民，在这里富有财产，出身高贵，再加上人品俊秀身材魁伟的话？
他不会野心勃勃而不能自制，幻想自己不仅有能力支派希腊人的事务而且 D
有能力支配希腊世界以外的事务，于是乎妄自尊大骄奢自满起来吗？

---

① 希腊文 αὐτό（本身），作为哲学用语，常常意指从一般的抽象的意义上理解的某事物，即指事物的“本质”、“实体”或“理念”。

阿:他肯定会这样的。

苏:一个处于这种精神状态下的人,如果有别人轻轻地走来对他说真话:他头脑糊涂,需要理性,而理性是只有通过奴隶般的艰苦磨练才能得到的,你以为在这种恶劣环境里他能容易听得进不同的话吗?

阿:绝对不能。

苏:即使我们假定这个青年由于素质好,容易接受忠言,听懂了一点,动
E 了心,被引向了哲学之路,我们可以设想,这时他原来那个圈子里的人由于
预感到自己将不再能得到他的帮忙,他们将如何动作呢?他们就不说任何
495 话做任何事来阻挠他被说服,并使任何想说服他的人都无能为力——既用
私人阴谋又用公众控告来达到这个目的吗?

阿:这是完全必然的。

苏:那么,这个人还能继续研究哲学吗?

阿:根本不可能了。

苏:因此你看到我们说得不错吧:构成哲学家天赋的那些品质本身如果受到坏教育或坏环境的影响,就会成为某种背离哲学研究的原因,跟所谓的美观、富裕,以及所有这类的优越条件一样?

阿:说得对。

B 苏:我的好朋友,适合于最善学问的最佳天赋——我们说过,它在任何情况下都是很难得的——其灭亡的道理就是这样,我也就说这么多。对城邦和个人作大恶的人出自这一类;同样,造大福于城邦和个人的人——如果碰巧有潮流带着他朝这方向走的话——也来自这类;反之,天赋平庸的人无论对城邦还是对个人都是做不出什么大事来的。

阿:绝对正确。

C 苏:那些最配得上哲学的人就这么离弃了哲学,使她[①]孤独凄凉,他们自己也因而过着不合适的不真实的生活;与此同时那些配不上的追求者看到哲学没有亲人保护,乘虚而入,玷污了她,并使她蒙受了(如你指出的)她的反对者加给她的那些恶名——说她的配偶有些是一无用处的,多数是应对许多罪恶负责的。

---

① 把哲学比作一个美女。

阿:是的,这些话的确有人说过。

苏:这些话是很有道理的。因为还有一种小人,他们发现这个地方没有
主人,里面却满是美名和荣誉头衔,他们就像一些逃出监狱进了神殿的囚徒 D
一样,跳出了自己的技艺圈子(这些人在自己的小手艺方面或许还是很巧
的),进入了哲学的神殿。须知,哲学虽然眼下处境不妙,但依然还保有较之
其他技艺为高的声誉。许多不具完善天赋的人就这么被吸引了过来,虽然
他们的灵魂已因从事下贱的技艺和职业而变得残废和畸形,正像他们的身 E
体受到他们的技艺和职业损坏一样。他们被哲学吸引过来不是必然的吗?

阿:是的。

苏:他们不全像一个刚从监狱中释放出来并且走了好运的癞头小铜匠吗:他洗了个澡,穿了件新外套,打扮得像个新郎,去和他主人的女儿——一个失去了照顾,处于贫穷孤独境地的姑娘——结婚?

阿:一模一样。 496

苏:这样的一对能生出什么样的后代呢?不是劣等的下贱货吗?

阿:必然是的。

苏:因此,当那些不配学习哲学的人,不相称地和哲学结合起来的时候,我们该说他们会"生出"什么样的思想和意见来呢?他们不会"生出"确实可以恰当地叫做诡辩的,其中没有任何真实的,配得上或接近于真知之物的东西来吗?

阿:的确。

苏:因此,阿得曼托斯,剩下来配得上研究哲学的人就只有其中微乎其
微的一部分了:他们或是出身高贵又受过良好教育的人处于流放之中,因而 B X
没受到腐蚀,依然在真正地从事哲学;或是一个伟大的灵魂生于一个狭小的
城邦,他不屑于关注这个小国的事务;少数人或许由于天赋优秀,脱离了他
所正当藐视的其他技艺,改学了哲学;还有一些人,也许是我们的朋友塞亚 C
格斯[①]的缺陷束缚了他们。须知就塞亚格斯而言,背离哲学的所有其他条
件都是具备的,但是他病弱的身体使他脱离了政治,没能背离哲学。至于我

① 塞亚格斯其人另见于柏拉图的《苏格拉底的申辩》33E,及伪托的《塞亚格斯》篇对话。他是苏格拉底的学生。

自己的情况则完全是例外，那是神迹，是以前很少有别人遇到过的，或者压
根儿就从来不曾有任何人碰到过的。已经属于这极少数的道中之人，他们
尝到了拥有哲学的甜头和幸福，已经充分地看到了群众的疯狂，知道在当前
D 的城邦事务中没有什么可以说是健康的，也没有一个人可以作正义战士的
盟友，援助他们，使他们免于毁灭的。这极少数的真哲学家全像一个人落入
了野兽群中一样，既不愿意参与作恶，又不能单枪匹马地对抗所有野兽，因
此，大概只好在能够对城邦或朋友有所帮助之前，就对己对人都无贡献地早
死了。——由于所有这些缘故，所以哲学家都保持沉默，只注意自己的事
情。他们就像一个在暴风卷起尘土或雨雪时避于一堵墙下的人一样，看别
E 人干尽不法，但求自己得能终生不沾上不正义和罪恶，最后怀着善良的愿望
和美好的期待而逝世，也就心满意足了。

497 阿：噢，他生前的成就不算最小呀！

苏：[不是最小，但也不算最大。]要不是碰巧生活在一个合适的国度
里，一个哲学家是不可能有最大成就的；因为只有在一个合适的国家里，哲
学家本人才能得到充分的成长，进而能够保卫自己的和公共的利益。

XI 哲学受到非议的原因以及非议的不公正性，我觉得我已经解释得很充
分了。你还有什么话要说的吗？

阿：关于这个问题我再没有什么要说的了。但是你看当今的政治制度
哪一种适合于哲学呢？

B 苏：一个也没有。现行的政治制度我所以怨它们，正是因为其中没有一
种是适合哲学本性的。哲学的本性也正是由于这个缘故而堕落变质的。正
如种子被播种在异乡土地上，结果通常总是被当地水土所克服而失去本性
C 那样，哲学的生长也如此，在不合适的制度下保不住自己的本性，而败坏变
质了。哲学如果能找到如它本身一样最善的政治制度，那时可以看得很明
白，哲学确实是神物，而其他的一切，无论天赋还是学习和工作，都不过是人
事。到此我知道下面你要问，这个最善的政治制度是什么了。

阿：你猜错了；我要问的是另一个问题，即，它是不是我们在描述“建
立”的这个城邦？

苏：从别的方面看，它就是我们的那一个；但是还有一点我们以前曾说
过，即，在这样一个国家里必须永远有这样一个人物存在：他对这个国家的

制度抱有和你作为一个立法者在为它立法时一样的想法。 D

阿:是的,那一点曾经说过的。

苏:但是,对它的解释还不充分;你的插言反驳曾使我们害怕,而这些反驳也的确表明:这一讨论是漫长的和困难的;单是剩下来要解释的这个部分也绝不是容易的。

阿:剩下来要解释的是什么呢?

苏:是这样一个问题:一个受哲学主宰的城邦怎样可以不腐败呢?一切远大目标沿途都是有风险的,俗话说得对:好事多磨嘛。

阿:还是让我们把这个问题弄清楚了,以结束这一解释工作吧。 E

苏:不是我缺少愿望,如果说缺少什么的话,是缺少能力——只有这一点可能妨碍我。但是你会亲眼看到我的热忱的。还要请你注意到,我将多么热忱和勇敢地宣称,这个城邦应该用和当前完全相反的做法来从事哲学研究。

阿:怎么做法?

苏:当前,人们研究哲学时还是少年,他们在童年和成家立业之间这个 498
阶段学习哲学。他们在刚刚开始接触到它的最困难部分(我指的是推理论
证)时放弃了学习,他们这就被认为是一个完全的哲学家了。以后,如果他
们有机会应邀去听一次别人的哲学辩论,就认为这是件大事了。他们认为
这种事是应该在业余的时间做的。到了老年,他们很少例外地比赫拉克利
特的太阳熄灭得更彻底①,以致再也不能重新亮起来了。 B

阿:那么,应该怎样呢?

苏:应该完全相反。当他们年少时,他们的学习和哲学功课应该适合儿
童的接受能力;当他们正在长大成人时,他们主要应好好注意身体,为哲学
研究准备好体力条件;随着年龄的增长,当他们的灵魂开始达到成熟阶段
时,他们应当加强对心灵的锻炼;当他们的体力转衰,过了政治军事服务年 C
龄时,应当让他们自在逍遥,一般不再担当繁重的工作,只从事哲学研究,如
果我们要他们在这个世界上生活幸福,并且当死亡来临时,在另一个世界上

---

① 见第尔斯辑录i,3,原书78页,残篇6。参见亚里士多德《气象学》ii,2,9;卢克莱修《物性论》第V卷662行,中译本306页注①。

也能得到同样幸福的话。

XII 阿:我相信你的话非常热忱,苏格拉底。不过,我觉得,你的大多数听众甚至会更热忱地反驳你,永远不会被你说服的,其中尤其是色拉叙马霍斯。

D 苏:请你别挑起我和色拉叙马霍斯争吵,我们刚交了朋友,以前也原非敌人。我们将不惜一切努力,直到或是说服了他和别的人,或是达到了某种成果,以便在他们重新投胎做人并且碰上此类讨论时能对他们有所帮助。

阿:你预言了一个不短的时间呀。

苏:不,和永恒的时间比起来它算不了什么。不过,如果我们说服不了大众,也没有什么可奇怪的,因为,他们从来没有看到过我们的话成为现实,

E 他们看到过的只是一种人为的生硬的堆砌词语的哲学——它不像我们进行论证时这样自然地结合词语。一个在言行两方面尽可能和至善本身完全相称相像的人统治着一个同样善的国家,这样的事情是他们所从未见到过的,

499 更谈不上多见的。你说是吧?

阿:无疑是这样。

苏:我的好朋友啊!他们也没有足够地听到过自由人的正当论证。——这种论证目的在于想尽一切办法为得到知识而努力寻求真理,而对于那种只能在法庭上和私人谈话中导致意见和争端的狡黠和挑剔是敬而远之的。

阿:他们是没听到过这种论证。

B 苏:因为这些缘故,且由于预见到这些缘故,所以我们尽管害怕,还是迫于真理,不得不宣称:只有在某种必然性碰巧迫使当前被称为无用的那些极少数的未腐败的哲学家,出来主管城邦(无论他们出于自愿与否),并使得

C 公民服从他们管理时,或者,只有在正当权的那些人的儿子、国王的儿子或当权者本人、国王本人,受到神的感化,真正爱上了真哲学时——只有这时,无论城市、国家还是个人才能达到完善。我认为没有理由一定说,这两种前提(或其中任何一种)是不可能的。假如果真不可能,那么我们受到讥笑,被叫做梦想家,就确是应该的了。不是吗?

阿:是的。

苏:因此,如果曾经在极其遥远的古代,或者目前正在某一我们所不知

D 道的遥远的蛮族国家,或者以后有朝一日,某种必然的命运迫使最善的哲学

家管理国家,我们就准备竭力主张:我们所构想的体制是曾经实现过的,或正在实现着,或将会实现的,只要是哲学女神在控制国家。这不是不可能发生的事情,我们不认为是不可能的,同时我们也承认这是件困难的事情。

阿:我也这样认为。

苏:你的意思是说:大众不这样认为?

阿:是的。

苏:我的好朋友,别这么完全责怪群众。你如果不是好斗地而是和风细 E
雨地劝告和潜移默化地改变他们对学习的恶感,向他们说明你所谓的哲学
家是指什么样的人,像我们最近做的那样给他们说明哲学家的天性和哲学
家所从事的学习,让他们可以看到你所说的哲学家不是他们所认为的那种 500
人,那么,他们是一定能改变看法的。或者,即使像他们那样考察哲学家,你
不认为他们还是会改变自己的意见和对问题答案的吗?或者,你认为一个
人会用粗暴对待温文的人,用嫉妒对待不嫉妒的人吗,如果他本人原是一个
不嫉妒的和温文的人?让我来代你回答:如此粗暴的天性是只能在极少数
人身上出现,不会在多数人身上出现的。

阿:你可以相信,我赞同你的看法。

苏:你不同样赞同这一点吗:群众对哲学恶感的根源在伪哲学家身上? B
这些人闯进与他们无关的地方,互相争吵,充满敌意,并且老是进行人身攻
击——再没有比这种行为和哲学家不相称的了。

阿:是最不相称的。

苏:阿得曼托斯啊!须知,一个真正专心致志于真实存在的人是的确无 XIII
暇关注琐碎人事,或者充满敌意和妒忌与人争吵不休的;他的注意力永远放 C
在永恒不变的事物上,他看到这种事物相互间既不伤害也不被伤害,按照理
性的要求有秩序地活动着,因而竭力摹仿它们,并且尽可能使自己像它们。
或者说,你认为一个人对自己所称赞的东西能不摹仿吗?

阿:不可能不的。

苏:因此,和神圣的秩序有着亲密交往的哲学家,在人力许可的范围内 D
也会使自己变得有秩序和神圣的。但是毁谤中伤是无所不在的。

阿:确实是的。

苏:那么,如果有某种必然性迫使他把在彼岸所看到的原型实际施加到

国家和个人两个方面的人性素质上去，塑造他们（不仅塑造他自己），你认为他会表现出自己是塑造节制、正义以及一切公民美德的一个蹩脚的工匠吗？

阿：绝不会的。

E 苏：但是，如果群众知道了我们关于哲学家所说的话都是真的，他们还会粗暴地对待哲学家，还会不相信我们的话：无论哪一个城邦如果不是经过艺术家按照神圣的原型加以描画[①]，它是永远不可能幸福的？

501 阿：如果知道了这一点，他们就不会粗暴对待哲学家了。但是请你告诉我，这个图画怎么描法呢？

苏：他们将拿起城邦和人的素质就像拿起一块画板一样，首先把它擦净；这不是件容易事；但是无论如何，你知道他们和别的改革家第一个不同之处就在这里：在得到一个干净的对象或自己动手把它弄干净之前，他们是不肯动手描画个人或城邦的，也不肯着手立法的。

阿：他们是对的。

苏：擦净之后，你不认为他们就要拟定政治制度草图了吗？

阿：当然是啰。

B 苏：制度拟定之后，我想，他们在工作过程中大概会不时地向两个方向看望，向一个方向看绝对正义、美、节制等等，向另一方向看他们努力在人类中描画出来的它们的摹本，用各种方法加上人的肤色，使它像人，再根据荷马也称之为像神的那种特性——当它出现于人类时——作出判断。

阿：对。

C 苏：我想，他们大概还要擦擦再画画，直至尽可能地把人的特性画成神所喜爱的样子。

阿：这幅画无论如何该是最好的画了。

苏：到此，那些你本来以为[②]要倾全力攻击我们的人，是不是有点相信我们了呢？我们是不是能使他们相信：这位制度画家就是我们曾经称赞过的，当我们建议把国家委托他治理时曾经使他们对他生气的那种人呢？当

① 柏拉图在这里用艺术家画画比喻哲学家治国。

② 474A。

他们听到我刚才所说关于画家的这些话时，是不是态度会温和点呢？

阿：如果他们是明白道理的，一定温和多了。 D

苏：他们还能拿得出什么理由来反对呢？他们能否认哲学家是热爱实在和真理的吗？

阿：那样就荒唐了。

苏：他们能否认我们所描述的这种天性是至善的近亲吗？

阿：也不能。

苏：那么，他们能否认，受到合适教养的这种天性的人，只要有，就会是完全善的哲学家吗？或者，他们宁可认为我们所反对的那种人是完全善的哲学家呢？

阿：一定不会的。

苏：那么，当我们说，在哲学家成为城邦的统治者之前，无论城邦还是公 E
民个人都不能终止邪恶，我们用理论想象出来的制度也不能实现，当我们这
样说时他们还会对我们的话生气吗？

阿：或许怒气小些。

苏：我们是不是可以说，他们不单是怒气小些了，而是已经变得十分温和了，完全信服了，以至于单是羞耻心（如果没有别的什么的话）也会使他们同意我们的论断了呢？

阿：一定的。 502

苏：因此，让我们假定他们赞成这个论断了。那么还会有人反对另一论 XIV
断吗：国王或统治者的后代生而有哲学家天赋是可能的事情？

阿：没有人反对了。

苏：这种哲学天才既已诞生，还会有人论证他们必定腐败吗？虽然我们
也承认，使他们免于腐败是件困难事，但是有谁能断言，在全部时间里所有
这些人之中就永远不能有哪怕一个人能免于腐败吗？ B

阿：怎能有人这样断言呢？

苏：但是的确，这样的人出一个就够了，如果有一个城邦服从他，他可以在这里实行其全部理想制度的话，虽然眼下这个制度还没人相信。

阿：是的，一个人就够了。

苏：因为，他既成了那里的统治者，把我们描述过的那些法律和惯例制

定出来,公民们情愿服从——这的确不是不可能的。

阿:的确。

苏:那么,别人赞同我们的看法,这是什么奇怪的不可能的事情吗?

C 阿:我认为不是。

苏:再说,既是可能的,那么我认为这已充分表明,这些事是最善的。

阿:是充分表明了这一点。

苏:因此,我们关于立法的结论看来是:我们的计划如能实现,那是最善的;实现虽然有困难,但不是不可能的。

阿:结论是这样。

XV 苏:既然这个问题好不容易结束了,我们不是应该接下去讨论其余的问
D 题了吗?问题包括:我们国家制度的救助者如何产生,亦即通过什么学习和
训练产生?以及,他们将分别在什么年龄上着手学习每一门功课?

阿:是的,必须讨论这些问题。

苏:我在前面故意规避了娶妇生子和任命统治者这个难题,因为我知道
完全绝对的真理会引起忌恨并且很难实现。但是回避并没什么好处,因为
E 事到如今还是照样得讨论它们。妇女儿童的问题已经处置了,关于统治者
503 的问题可以说要再从头讨论起。如果你还记得的话,我们曾经说过:当他们
被放在苦和乐中考验的时候,他们必须证明自己是爱国的,必须证明无论是
遭到困难还是恐怖或是其他任何变故时都不改变自己的爱国心;不能坚持
这一点的必须排斥,经受得住任何考验而不变的,像真金不怕烈火那样的
人,必须任命为统治者,让他生时得到尊荣,死后得到褒奖。这一类的话我
B 们曾大略地讲过,但当时由于担心引起刚才的这场争论,我们把讨论悄悄地
转移了方向。

阿:你说的完全是真的,我记得。

苏:我的朋友,我们当时没有敢像现在这样大胆地说出这些话。现在让我们勇敢地主张:必须确定哲学家为最完善的护卫者。

阿:好,就是这个主张。

苏:你要知道,这样的人自然是很少数,因为,各种的天赋——我们曾主张他们应具备它们作为受教育的基础——一起生在同一个人身上是罕见的,各种天赋大都是分开的。

阿:你说的什么意思? C

苏:敏于学习、强于记忆、机智、灵敏,以及其他诸如此类的品质,还有朝气蓬勃、豁达大度,你知道它们是很少愿意生长到一起来,并且有秩序地和平稳定地过日子的,一个全具这些品质的人会在偶然性指挥下被灵敏领着团团乱转,于是失去全部的稳定性的。

阿:你的话是真的。

苏:可是,一个天性稳定的人——人们可能宁可信任这种人——在战争中诚然是不容易为恐怖所影响而感到害怕的,但是学习起来也不容易受影 D
响,仿佛麻木了似的,学不进去。当有什么智力方面的事需要他们努力工作的时候,他们就会没完没了地打瞌睡打哈欠。

阿:是这样的。

苏:但是我们曾主张,一个人必须兼具这两个方面的优点,并且结合妥当,否则就不能让他受到最高教育,得到荣誉和权力。

阿:对。

苏:你不认为这种人是不可多得的吗?

阿:当然是不可多得的。 E

苏:因此,他们必须被放在我们前面说过的劳苦、恐怖、快乐中考验[①],我们现在还需加上一点从前没有说过的:我们必须把他们放在许多学习中"操练",注意观察他们的灵魂有没有能力胜任最大的学习[②],或者,看他们
是否不敢承担它,正如有的人不敢进行体力方面的竞赛一样。 504

阿:你这样考察是很对的,但是你所谓的最大学习是指什么?

苏:你或许还记得,我们在辨别了灵魂里的三种品质[③]之后曾比较研究 XVI
了关于正义、节制、勇敢和智慧的定义。

阿:如果不记得,我就不配再听下去了。

苏:你也记得这之前[④]说的话吗?

---

① 412C以下。

② 最大的学习或译为最重要的学习、最高的学习,都是指的学习善的理念。见后面505A。

③ 435A,436B。

④ 435D。

B 阿:什么话?

苏:我们曾以某种方式说过,要最完善地认识这些美德,需要另走一条弯曲的更长的道路,走完了这条路就可能清楚地看得见它们了。但是暂作一个和前面的论证水平相当的解释是可能的。那时你曾说,在你看来这就够了。因此这一研究后来是用一种我觉得很不精密的方法继续进行的。但是你对这一方法满意不满意,那要问你了。

C 阿:我觉得这一方法让我,也让这里这几个人看到标准了。

苏:不。我的朋友,任何有一点点够不上真实存在事物的水平,都是绝对不能作为标准的。因为任何不完善的事物都是不能作为别的事物的标准的。虽然有些人有时认为自己已经做得很够了,不须进一步研究了。

阿:许多人都有这种惰性。

苏:的确。但对于城邦和法律的护卫者来说,这是最要不得的。

阿:是的。

苏:因此护卫者必须走一条曲折的更长的路程,还必须劳其心努力学
D 习,像劳其力锻炼身体一样;否则,像我们方才说的,他们将永远不能把作为他们特有使命的最大学习进行到完成。

阿:这些课题还不是最大的?还有什么课题比正义及我们所描述的其他美德更大的?

苏:是的,还有更大的。就是关于正义之类美德本身我们也必须不满足于像现在这样观其草图[①],我们必须注意其最后的成品。既然这些较小的
E 问题我们尚且不惜费尽心力不懈地工作,以便达到对它们最完全最透彻的了解,而对于最大的问题反而认为不值得最完全最透彻的了解它,岂不荒唐?

阿:的确。但是你认为我们会放过你,不问一问:这最大的学习是什么,你认为它是和什么有关系的吗?

苏:我有这个思想准备,你随便问吧。但是我相信你是听说过好多遍
505 的,现在你要么是没有听懂,要么就是存心和我过不去。我倾向于认为是后一种可能。因为你多次听我说过,善的理念是最大的知识问题,关于正义等

---

① 还是用画家比哲学家。

的知识只有从它演绎出来的才是有用和有益的。现在我差不多深信你知
道，这就是我所要论述的，你也听我说过，关于善的理念我们知道得很少；如
果我们不知道它，那么别的知识再多对我们也没有任何益处，正如别的东 B
西，虽拥有而不拥有其善者，于我们无益一样。或如我们拥有一切而不拥有
其善者，你认为这有什么益处呢？或者懂得别的一切而不懂美者和善者，这
有什么益处呢？

阿：真的，我认为是没有什么益处的。

苏：再说，你也知道，众人都认为善是快乐，高明点的人认为善是知识。 XVII

阿：是的。

苏：我的朋友，你也知道，持后一种看法的人说不出他们所谓的知识又是指的什么，最后不得已只好说是指善的知识。

阿：真可笑。

苏：他们先是责怪我们不懂善，然后给善下定义时又把我们当作好像是 C
懂得善的。这怎么不可笑呢？因为，他们说它是关于善的知识，他们在这里
用“善”这个词仿佛我们是一定懂得它的意思的。

阿：对极了。

苏：给善下定义说它是快乐的那些人不是也有同样严重的思想混乱吗？或者说，他们到不得已时不是也只好承认，也有恶的快乐①吗？

阿：一定的。

苏：其结果我认为他们等于承认同一事物又是善的又是恶的。是吧？ D

阿：一定的。

苏：于是在这个问题上存在又大又多的争论——不是大家都看得到的吗？

阿：的确。

苏：请问，大家不是还看到下列情况吗？在正义和美的问题上大多数人都宁可要被意见认为的正义和美，而不要实在的正义和美，无论是在做事、说话，还是拥有什么时都是这样。至于善，就没有人满意于有一个意见认为

---

① 当他们说不清楚他们的所谓“快乐”又是指什么时，他们迫不得已只好说它是关于“善的快乐”。这也等于承认，也有恶的快乐。

的善了,大家都追求实在的善,在这里"意见"是不受任何人尊重的。

E 阿:的确是的。

苏:每一个灵魂都追求善,都把它作为自己全部行动的目标。人们直觉到它的确实存在,但又对此没有把握;因为他们不能充分了解善究竟是什么,不能确立起对善的稳固的信念,像对别的事物那样;因此其他东西里有什么善的成分,他们也认不出来。在这么一个重大问题上,我要问,我们能
506 容许城邦的最优秀人物——我们要把一切都委托给他的——也这么愚昧无知吗?

阿:绝对不行。

苏:总之我认为,一个人如果不知道正义和美怎样才是善,他就没有足够的资格做正义和美的护卫者。我揣测,没有一个人在知道善之前能足够地知道正义和美。

阿:你的揣测很好。

B 苏:因此,只有一个具有这些方面知识的卫护者监督着城邦的政治制度,这个国家才能完全地走上轨道。

XVIII 阿:这是必然的道理。但是,苏格拉底啊,你究竟主张善是知识呢还是快乐呢,还是另外的什么呢?

苏:我一向了解你这个人,我知道你是不会满足于只知道别的人对这些问题的想法的。

阿:苏格拉底啊,须知,像你这样一个研究这些问题已经这么长久了的人,只谈别人的意见不想谈自己的看法,我觉得也是不对的。

C 苏:但是,一个人对自己不懂的东西,你认为他有权利夸夸其谈,好像懂的一样吗?

阿:那样当然不应该;但是,一个人把自己想到的作为意见谈谈也无妨。

苏:你有没有注意到,脱离知识的意见全都是丑的?从其中挑选出最好的来也是盲目的;或者说,你认为那些脱离理性而有某种正确意见的人,和瞎子走对了路有什么不同吗?

阿:没有什么不同。

D 苏:因此,当你可以从别人那儿得知光明的和美的东西时,你还想要看丑的、盲目的和歪曲的东西吗?

格劳孔：真的，不会的。但是，苏格拉底，快到目的地了，你可别折回去呀。你不是曾给正义、节制等作过一个解释吗？你现在也只要给善作一个同样的解释，我们也就满意了。

苏：须知，这样我自己也至少和你们一样满意，我的朋友。但是我担心
我的能力办不到；单凭热情，画虎不成，反惹笑话。我亲爱的朋友们，眼下我
们还是别去解释善到底是什么的问题吧。因为要把我现在心里揣摩到的解 E
释清楚，我觉得眼下还是太难，是我怎么努力也办不到的。但是关于善的儿
子，就是那个看上去很像善的东西，我倒很乐意谈一谈，假如你们爱听一听
的话。要是不爱听，就算了。

格：行，你就讲儿子吧；反正你下次还要还债，给我们讲父亲的。

苏：我倒真希望我能偿清债务一下子就讲父亲，而不是像现在这样只付 507
利息讲儿子[①]，让你也可以连本带利两个方面都听到。但是不管怎么样，你
还是先收下利息，这个善的儿子吧。不过还得请你们小心，别让我无意间讲
错了，误了你们的视听。

格：好，我们尽量当心。你只管讲吧。

苏：好；但是我必须先和你取得一致看法，让你回想一下我在这一讨论过程中提到过的，也曾在别的地方多次提到过的那个说法。

格：什么说法？ B

苏：就是一方面我们说有多种美的东西、善的东西存在，并且说每一种美的、善的东西又都有多个，我们在给它们下定义时也是用复数形式的词语表达的。

格：我们是这样做的。

苏：另一方面，我们又曾说过，有一个美本身、善本身，以及一切诸如此类者本身；相应于上述每一组多个的东西，我们又都假定了一个单一的理念，假定它是一个统一者，而称它为每一个体的实在。

格：我们是这样说的。

苏：我们说，作为多个的东西，是看见的对象，不是思想的对象，理念则 C
是思想的对象，不是看见的对象。

---

① τόκος 这个希腊词有许多词义，包括：(1)孩子；(2)利息。这里是双关语。

格:确乎是这样。

苏:那么,我们是用我们的什么来看可以看见的东西的呢?

格:用视觉。

苏:我们不是还用听觉来听可以听见的东西,用其他的感官来感觉其他可以感觉的东西的吗?

格:当然是这样。

苏:但是你是否注意到过,感觉的创造者在使我们的眼睛能够看见和使事物能够被看见这件事情上,花费了多大的力气吗?

格:我完全没有注意过这一点。

苏:那么就这样来研究这个问题吧。听觉和声音是否需要另一东西,才
D 能够使其一听见和另一被听见,而没有这第三者,则其一便不能听见另一就
不能被听见呢?

格:完全不需要。[①]

苏:我想,许多其他的感觉——我们不说所有其他的感觉——都是不需要这种东西的。然而你知道有什么感觉是需要这种东西的吗?

格:我不知道。

苏:你没有注意到视觉和可见的东西有此需要吗?

格:怎么有此需要的?

苏:你知道,虽然眼睛里面有视觉能力,具有眼睛的人也企图利用这一
视觉能力;虽然有颜色存在,但是,如果没有一种自然而特别适合这一目的
E 的第三种东西存在,那么你知道,人的视觉就会什么也看不见,颜色也不能
被看见。

格:你说的这种东西是什么呀?

苏:我所说的就是你叫做光的那种东西。

格:你说得很对。

508 苏:因此,如果光是可敬的[②],那么把视觉和可见性连结起来的这条纽
带比起连结别的感觉和可感觉性的纽带来,就不是可敬一点点的问题啦!

---

① 柏拉图当时的科学观念大概认为不存在这种介质。

② 或:重要的。

格:应该是大可敬的。

苏:你能说出是天上的哪个神,他的光使我们的眼睛能够很好地看见, XIX
使事物能够很好地被看见吗?

格:大家都会一致认为,你的意思指的显然是太阳。

苏:那么视觉和这个神的关系是不是这样呢?

格:怎样?

苏:不管是视觉本身也好,或者是视觉所在的那个被我们叫做眼睛的器官也好,都不等于就是太阳。

格:当然不是。 B

苏:但是我想,在所有的感觉器官中,眼睛最是太阳一类的东西。

格:是的,它最像太阳。

苏:眼睛所具有的能力作为一种射流,乃取自太阳所放出的射流,是吗?

格:是的。

苏:因此,太阳一方面不是视觉,另一方面是视觉的原因,又是被视觉所看见的,这些不也是事实吗?

格:是的。

苏:因此我们说善在可见世界中所产生的儿子——那个很像它的东
西——所指的就是太阳。太阳跟视觉和可见事物的关系,正好像可理知世 C
界里面善本身跟理性和可理知事物的关系一样。

格:何以是这样的呢?请你再给我解释一下。

苏:你知道,当事物的颜色不再被白天的阳光所照耀而只被夜晚的微光所照的时候,你用眼睛去看它们,你的眼睛就会很模糊,差不多像瞎的一样,就好像你的眼睛里根本没有清楚的视觉一样。

格:的确是这样。

苏:但是我想,当你的眼睛朝太阳所照耀的东西看的时候,你的眼睛就
会看得很清楚,同是这双眼睛,却显得有了视觉。 D

格:是的。

苏:人的灵魂就好像眼睛一样。当他注视被真理与实在所照耀的对象时,它便能知道它们了解它们,显然是有了理性。但是,当它转而去看那暗淡的生灭世界时,它便只有意见了,模糊起来了,只有变动不定的意见了,又

显得好像是没有理性了。

格:是这样。

E 苏:好了,现在你必须承认,这个给予知识的对象以真理、给予知识的主体以认识能力的东西,就是善的理念。它乃是知识和认识中的真理的原因。真理和知识都是美的,但善的理念比这两者更美——你承认这一点是不会
509 错的。正如我们前面的比喻可以把光和视觉看成好像太阳而不就是太阳一样,在这里我们也可以把真理和知识看成好像善,但是不能把它们看成就是善。善是更可敬得多的。

格:如果善是知识和真理的源泉,又在美方面超过这二者,那么你所说的是一种多么美不可言的东西啊!你当然不可能是想说它是快乐吧?

苏:我绝没有这个意思。还是请你再这样来研讨一下这个比喻吧!

B 格:怎么研讨?

苏:我想你会说,太阳不仅使看见的对象能被看见,并且还使它们产生、成长和得到营养,虽然太阳本身不是产生。

格:当然不是。

苏:同样,你也会说,知识的对象不仅从善得到它们的可知性,而且从善得到它们自己的存在和实在,虽然善本身不是实在,而是在地位和能力上都高于实在的东西。

XXC 格:[非常滑稽地]呀!太阳神阿波罗作证!夸张不能再超过这个啦!

苏:责任在你,是你逼着我把我对这个问题的想法说出来的呀!

格:请你继续讲你的想法吧;关于太阳喻如果还有什么话要讲,无论如何请不要漏了。

苏:是的,还有很多话要说。

格:那么请别漏了什么,哪怕一点点。

苏:我将尽力而为;但是我想,有许多东西将不得不略去。

格:别省略。

D 苏:那么请你设想,正如我所说的,有两个王,一个统治着可知世界,另一个统治着可见世界——我不说"天界",免得你以为我在玩弄术语——你是一定懂得两种东西的:可见世界和可知世界。

格:是的,我懂得。

苏:那么请你用一条线来代表它们:把这条线分成不相等的两部分,然
后把这两部分的每一部分按同样的比例再分成两个部分。假定第一次分的
两个部分中,一个部分相当于可见世界,另一个部分相当于可知世界;然后
再比较第二次分成的部分,以表示清楚与不清楚的程度,你就会发现,可见
世界区间内的第一部分可以代表影像。所谓影像我指的首先是阴影,其次 E
是在水里或平滑固体上反射出来的影子或其他类似的东西,你懂我的意 510
思吗?

格:我懂你的意思。

苏:再说第二部分:第一部分是它的影像,它是第一部分的实物,它就是我们周围的动物以及一切自然物和全部人造物。

格:好,就是这样吧。

苏:你是否愿意说,可见世界的这两个部分的比例表示真实性或不真实性程度的比例呢,影像与实物之比正如意见世界与知识世界之比呢?

格:非常愿意这么说。 B

苏:请你再进而考察可知世界划分的方法吧。

格:它是怎样划分的呢?

苏:是这样划分的。这个世界划分成两个部分,在第一部分里面,灵魂把可见世界中的那些本身也有自己的影像的实物作为影像;研究只能由假定出发,而且不是由假定上升到原理,而是由假定下降到结论;在第二部分里,灵魂相反,是从假定上升到高于假定的原理;不像在前一部分中那样使用影像,而只用理念,完全用理念来进行研究。

格:我不完全懂你的意思。

苏:既然这样,我们再来试一试,等我作了一点序文式的解释,你就会更 C
明白我的意思的。我想你知道,研究几何学、算学以及这一类学问的人,首
先要假定偶数与奇数、各种图形、三种角以及其他诸如此类的东西。他们把
这些东西看成已知的,看成绝对假设,他们假定关于这些东西是不需要对他
们自己或别人作任何说明的,这些东西是任何人都明白的。他们就从这些
假设出发,通过首尾一贯的推理最后达到他们所追求的结论。 D

格:是的,这我知道。

苏:你也知道,虽然他们利用各种可见的图形,讨论它们,但是处于他们

思考中的实际上并不是这些图形,而是这些图形所摹仿的那些东西。他们
E 所讨论的并不是他们所画的某个特殊的正方形或某条特殊的对角线等等,而是正方形本身,对角线本身等等。他们所作的图形乃是实物,有其水中的影子或影像。但是现在他们又把这些东西当作影像,而他们实际要求看到
511 的则是只有用思想才能"看到"的那些实在。

格:是的。

XXI 苏:因此这种东西虽然确实属于我所说的可知的东西一类,但是有两点:第一,在研究它们的过程中必须要用假设,灵魂由于不能突破与超出这些假设,因此不能向上活动而达到原理;第二,在研究它们的过程中利用了在它们下面一部分中的那些实物作影像——虽然这些实物也有自己的影像,并且是比自己的影像来得更清楚更重要的。

B 格:我懂得你所说的是几何学和同几何学相近的学科。

苏:至于讲到可知世界的另一部分,你要明白,我指的是逻各斯本身凭着辩证的力量而达到的那种知识。在这里假设不是被用作原理,而是仅仅被用作假设,即,被用作一定阶段的起点,以便从这个起点一直上升到一个高于假设的世界,上升到绝对原理,并且在达到绝对原理之后,又回过头来
C 把握那些以绝对原理为根据提出来的东西,最后下降到结论。在这过程中不靠使用任何感性事物,而只使用理念,从一个理念到另一个理念,并且最后归结到理念。

格:我懂得你的意思了;但是懂得不完全,因为你所描述的这个过程在我看来不是一件简单的事情。不过无论如何我总算懂得了,你的意思是要把辩证法所研究的可知的实在和那些把假设当作原理的所谓技术的对象区
D 别开来,认为前者比后者更实在;虽然研究技术的人[在从假设出发研究时]也不得不用理智而不用感觉,但是由于他们的研究是从假设出发而不上升到绝对原理的,因此你不认为他们具有真正的理性,尽管这些对象在和绝对原理联系起来时是可知的。我想你会把几何学家和研究这类学问的人的心理状态叫做理智而不叫做理性,把理智看成是介乎理性和意见之间的东西。

苏:你很懂得我的意思了。现在你得承认,相应于这四个部分有四种灵魂状态:相当于最高一部分的是理性,相当于第二部分的是理智,相当于第

三部分的是信念,相当于最后一部分的是想象。请你把它们按比例排列起 E
来,给予每一个以和对应部分相当程度的真实性。

格:我懂你的意思,也同意你的意见,并且愿意按照你的意见把它们排列起来。

第七卷

514 苏:接下来让我们把受过教育的人与没受过教育的人的本质比作下述情形。让我们想象一个洞穴式的地下室,它有一长长通道通向外面,洞口外
B 面是自然光。有一些人从小就住在这洞穴里,头颈和腿脚都绑着,不能走动也不能转头,只能向前看着洞穴后壁。让我们再想象在他们背后远处高些的地方有东西燃烧着发出火光。在火光和这些被囚禁者之间,隔着一条路。你还可以看到,沿着路边已筑有一带矮墙。矮墙的作用像傀儡戏演员在自己和观众之间设的一道屏障,他们把木偶举到屏障上头去表演。

格:我看见了。

苏:接下来让我们想象有一些人拿着各种器物举过墙头,从墙后面走
515 过,有的还举着用木料、石料或其他材料制作的假人和假兽。而这些过路人,你可以料到有的在说话,有的不在说话。

格:你说的是一个奇特的比喻和一些奇特的囚徒。

苏:不,他们是一些和我们一样的人。你且说说看,你认为这些囚徒除了火光投射到他们对面洞壁上的阴影而外,他们还能看到自己的或同伴们的什么呢?

B 格:如果他们一辈子头颈被限制了不能转动,他们又怎样能看到别的什么呢?

苏:那么,后面路上人举着过去的东西,除了它们的阴影而外,囚徒们能看到它们别的什么吗?

格:当然不能。

苏:那么,如果囚徒们能彼此交谈,你不认为,他们会断定,他们在讲自己所看到的阴影时是在讲真物本身吗?

格:必定如此。

苏:又,如果一个过路人发出声音,引起囚徒对面洞壁的回声,你不认为,囚徒们会断定,这是他们对面洞壁上移动的阴影发出的吗?

格:他们一定会这样断定的。

苏:因此无疑,这种人不会想到,上述事物除阴影而外还有什么别的 C
实在。

格:无疑的。

苏:那么,请设想一下,如果他们被解除禁锢,矫正迷误,你认为这时他
们会怎样呢?如果真的发生如下的事情:其中有一人被解除了桎梏,被迫突
然站了起来,转头环视,走动,抬头看望火光,你认为这时他会怎样呢?他在
做这些动作时会感觉痛苦的,并且,由于眼花缭乱,他无法看见那些他原来 D
只看见其阴影的实物。如果有人告诉他,说他过去惯常看到的全然是虚假,
如今他由于被扭向了比较真实的器物,比较地接近了实在,所见比较真实
了,你认为他听了这话会说些什么呢?如果再有人把墙头上过去的每一器
物指给他看,并且逼他说出那是些什么,你不认为,这时他会不知说什么是
好,并且认为他过去所看到的阴影比现在所看到的实物更真实吗?

格:更真实得多呀!

苏:如果他被迫看火光本身,他的眼睛会感到痛苦,他会转身走开,仍旧 II E
逃向那些他能够看清而且确实认为比人家所指示的实物还更清楚更实在的
影像的。不是吗?

格:会这样的。

苏:再说,如果有人硬拉他走上陡峭崎岖的坡道,直到把他拉出洞穴见
到了外面的阳光,不让他中途退回去,他会觉得这样被强迫着走很痛苦,并
且感到恼火;当他来到阳光下时,他会觉得眼前金星乱蹦金蛇乱窜,以致无 516
法看见任何一个现在被称为真实的事物的。你不认为会这样吗?

格:噢,的确不是一下子就能看得见的。

苏:因此我认为,要他能在洞穴外面的高处看得见东西,大概需要有一个逐渐习惯的过程。首先大概看阴影是最容易,其次要数看人和其他东西

B 在水中的倒影，再次是看东西本身；经过这些之后他大概会觉得在夜里观察天象和天空本身，看月光和星光，比白天看太阳和太阳光容易。

格：当然啰。

苏：这样一来，我认为，他大概终于就能直接观看太阳本身，看见它的真相了，就可以不必通过水中的倒影或影像，或任何其他媒介中显示出的影像看它了，就可以在它本来的地方就其本身看见其本相了。

格：这是一定的。

苏：接着他大概对此已经可以得出结论了：造成四季交替和年岁周期，
C 主宰可见世界一切事物的正是这个太阳，它也就是他们过去通过某种曲折看见的所有那些事物的原因。

格：显然，他大概会接着得出这样的结论。

苏：如果他回想自己当初的穴居，那个时候的智力水平，以及禁锢中的伙伴们，你不认为，他会庆幸自己的这一变迁，而替伙伴们遗憾吗？

格：确实会的。

苏：如果囚徒们之间曾有过某种选举，也有人在其中赢得过尊荣，而那
D 些敏于辨别而且最能记住过往影像的惯常次序，因而最能预言后面还有什么影像会跟上来的人还得到过奖励，你认为这个既已解放了的人他会再热衷于这种奖赏吗？对那些受到囚徒们尊重并成了他们领袖的人，他会心怀嫉妒，和他们争夺那里的权力地位吗？或者，还是会像荷马所说的那样，他
E 宁愿活在人世上做一个穷人的奴隶，受苦受难，也不愿和囚徒们有共同意见，再过他们那种生活呢？

格：我想，他会宁愿忍受任何苦楚也不愿再过囚徒生活的。

苏：如果他又回到地穴中坐在他原来的位置上，你认为会怎么样呢？他由于突然地离开阳光走进地穴，他的眼睛不会因黑暗而变得什么也看不见吗？

格：一定是这样的。

苏：这时他的视力还很模糊，还没来得及习惯于黑暗——再习惯于黑暗
517 所需的时间也不会是很短的。如果有人趁这时就要他和那些始终禁锢在地穴中的人们较量一下“评价影像”，他不会遭到笑话吗？人家不会说他到上面去走了一趟，回来眼睛就坏了，不会说甚至连起一个往上去的念头都是不

值得的吗？要是把那个打算释放他们并把他们带到上面去的人逮住杀掉是可以的话，他们不会杀掉他吗？

格：他们一定会的。

苏：亲爱的格劳孔，现在我们必须把这个比喻整个儿地应用到前面讲过 III
的事情上去，把地穴囚室比喻可见世界，把火光比喻太阳的能力。如果你把 B
从地穴到上面世界并在上面看见东西的上升过程和灵魂上升到可知世界的
过程联想起来，你就领会对了我的这一解释了，既然你急于要听我的解释。
至于这一解释本身是不是对，这是只有神知道的。但是无论如何，我觉得，
在可知世界中最后看见的，而且是要花很大的努力才能最后看见的东西乃 C
是善的理念。我们一旦看见了它，就必定能得出下述结论：它的确就是一切
事物中一切正确者和美者的原因，就是可见世界中创造光和光源者，在可理
知世界中它本身就是真理和理性的决定性源泉；任何人凡能在私人生活或
公共生活中行事合乎理性的，必定是看见了善的理念的。

格：就我所能了解的而言，我都同意。

苏：那么来吧，你也来同意我下述的看法吧，而且在看到下述情形时别
感到奇怪吧：那些已达到这一高度的人不愿意做那些琐碎俗事，他们的心灵
永远渴望逗留在高处的真实之境。如果我们的比喻是合适的话，这种情形 D
应该是不奇怪的。

格：是不足为怪的。

苏：再说，如果有人从神圣的观察再回到人事；他在还看不见东西还没
有变得足够地习惯于黑暗环境时，就被迫在法庭上或其他什么地方同人家
争讼关于正义的影了或产生影子的偶像，辩论从未见过正义木身的人头脑 E
里关于正义的观念。如果他在这样做时显得样子很难看举止极可笑，你认
为值得奇怪吗？

格：一点也不值得奇怪。

苏：但是，凡有头脑的人都会记得，眼睛有性质不同的两种迷盲，它们是 518
由两种相应的原因引起的：一是由亮处到了暗处，另一是由暗处到了亮处。
凡有头脑的人也都会相信，灵魂也能出现同样的情况。他在看到某个灵魂
发生迷盲不能看清事物时，不会不假思索就予以嘲笑的，他会考察一下，灵
魂的视觉是因为离开了较光明的生活被不习惯的黑暗迷误了的呢，还是由

B 于离开了无知的黑暗进入了比较光明的世界，较大的亮光使它失去了视觉
的呢？于是他会认为一种经验与生活道路是幸福的，另一种经验与生活道
路是可怜的；如果他想笑一笑的话，那么从下面到上面去的那一种是不及从
上面的亮处到下面来的这一种可笑的。

格：你说的非常有道理。

IV 苏：如果这是正确的，那么关于这些事，我们就必须有如下的看法：教育
实际上并不像某些人在自己的职业中所宣称的那样。他们宣称，他们能把
C 灵魂里原来没有的知识灌输到灵魂里去，好像他们能把视力放进瞎子的眼
睛里去似的。

格：他们确曾有过这种说法。

苏：但是我们现在的论证说明，知识是每个人灵魂里都有的一种能力，
而每个人用以学习的器官就像眼睛。——整个身体不改变方向，眼睛是无
法离开黑暗转向光明的。同样，作为整体的灵魂必须转离变化世界，直至它
的“眼睛”得以正面观看实在，观看所有实在中最明亮者，即我们所说的善
D 者。是这样吧？

格：是的。

苏：于是这方面或许有一种灵魂转向的技巧，即一种使灵魂尽可能容易尽可能有效地转向的技巧。它不是要在灵魂中创造视力，而是肯定灵魂本身有视力，但认为它不能正确地把握方向，或不是在看该看的方向，因而想方设法努力促使它转向。

格：很可能有这种技巧。

苏：因此，灵魂的其他所谓美德似乎近于身体的优点，身体的优点确实
E 不是身体里本来就有的，是后天的教育和实践培养起来的。但是心灵的优
点似乎确实有比较神圣的性质，是一种永远不会丧失能力的东西；因所取的
519 方向不同，它可以变得有用而有益也可以变得无用而有害。有一种通常被
说成是机灵的坏人。你有没有注意过，他们的目光是多么敏锐？他们的灵
魂是小[1]的，但是在那些受到他们注意的事情上，他们的视力是够尖锐的。
他们的“小”不在于视力贫弱，而在于视力被迫服务于恶，结果是，他们的视

① “小”这个字的含义，类似我国所谓“君子、小人”中的“小”。

力愈敏锐,恶事就也做得愈多。

格:这是真的。

苏:但是,假设这种灵魂的这一部分从小就已得到锤炼,已经因此如同
释去了重负——这种重负是这个变化世界里所本有的,是拖住人们灵魂的 B
视力,使它只能看见下面事物的那些感官的纵欲,如贪食之类所紧缠在人们
身上的。——假设重负已释,这同一些人的灵魂的同一部分被扭向了真理,
它们看真理就会有同样敏锐的视力,像现在看它们面向的事物时那样。

格:很可能的。

苏:那么,没受过教育不知道真理的人和被允许终生完全从事知识研究
的人,都是不能胜任治理国家的。这个结论不也是很对的,而且还是上述理
论的必然结论吗?因为没受过教育的人不能把自己的全部公私活动都集中
于一个生活目标;而知识分子又不能自愿地做任何实际的事情,而是在自己 C
还活着的时候就想象已离开这个世界进入乐园了。

格:对。

苏:因此,我们作为这个国家的建立者的职责,就是要迫使最好的灵魂
达到我们前面说是最高的知识,看见善,并上升到那个高度;而当他们已到 D
达这个高度并且看够了时,我们不让他们像现在容许他们做的那样。

格:什么意思?

苏:逗留在上面不愿再下到囚徒中去,和他们同劳苦共荣誉,不论大小。

格:你这是说我们要委曲他们,让他们过较低级的生活了,在他们能过较高级生活的时候?

苏:朋友,你又忘了,我们的立法不是为城邦任何一个阶级的特殊幸福, V E
而是为了造成全国作为一个整体的幸福。它运用说服或强制,使全体公民
彼此协调和谐,使他们把各自能向集体提供的利益让大家分享。而它在城
邦里造就这样的人,其目的就在于让他们不致各行其是,把他们团结成为一 520
个不可分的城邦公民集体。

格:我忘了。你的话很对。

苏:那么,格劳孔,你得看到,我们对我们之中出现的哲学家也不会是不公正的;我们强迫他们关心和护卫其他公民的主张也是公正的。我们将告诉他们:“哲学家生在别的国家中有理由拒不参加辛苦的政治工作,因为他

B 们完全是自发地产生的,不是政府有意识地培养造就的;一切自力更生不是
被培养而产生的人才不欠任何人的情,因而没有热切要报答培育之恩的心
情,那是正当的。但是我们已经培养了你们——既为你们自己也为城邦的
C 其他公民——做蜂房中的蜂王和领袖;你们受到了比别人更好更完全的教
育,有更大的能力参加两种生活①。因此你们每个人在轮值时必须下去和
其他人同住,习惯于观看模糊影像。须知,一经习惯,你就会比他们看得清
楚不知多少倍的,就能辨别各种不同的影子,并且知道影子所反映的东西
的,因为你已经看见过美者、正义者和善者的真实。因此我们的国家将被我
D 们和你们清楚地管理着,而不是像如今的大多数国家那样被昏昏然地管理
着,被那些为影子而互相殴斗,为权力——被当作最大的善者——而相互争
吵的人统治着。事实是:在凡是被定为统治者的人最不热心权力的城邦里
必定有最善最稳定的管理,凡有与此相反的统治者的城邦里其管理必定是
最恶的。”

格:一定的。

苏:那么,我们的学生听到我们的这种话时,还会不服从,还会在轮到每个人值班时拒绝分担管理国家的辛劳吗(当然另一方面,在大部分的时间里他们还是被允许一起住在上面的)?

E 格:拒绝是不可能的。因为我们是在向正义的人提出正义的要求。但
是,和当前每个国家中的统治者相反,他们担任公职一定是把它当作一种义
不容辞的事情看待的。

苏:因为,事实上,亲爱的朋友,只有当你能为你们未来的统治者找到一
521 种比统治国家更善的生活时,你才可能有一个管理得好的国家。因为,只有
在这种国家里才能有真正富有的人来统治。当然他们不是富有黄金,而是
富有幸福所必需的那种善的和智慧的生活。如果未来的统治者是一些个人
福利匮乏的穷人,那么,当他们投身公务时,他们想到的就是要从中攫取自
己的好处,如果国家由这种人统治,就不会有好的管理。因为,当统治权成
B 了争夺对象时,这种自相残杀的争夺往往同时既毁了国家也毁了统治者
自己。

① 哲学生活和政治生活。

格:再正确不过。

苏:除了真正的哲学生活而外,你还能举出别的什么能轻视政治权力的?

格:的确举不出来。

苏:但是我们就是要不爱权力的人掌权。否则就会出现对手之间的争斗。

格:一定的。

苏:那么,除了那些最知道如何可使国家得到最好管理的人,那些有其他报酬可得,有比政治生活更好的生活的人而外,还有什么别的人你可以迫使他们负责护卫城邦的呢?

格:再没有别的人了。

苏:于是,你愿意让我们来研究如下的问题吗?这种人才如何造就出 VI C
来?如何把他们带到上面的光明世界,让他们像故事里说的人从冥土升到天上那样?

格:当然愿意。

苏:这看来不像游戏中翻贝壳那样容易,这种心灵从朦胧的黎明转到真正的大白天,上升到我们称之为真正哲学的实在。

格:无疑的。

苏:那么,我们难道不应该研究一下,什么学问有这种能耐?

格:当然应该。 D

苏:那么,格劳孔,这种把灵魂拖着离开变化世界进入实在世界的学问是什么呢?说到这里我想起了:我们不是曾经说过吗,这种人年轻的时候必须是战场上的斗士?

格:我们是说过这话的。

苏:因此,我们正在寻找的这门学问还必须再有一种能耐。

格:什么能耐?

苏:对士兵不是无用的。

格:如果可能的话,当然必须有。

苏:前面我们曾经让他们受体操和音乐教育。 E

格:是的。

苏:体操关心的是生灭事物①;因为它影响身体的增强与衰弱。

格:这很明白。

522 苏:因此,它不会是我们所寻觅的那门学问。

格:不是的。

苏:那么,这门学问是我们前面描述过的音乐教育吗?

格:如果你还记得的话,音乐是和体育相对的,它通过习惯②以教育护卫者,以音调培养某种精神和谐(不是知识),以韵律培养优雅得体,还以故事(或纯系传说的或较为真实的)的语言培养与此相近的品质。可是这些

B 途径没有任何一个是能通向你所正在寻求的那种善的。

苏:你的记忆再准确不过了。因为事实上其中没有这类的因素。但是,啊呀,格劳孔,那么我们寻求的这种学问是什么呢?因为手工技艺似乎又全都是有点低贱的。

格:确实是的。可是除去音乐、体操和手艺,剩下的还有什么别的学问呢?

苏:这样吧,如果我们除此之外再想不出什么别的了,我们就来举出一个全都要用到的东西吧。

C 格:那是什么?

苏:嗯,例如一个共同的东西——它是一切技术的、思想的和科学的知识都要用到的,它是大家都必须学习的最重要的东西之一。

格:什么东西?

苏:一个平常的东西,即分别"一""二""三",总的说,就是数数和计算。一切技术和科学都必须做这些,事实不是这样吗?

格:是这样。

苏:战术不也要做这些吗?

格:必定的。

D 苏:因此巴拉米德斯每次在舞台上出现就使阿伽门农成了一个极可笑的将军。巴拉米德斯宣称,他发明了数目之后组织排列了在特洛亚的大军

---

① 体操与可变世界联系。

② 习惯或意见,与真正的知识相对。

中的各支部队,点数了船只和其他一切;仿佛在这之前它们都没有被数过,而阿伽门农看来也不知道自己有多少步兵,既然他不会数数。你是否注意过这些?还有,在那种情况下,你认为阿伽门农是一个什么样的将军呢?

格:我看他是一个荒谬可笑的将军,如果那是真的话。

苏:那么,我们要不要把能计算和数数定为一个军人的必不可少的本 VII E
领呢?

格:这是最不可少的本领,如果他要能够指挥军队,甚至只是为了要做好一个普通人。

苏:那么,你是不是同我一样想的是这门学问呢?

格:哪一门学问?

苏:它似乎就是我们正在寻找的那些本性能引领思想的学问之一。但 523
是没有一个人在正确地使用它,虽然它确实能引导灵魂到达实在。

格:你说的什么意思?

苏:我将努力把我心里的想法解释给你听,我将告诉你,我是如何在自己心里区分两种事物的——有我所指的那种牵引力的事物和没有那种牵引力的事物。如果你愿和我一起继续讨论下去,并且告诉我,你同意什么不同意什么,那时我们就会更清楚,我的想法对不对了。

格:请说吧。

苏:好,你知道感觉中的东西有些是不需要求助于理性思考的,因为感 B
官就能胜任判断了。但是还有一些是需要求助于理性的,因为感官对它们
不能作出可靠的判断。

格:你显然是指的远处的东西或画中的东西。

苏:你完全没有领会我的意思。

格:那么,你说的是什么意思呢?

苏:不需要理性思考的东西我是指的不同时引起相反感觉的东西,需要
理性帮助的东西我是指的那些能同时引起相反感觉的东西(这时感官无法 C
作出明确的判断),与距离的远近无关。我作了如下说明之后,你就更明白
了。例如这里有三个手指头:小指、无名指、中指。

格:好。

苏:我举手指为例,请你别忘了我是把它们当作近处可见的东西。但是

关于它们我还要你注意一点。

格:哪一点?

D 苏:每一个指头看上去都一样是一个指头,在这方面无论它是中间的那个还是两边上的某一个,是白的还是黑的,是粗的还是细的,等等,都无所谓。因为这里没有什么东西要迫使平常人的灵魂再提出或思考究竟什么是手指的问题了,因为视觉官能从未同时向心灵发出信号,说手指也是手指的相反者。

格:是的。

苏:这种感觉当然是不会要求或引起理性思考的。

E 格:当然。

苏:但是手指的大和小怎么样呢:区别它们是大还是小,视觉能胜任吗?
哪一个手指在中间哪一个在边上对视觉有什么分别吗?同样,触觉能区分
524 粗和细、软和硬吗?在认识这一类性质时,不是事实上所有的感觉都有缺陷
吗?它们是像下述这样起作用的:首先例如触觉,既关系着硬,就必定也关系着软,因此它给灵魂传去的信号是:它觉得同一物体又是硬的又是软的。不是这样吗?

格:是这样。

苏:如果触觉告诉灵魂,同一物体是硬的也是软的,心灵在这种情况下
一定要问,触觉所说的硬是什么意思,不是吗?或者,如果有关的感觉说,重
B 的东西是轻的,或轻的东西是重的,它所说的轻或重是什么意思?

格:的确,这些信息是心灵所迷惑不解的,是需要加以研究的。

苏:因此,在这种情况下,灵魂首先召集计算能力和理性,努力研究,传来信息的东西是一个还是两个。

格:当然。

苏:如果答案说是两个,那么其中的每一个都是不同的一个吗?

格:是的。

苏:因此,如果各是一个,共是两个,那么,在理性看来它们是分开的两个;因为,如果它们不是分离的,它就不会把它们想作两个,而想作一个了。

C 格:对的。

苏:我们说过,视觉也看见大和小,但两者不是分离的而是合在一起的。

是吧？

格：是的。

苏：为了弄清楚这一点，理性"看"大和小，不得不采取和感觉相反的方法，把它们分离开来看，而不是合在一起看。

格：真的。

苏：接着我们不是要首先面临这样一个问题吗：大和小究竟是什么？

格：一定的。

苏：这就是我们所以使用"可知事物"和"可见事物"这两名称的原因。

格：太对了。 D

苏：我刚才说有的事物要求思考而有的事物不要求思考，并且把那些同 VIII
时给感官以相反刺激的事物定义为要求思考的事物，把那些不同时造成相
反刺激的事物定义为不要求理性思考的事物。我说这些话正是在努力解释
这个意思。

格：现在我明白了，并且跟你的看法一致了。

苏：那么，你认为数和"一"属于这两种事物中的哪一种呢？

格：我不知道。

苏：那你就根据我们已说过的话进行推理吧。因为，如果"一"本身就
是视觉所能完全看清楚的，或能被别的感觉所把握的，它就不能牵引心灵去 E
把握实在了，像我们在以手指为例时所解释的那样。但是，如果常常有相反
者与之同时被看到，以致虽然它显得是一个，但同时相反者也一样地显得是
一个，那么，就会立刻需要一个东西对它们作出判断，灵魂就会因而迷惑不
解，而要求研究，并在自身内引起思考时，询问这种"一"究竟是什么。这样 525
一来，对"一"的研究便会把心灵引导到或转向到对实在的注视上去了。

格：关于"一"的视觉确实最有这种特点，因为我们能看见同一事物是一，同时又是无限多。

苏：如果这个原理关于"一"是真的，那么也就关于所有的数都是真的，不是吗？

格：当然。

苏：还有，算术和算学全是关于数的。

格：当然。

B 苏:这个学科看来能把灵魂引导到真理。

格:是的。它超过任何学科。

苏:因此,这个学科看来应包括在我们所寻求的学科之中。因为军人必须学会它,以便统帅他的军队;哲学家也应学会它,因为他们必须脱离可变世界,把握真理,他们须成为真正的计算者。

格:是的。

苏:我们的护卫者既是军人又是哲学家。

格:当然。

苏:因此,格劳孔,算学这个学问看来有资格被用法律规定下来;我们应
当劝说那些将来要在城邦里身居要津的人学习算术,而且要他们不是马马
C 虎虎地学,是深入下去学,直到用自己的纯粹理性看到了数的本质,要他们
学习算术不是为了做买卖,仿佛在准备做商人或小贩似的,而是为了用于战
争以及便于将灵魂从变化世界转向真理和实在。

格:你说得太好了。

苏:而且,既然提到了学习算术的问题,我觉得,如果人们学习它不是为
D 了做买卖而是为了知识的话,那么它是一种精巧的对达到我们目的有许多
用处的工具。

格:为什么?

苏:正如我们刚刚说的,它用力将灵魂向上拉,并迫使灵魂讨论纯数本
身;如果有人要它讨论属于可见物体或可触物体的数,它是永远不会苟同
E 的。因为你一定知道,精于算术的人,如果有人企图在理论上分割“一”本
身,他们一定会讥笑这个人,并且不承认的,但是,如果你要用除法把“一”
分成部分,他们就要一步不放地使用乘法对付你,不让“一”有任何时候显
得不是“一”而是由许多个部分合成的。

格:你的话极对。

526 苏:格劳孔,假如有人问他们:“我的好朋友,你们正在论述的是哪一种数呀?——既然其中‘一’是像你们所主张的那样,每个‘一’都和所有别的‘一’相等,而且没有一点不同,‘一’内部也不分部分。”你认为怎么样?你认为他们会怎么答复?

格:我认为他们会说,他们所说的数只能用理性去把握,别的任何方法

都不行。

苏:因此,我的朋友,你看见了,这门学问看来确是我们所不可或缺的
呢,既然它明摆着能迫使灵魂使用纯粹理性[①]通向真理本身。 B

格:它确实很能这样。

苏:再说,你有没有注意到过,那些天性擅长算术的人,往往也敏于学习其他一切学科;而那些反应迟缓的人,如果受了算术的训练,他们的反应也总会有所改善,变得快些的,即使不谈别的方面的受益?

格:是这样的。

苏:其次,我认为,我们不容易发现有什么学科学习起来比算术更难的, C
像它一样难的也不多。

格:确实如此。

苏:因所有这些缘故,我们一定不要疏忽了这门学问,要用它来教育我们的那些天赋最高的公民。

格:我赞成。

苏:那么,这门功课就定下来了算是一门。下面让我们再来考虑接在它 IX
后面的一门功课,看它对我们是否有用。

格:哪一门功课?你是说的几何学吗?

苏:正是它。

格:它在军事上有用是很明显的。因为,事关安营扎寨、划分地段,以及 D
作战和行军中排列纵队、横队以及其他各种队形,指挥官有没有学过几何学
是大不一样的。

苏:不过,为满足军事方面的需要,一小部分几何学和算术知识也就够
了。这里需要我们考虑的问题是,几何学中占大部分的较为高深的东西是 E
否能帮助人们较为容易地把握善的理念。我们认为每一门迫使灵魂转向真
实之这一最神圣部分所在的学科都有这种作用——这部分是灵魂一定要努
力看的。

格:你说得对。

---

① 或"理性本身"。

苏:如果它迫使灵魂看实在,它就有用。如果它迫使灵魂看产生世界[①],它就无用。

格:我们也这样认为。

527 苏:于是几何科学的作用正好和它的行家们使用的语言中表现出来的完全相反——这一点即使那些对几何学只有粗浅了解的人也是不会持异议的。

格:怎么的?

苏:他们的话再可笑不过,虽然也不得不这么说。例如他们谈论关于“化方”“作图”“延长”等等时,都仿佛是正在做着什么事,他们的全部推理
B 也都为了实用。而事实上这门科学的真正目的是纯粹为了知识。

格:绝对正确。

苏:关于下述这一点我们还能一定有一致意见吗?

格:哪一点?

苏:几何学的对象乃是永恒事物,而不是某种有时产生和灭亡的事物。

格:这是没有疑问的:几何学是认识永恒事物的。

苏:因此,我的好朋友,几何学大概能把灵魂引向真理,并且或许能使哲学家的灵魂转向上面,而不是转向下面,像我们如今错做的那样了。

格:一定能如此。

C 苏:因此,你一定得要求贵理想国的公民重视几何学。而且它还有重要的附带好处呢。

格:什么附带的好处?

苏:它对战争有用,这你已经说过了。我们也知道,它对学习一切其他功课还有一定的好处,学过几何学的人和没有学过几何学的人在学习别的学科时是大不同的。

格:真的,非常不同。

苏:那么,让我们定下来吧:几何学作为青年必学的第二门功课。可以吗?

格:定下来吧。

---

① 或“生灭世界”“可变世界”。

苏:我们把天文学定为第三门功课,你意下如何? D X
格:我当然赞同。对年、月、四季有较敏锐的理解,不仅对于农事、航海
有用,而且对于行军作战也一样是有用的。
苏:真有趣,你显然担心众人会以为你正在建议一些无用的学科。但是
这的确不是件容易事:相信每个人的灵魂里有一个知识的器官,它能够在被
习惯毁坏了迷盲了之后重新被建议的这些学习除去尘垢,恢复明亮。(维护 E
这个器官比维护一万只眼睛还重要,因为它是唯一能看得见真理的器官。)
和我们一起相信这一点的那些人,他们会认为你的话是绝顶正确的,但是那
些对此茫无所知的人,他们自然会认为你说的尽是废话,因为他们看不到这
些学习能带来任何值得挂齿的益处。现在请你自己决定和哪一方面讨论
吧。或者不和任何一方面讨论,你做这些论证主要只是为了你自己,虽然无 528
意反对任何别人也从中得到益处。
格:我宁肯这样,我论述、我提问、我回答主要为我自己。
苏:那么,你得稍微退回去一点,因为我们在讨论了几何学之后接着讨
论的那个科目选得不对。
格:怎么选得不对?
苏:我们讨论过了平面之后,还没有讨论纯立体本身,便直接去讨论有
运动的立体事物了。正确的做法应从第二维依次进到第三维。我认为,第 B
二维乃是立方体和一切具有厚度的事物所具有的。
格:是这样。但是,苏格拉底啊,这个学科似乎还没有得到很好的发展。
苏:没有得到发展的原因有二。第一,没有一个城邦重视它,再加上它
本身难度大,因此人们不愿意去研习它。第二,研习者须有人指导,否则不
能成功;而导师首先是难得,其次,即使找到了,按照当前的时风,这方面的
研习者也不见得能虚心接受指导。但是,如果整个城邦一起来管理提倡这 C
项事业,研习者就会听从劝告了;持久奋发的研究工作就能使立体几何这个
学科的许多课题被研究清楚。虽则现在许多人轻视它,研习者也因不了解
它的真正作用而不能正确对待它,因而影响了它的发展,但它仍然以自己固
有的魅力,克服了种种障碍,得到了一定的进步,甚至即使它被研究清楚了,
我们也不以为怪。 D
格:它的确很有趣味很有魅力。但是请你把刚才的话说得更清楚些,你

刚才说几何学是研究平面的。

苏:是的。

格:然后,你接着先是谈天文学,后来又退了回来。

苏:须知,我这是欲速不达呀。本来在平面几何之后应当接着谈立体几何的,但由于它还欠发达,我在匆忙中忽略了它,而谈了天文学;天文学是讨论运动中的立体的。

E 格:是的,你是那样做的。

苏:那么,让我们把天文学作为第四项学习科目吧,假定被忽略了未加讨论的那门科学在城邦管理下有作用的话。

格:这很好。另外,苏格拉底,你刚才抨击我,说我评论天文学动机不高尚,有功利主义,我现在不这样做啦,我要用你的原则来赞美它。我想,大家

529 都知道,这个学科一定是迫使心灵向上看,引导心灵离开这里的事物去看高处事物的。

苏:或许大家都知道,只是我除外,因为我不这样认为。

格:你认为怎样呢?

苏:像引导我们掌握哲学的人目前那样地讨论天文学,我认为,天文学只能使灵魂的视力大大地向下转。

格:为什么?

苏:我觉得,你对于"学习上面的事物"理解不低级;你或许认为,凡是

B 抬起头来仰望天花藻井的,都是在用灵魂而非用眼睛学习。或许你是对的,我是无知的。因为除了研究实在和不可见者外我想不出任何别的学习能使灵魂的视力向上。如果有人想研究可见事物,无论是张开嘴巴向上望①还是眨巴着眼睛向下看,我都不会认为他是在真正学习(因为任何这类的事

C 物都不可能包含有真正的知识),我也不会认为他的灵魂是在向上看。即使他仰卧着学习(在陆上或海上),我还是认为他是在向下看。

XI 格:我错了,你批评得对。你认为学习天文学不应该像如今这样学,那么你主张怎么个学法呢,如果为达到我们的目的必须学习它?

苏:我说,这些天体装饰着天空,虽然我们把它们视为可见事物中最美

① 借阿里斯托芬措辞。见喜剧《云》17a。

最准确者是对的，但由于它们是可见者，所以是远不及真实者，亦即具有真 D
实的数和一切真实图形的，真正的快者和慢者的既相关着又托载着的运动
的。真实者是仅能被理性和思考所把握，用眼睛是看不见的。你或许有不
同的想法吧？

格：不，完全没有。

苏：因此，我们必须把天空的图画只用作帮助我们学习其实在的说明
图，就像一个人碰巧看见了代达罗斯或某一别的画家或画匠特别细心地画 E
出来的设计图时那样。因为任何具有几何知识的人，看到这种图画虽然都
会称羡画工的巧妙，但是，如果见到别人信之为真，想从图画上找到关于相
等、成倍或其他比例之绝对真理，他们也会认为这是荒谬的。 530

格：怎能不荒谬呢？

苏：一个真正的天文学家在举目观察天体运动时，你不认为他会有同样
的感觉吗？他会认为天的制造者已经把天和天里面的星体造得不能再好
了，但是，他如果看到有人认为，有一种恒常的绝对不变的比例关系存在于
日与夜之间、日夜与月或月与年之间，或还有其他星体的周期与日、月、年之 B
间以及其他星体周期相互之间，他也会认为这种想法是荒谬的。它们全都
是物质性的可见的，在其中寻求真实是荒谬的。

格：现在听你这么一说，我赞成你的话了。

苏：因此，如果我们要真正研究天文学，并且正确地使用灵魂中的天赋
理智的话，我们就也应该像研究几何学那样来研究天文学，提出问题解决问 C
题，而不去管天空中的那些可见的事物。

格：你这是要将研究天文学的工作搞得比现在烦难好多倍呀！

苏：我想，如果我们要起作为立法者的任何作用的话，我们就还要再提
出其他一些类似的要求。你有什么别的合适的学科要建议的吗？ XII

格：我一下子说不上来。

苏：照我看，运动不是只有一种而是有多种。列举所有运动种类或许是 D
哲人的事情，但即使是我们，也能说出其中两种来。

格：哪两种？

苏：一是刚才说的这个天文学，另一是和它成对的东西。

格：是什么呢？

苏:我认为我们可以说,正如眼睛是为天文而造的那样,我们的耳朵是为和谐的声音而造的;这两个学科,正如毕达哥拉斯派所主张,我们也赞同的那样,格劳孔,它们是兄弟学科。对吗?

格:对。

E 苏:既然事关重大,那么我们要不要去问一问毕达哥拉斯派学者们,看他们对此有何高见,以及此外还有什么别的主张?不过,这里我们还是要始终注意我们自己的事情。

格:什么事情?

苏:让我们的学生不要企图学习任何不符合我们目标的,结果总是不能达到那个应为任何事物之目的者的东西,像我们刚才讨论天文学时说的那
531 样。或者,你还不知道,他们研究和音问题时在重复研究天文时的毛病呢。他们像天文学者一样,白白花了许多辛苦去听音,并把可听音加以比量。

格:真是这样。他们也真荒谬。他们谈论音程,并仔细认真地听,好像听隔壁邻居的谈话一样。有的说自己能分辨出两个音之间的另一个音来,它是一个最小的音程,是计量单位。而另一些人则坚持说这些音没什么不
B 同。他们全都宁愿用耳朵而不愿用心灵。

苏:你是在讲那些名人,他们拷打琴弦,把它们绞在弦柱上想拷问出真话来;我本可以继续比喻下去,说关于这些音乐家对琴弦的敲打,他们对琴弦的指控以及琴弦的无耻抵赖,但是我还是要丢开这个比喻,因为我对这些人没有像对毕达哥拉斯派(我们刚才说要问他们关于和音问题的)那么重
C 视。因为他们正是做的天文学家们做的那种事情:他们寻求可闻音之间数的关系,从不深入到说明问题,考察什么样数的关系是和谐的,什么样数的关系是不和谐的,各是为什么。

格:须知,这不是一般人办得到的。

苏:如果目的是为了寻求美者和善者,我说这门学问还是有益的,如果是为了别的目的,我说它是无益的。

格:这是很可能的。

XIII 苏:我还认为,如果研究这些学科深入到能够弄清它们之间的相互联系
D 和亲缘关系,并且得出总的认识,那时我们对这些学科的一番辛勤研究才有一个结果,才有助于达到我们的既定目标,否则就是白费辛苦。

格:我也这样认为。但是,苏格拉底,这意味着大量的工作呀!

苏:你是指的序言[①],对不对?你不知道吗,所有这些学习不过是我们
要学习的法律正文前面的一个序言?我想你是不会把精通上述学科的人当
作就是辩证法家的。 E

格:的确不会的,除了极少数我碰到过的例外。

苏:一个人如果不能对自己的观点作出逻辑的论证,那么他能获得我们主张他应当具备的任何知识吗?

格:是不能的。 532

苏:到此,格劳孔,这不已经是辩证法订立的法律正文了吗?它虽然属
于可知世界,但是我们可以在前面说过的那个视觉能力变化过程中看到它
的摹本:从看见阴影到企图看见真的动物,然后能看得见星星,最后看得见
太阳本身。与此类似,当一个人企图靠辩证法通过推理而不管感官的知觉,
以求达到每一事物的本质,并且一直坚持到靠思想本身理解到善者的本质 B
时,他就达到了可理知事物的顶峰了,正如我们比喻中的那个人达到可见世
界的顶峰一样。

格:的确是的。

苏:那么怎么样?你不想把这个思想的过程叫做辩证的过程吗?

格:当然想。

苏:一个人从桎梏中解放出来,从阴影转向投射阴影的影像[②]再转向火
光,然后从洞穴里上升到阳光下,这时他还不能直接看动物、植物和阳光,只
能看见水中的神创幻影和真实事物的阴影(不是那个不及太阳真实的火光 C
所投射的影像的阴影)。我们考察的这些科学技术的全部这一学习研究过
程能够引导灵魂的最善部分上升到看见实在的最善部分,正如在我们的那
个比喻中人身上最明亮的东西被转向而看见可见物质世界中最明亮的东西 D
那样。[③]

格:我同意这个说法。虽然我觉得一方面很难完全赞同,但另一方面又

---

① 像法律正文之前有序文一样,学习辩证法要先学数学、天文等科学。

② “影像”,指比喻中物体。

③ 前者指眼睛,后者指太阳。

很难不赞同。不管怎么说——既然我们不是只许听这一次,而是以后还要多次重复听讲的——让我们假定这些事就像刚才说的那样吧,让我们往下
E 进至讨论法律正文,并且像讨论序文一样地来讨论它吧。那么请告诉我们,辩证法有何种能力?它分哪几种?各用什么方法?因为这些问题的答案看来或可把我们带到休息地,达到旅程的终点。

533 苏:亲爱的格劳孔,你不能跟着我再一道前进了,这倒不是因为我这方面不愿意如此,而是因为现在我要你看的将不再是我们用作比喻的影像了,而是事物的实在本身了,当然是尽它让我看见的——虽然我们不能断定我们所看见的这东西正好就是实在,但是可以肯定,我们必须要看见的实在就是某一这类的东西。你说是吗?

格:当然是的。

苏:我们是否还可以宣布,只有辩证法有能力让人看到实在,也只让学习过我们所列举的那些学科的人看到它,别的途径是没有的,对吗?

格:这个论断我们也可以肯定是对的。

B 苏:这一点无论如何是不会有人和我们唱反调,认为还有任何别的研究途径,可以做到系统地在一切情况下确定每一事物的真实本质的。而一切其他的技术科学则完全或是为了人的意见和欲望,或是为了事物的产生和制造,或是为了在这些事物产生出来或制造出来之后照料它们;至于我们提
C 到过的其余科学,即几何学和与之相关的各学科,虽然对实在有某种认识,但是我们可以看到,它们也只是梦似地看见实在,只要它们还在原封不动地使用它们所用的假设而不能给予任何说明,它们就还不能清醒地看见实在。因为,如果前提是不知道的东西,结论和达到结论的中间步骤就也是由不知道的东西组成的,这种情况下结果的一致又怎能变成真正的知识呢?

格:是无论如何也不能的。

XIV 苏:因此,辩证法是唯一的这种研究方法,能够不用假设而一直上升到第一原理本身,以便在那里找到可靠根据的。当灵魂的眼睛真的陷入了无
D 知的泥沼时,辩证法能轻轻地把它拉出来,引导它向上,同时用我们所列举的那些学习科目帮助完成这个转变过程。这些学科我们常常根据习惯称它们为一门一门的知识,实际上我们需要一个另外的名称,一个表明它比意见
E 明确些又比知识模糊些的名称。我们在前面用过"理智"这个名称。但是

我觉得,在有如此重大的课题放在我们面前需要讨论的情况下,我们不必为了一个字而去辩论了。

格:是的。

苏:那么让我们满足于前面用过的那些个名称吧,①把第一部分叫做理
性,第二部分叫做理智,第三部分叫做信念,第四部分叫做想象;又把第三部 534
分和第四部分合称意见,把第一部分和第二部分合称知识;意见是关于产生
世界的,知识是关于实在的;知识和意见的关系就像实在和产生世界的关
系,理性和信念的关系、理智和想象的关系也像知识和意见的关系。至于和
这些灵魂状态对应的事物之间的关系,以及它们再各细分为两部分,能意见
的部分和能理知的部分;这些问题,格劳孔,我们还是别去碰它吧,免得我们
被卷进一场更长时间的辩论中去。

格:行,在我能跟着你的范围内,我赞同你关于其余部分的看法。 B

苏:一个能正确论证每一事物的真实存在的人你不赞成把他叫做辩证法家吗?一个不能这样做,即不能对自己和别人作出正确论证的人,你不赞成说他没有理性,不知道事物的实在吗?

格:我怎能不赞成呢?

苏:这个说法关于善者不也同样合适吗?一个人如果不能用论证把善
者的理念和其他一切事物区分开来并给它作出定义,不能像在战场上经受
攻击那样经受得住各种考验,并竭力用实在而不是用意见考察一切事物,在 C
正确的方向上将论证进行到底而不出现失误,他如果缺乏这种能力,你就会
说他并不真的知道善本身和任何特殊的善者;但是如果他触及它的大概轮
廓,他便对它只有意见而没有知识,他这一辈子便都是在打瞌睡做迷梦,在 D
还没醒过来之前便已进入阴曹地府,长眠地下了。是这样吗?

格:真的,我完全赞成你的说法。

苏:但是,如果你竟事实上教育起目前你还只是在口头上教育的你们的那些孩子,我想你一定不会容许他们来统治国家决定国家大事的,既然他们像几何学上的无理线那样的无理性。

格:当然不会容许的。

---

① 见前面511D—E。

苏:因此你得用法律规定他们要特别注意训练培养自己用最科学的方法提问和回答问题的能力。

E 格:我要照你的意思制订这样的法令。

苏:那么,你是不是同意,辩证法像墙头石一样,被放在我们教育体制的最上头,再不能有任何别的学习科目放在它的上面是正确的了,而我们的学
535 习课程到辩证法也就完成了?

格:我同意。

XV 苏:那么,现在剩下来还要你去做的事情就是选定谁去研习这些功课,如何选法。

格:显然是的。

苏:那么,你记不记得,我们前面在选择统治者时选的那种人?

格:当然记得。

苏:那么,就大多数方面而言,你得认为,我们必须挑选那些具有同样天赋品质的人。必须挑选出最坚定、最勇敢、在可能范围内也最有风度的人。
B 此外,我们还得要求他们不仅性格高贵严肃而且还要具有适合这类教育的天赋。

格:你想指出哪些天赋呢?

苏:我的朋友啊,他们首先必须热爱学习,还要学起来不感到困难。因为灵魂对学习中的艰苦比对体力活动中的艰苦是更为害怕得多的,因为这种劳苦更接近灵魂,是灵魂所专受的,而不是和肉体共受的。

格:对。

C 苏:我们还要他们强于记忆。百折不挠、喜爱一切意义上的劳苦。否则你怎能想象,他们有人肯忍受肉体上的一切劳苦并完成如此巨大的学习和训练课程呢?

格:除了天赋极好的人外,是没有人能这样的。

苏:我们当前的错误以及由此而产生的对哲学的轻蔑,如我前面说过的,在于它的伙伴和追求者不配做它的伙伴和追求者。他们不应当是螟蛉假子而应当是真子。

格:我不明白。

D 苏:首先,有志于哲学者对待劳苦一定不能持瘸子走路式的态度,不能

半个人爱劳动,半个人怕劳动。假如一个人喜爱打猎、角斗和各种体力方面的劳动,却不爱学习、听讲、研究和各种诸如此类智力上的劳动,就是如此。以相反的方式只喜爱智力方面劳动的也是像瘸子走路。

格:你的话再正确不过了。

苏:关于真实,我们不也要把下述这种人的灵魂同样看作是残废的吗?
他嫌恶有意的虚假,不能容忍它存在于自己身上,看到别人有这种毛病更是 E
非常生气,但又心甘情愿地接受无意的虚假,当他暴露出自己缺乏知识时却并不着急,若无其事地对待自己的无知,像一只猪在泥水中打滚一样。

格:完全应该把这种人的灵魂看作残废。 536

苏:关于节制、勇敢、宽宏大量以及所有各种美德,我们也必须一样警惕地注意假的和真的。因为,如果个人或国家缺乏这种辨别真假所必需的知识,他就会无意中错用一个跛子或假好人做他个人的朋友或国家的统治者。

格:是会这样的。

苏:我们必须留心避免一切这类的错误。如果我们挑出了身心健全的 B
人并且让他们受到我们长期的教导和训练,正义本身就不会怪罪我们了,我们就是维护了我们的城邦和社会制度。如果我们挑选了另一种人,结果就会完全相反,我们就将使哲学遭到更大的嘲弄。

格:那的确将是一件可耻的事情。

苏:事情虽然的确如此,但是我认为这刻儿我正在使自己显得有点可笑。

格:为什么?

苏:我忘了我们不过是在说着笑话玩儿,我竟这么态度严肃认真起来 C
了。须知,我在说话的过程中一眼瞥见了哲学,当我看到它受到不应有的毁谤时,产生了反感,在谈到那些应对此负责的人时,我说话太严肃了,好像在发怒了。

格:但是说真话,我听起来并不觉得过分严肃。

苏:但是,作为说话的人,我自己觉得太严肃了。然而我们一定不能忘了,我们从前总是选举老年人,但是这里不行。梭伦曾说人老来能学很多东
西。我们一定不要相信他这话。人老了不能多奔跑,更不能多学习。一切 D
繁重劳累的事情只有年轻时能胜任。

格:这是一定的道理。

XVI 苏:那么,算学、几何以及一切凡是在学习辩证法之前必须先行学习的预备性科目,必须趁他们还年轻时教给他们,当然不是采用强迫方式。

格:为什么?

E 苏:因为一个自由人是不应该被迫地进行任何学习的。因为,身体上的被迫劳累对身体无害,而被迫进行的学习却是不能在心灵上生根的。

格:真的。

537 苏:因此,我的朋友,请不要强迫孩子们学习,要用做游戏的方法。你可以在游戏中更好地了解到他们每个人的天性。

格:你的话很有道理。

苏:你有没有忘了,我们也曾说过,必须让我们的孩子骑着马到战场上去看看打仗,在安全的地方则还要让他们靠近前沿,像小野兽那样尝尝血腥味?

格:我还记得。

苏:在所有这些劳苦的身体锻炼、学习和战争恐怖中总是表现得最能干的那些孩子,应当被挑选出来。

B 格:在几岁上?

苏:在必要的体育训练一过去的时候。因为这段时间里——或两年或三年——他们是不能干别的事的。极度的疲劳和长时间的睡眠是学习的敌人,加之,考察他们每个人在体操方面的表现也是对他们整个考察的一个很重要的组成部分。

格:当然。

苏:这段时间过去之后,从二十岁起,被挑选出来的那些青年将得到比
C 别人更多的荣誉,他们将被要求把以前小时候分散学习的各种课程内容加以综合,研究它们相互间的联系以及它们和事物本质的关系。

格:这是能获得永久知识的唯一途径。

苏:这也是有无辩证法天赋的最主要的试金石。因为能在联系中看事物的就是一个辩证法者,不然就不是一个辩证法者。

格:我同意。

D 苏:你应当把这些天赋上的条件牢记在心,在第一次挑选出来的那些在

学习、战争以及履行其他义务中表现得坚定不移的青年里再作第二次挑选，选出其中最富这些天赋条件的青年，在他们年满三十的时候，给他们以更高的荣誉，并且用辩证法考试他们，看他们哪些人能不用眼睛和其他的感官，跟随着真理达到纯实在本身。只是在这里，我的朋友啊，你必须多加小心才好。

格：为什么这里必须特别小心呢？

苏：你有没有注意到，当前在搞辩证法上所引起的恶果？ E

格：什么恶果？

苏：搞辩证法的人违反法律。

格：确有其事。

苏：你认为他们这种心灵状态有什么可惊奇的地方，并且认为这是不可原谅的吗？

格：什么意思？

苏：可以打个比方。譬如有个养子养于一富裕的人口众多的大家庭之
中，周围有许多逢迎阿谀的人侍候着他。到成年时他知道了，原来自称是他 538
父母的人并不是他的父母，但他又找不到自己的真父母。你想想看，他在知道这个真情之前和之后，对那些逢迎之徒和假父母将有什么想法呢？也许，你是不是想听听我的推测？

格：我愿意。

苏：我的推测如下。在他还不知道真情的时候，比之对周围的谀媚之 XVII
徒，他会更多地尊重他所谓的父亲、母亲以及其他的亲属，更多地关心他们 B
的需要，更少想对他们做什么非法的事说什么非法的话，或在重大的事情上不听从他们的劝告。

格：很可能是这样的。

苏：但是，在他发现了真情之后，我推测，他对父母亲人的尊重和忠心将变得日益减退，转而关心起那些谀媚之徒来。他将比以前更注意后者，并从
此开始按他们的规矩生活，和他们公开结合，同时对养父和收养他的其他亲 C
人变得完全不关心了。除非他的天性特别正，才不会这样。

格：你说的这一切是很可能发生的。但是这个比喻如何和从事哲学辩证的人联系起来呢？

苏:兹说明如下。什么是正义的?什么是光荣的?我们从小就已有了对这些问题的信念。我们就在这种观念中长大,好像在父母哺育下长大成人一样。我们服从它们,尊重它们。

D 格:是的。

苏:但是还另有与此相反的习惯风尚。它们由于能给人快乐而对人的灵魂具有蛊惑力和吸引力,虽然它不能征服任何正派的人,正派人仍然尊重和服从父亲的教诲。

格:确有这种习惯和风尚。

苏:那么,"什么是光荣?"当一个人遇到了这样的问题,并且根据从立法者那里学得的道理回答时,他在辩论中遭到反驳;当他多次被驳倒并且在
E 许多地方被驳倒时,他的信念就会动摇,他会变得相信,光荣的东西也不比可耻的东西更光荣;而当他在关于正义、善以及一切他们主要尊重的东西方面都有了同样的感受时,你试想,此后在尊重和服从这些传统方面他会怎样行事呢?

格:他一定不会还跟以前一样地尊重和服从了。

苏:当他已经不再觉得以前的这些信条,必须受到尊重和恪守,但真理
539 又尚未找到时,他会转而采取哪一种生活呢?他不去采取那种能蛊惑他的生活吗?

格:会的。

苏:于是我们将看到他由一个守法者变成一个违法者。

格:必然的。

苏:然而所有这一切乃是这样地从事哲学辩论的一个自然的结果,并且,如我刚才说过的,又是很可原谅的。是吗?

格:是的。并且也是很可怜的。

苏:为了你可以不必可怜你的那些三十岁的学生,在你如何引导他们进行这种辩论的问题上必须非常谨慎。是吗?

格:是的。

B 苏:不让他们年纪轻轻就去尝试辩论,这不是一个很重要的预防办法吗?我认为你一定已经注意到了,年轻人一开始尝试辩论,由于觉得好玩,便喜欢到处跟人辩论,并且模仿别人的互驳,自己也来反驳别人。他们就像

小狗喜欢拖咬所有走近的人一样，喜欢用言辞咬人。

格：完全是这样。

苏：当他们许多次地驳倒别人，自己又许多次地被别人驳倒时，便很快
陷入了对从前以为正确的一切的强烈怀疑。结果是损坏了自己和整个哲学 C
事业在世人心目中的信誉。

格：再正确不过了。

苏：但是一个年龄大些的人就不会这样疯狂，他宁可效法那些为寻找真
理而进行辩驳的人，而不会效法那些只是为了磨嘴皮子玩儿的人。因此他
本人会是一个有分寸的人。他能使他所研究的哲学信誉提高而不是信誉 D
降低。

格：对。

苏：上面所有这些话我们说出来正是为了预防这一点。我们要求被允许参与这种讨论的人必须是具有适度和坚定品格的人，而不能是随便什么不合格的人，像现在那样。是这样吗？

格：完全是的。

苏：那么，像在相应的体操训练中一样，坚持不断地专心致志地学习辩 XVIII
证法，用两倍于体操训练的时间够不够呢？ E

格：你是说用六年或者四年？

苏：嗯，定为五年吧。因为，在这之后你还得派他再下到地洞里去，强迫
他们负责指挥战争或其他适合青年人干的公务，让他们可以在实际经验方
面不低于别人，还必须让他们在这些公务中接受考验，看他们是否能在各种
诱惑面前坚定不移，或者，看他们是否会畏缩、出轨。 540

格：这个阶段你给多长时间？

苏：十五年。到五十岁上，那些在实际工作和知识学习的一切方面都以
优异成绩通过了考试的人必须接受最后的考验。我们将要求他们把灵魂的
目光转向上方，注视着照亮一切事物的光源。在这样地看见了善本身的时
候，他们得用它作为原型，管理好国家、公民个人和他们自己。在剩下的岁 B
月里他们得用大部分时间来研究哲学；但是在轮到值班时，他们每个人都要
不辞辛苦管理繁冗的政治事务，为了城邦而走上统治者的岗位——不是为
了光荣而是考虑到必要。因此，当他们已经培养出了像他们那样的继承人，

可以取代他们充任卫国者的时候,他们就可以辞去职务,进入乐土,在那里
定居下来了。国家将为他们建立纪念碑,像祭神那样地祭祀他们,如果庇西
C 亚的神示能同意的话。否则也得以神一般的伟人规格祭祀他们。

格:啊,苏格拉底,你已经像一个雕刻师那样最完美地结束了你塑造统治者形象的工作了。

苏:格劳孔啊,这里谈的统治者也包括妇女在内。你必须认为,我所说的关于男人的那些话一样适用于出身于他们中间的妇女们,只要她们具备必要的天赋。

格:对,如果她们要和男人一样参与一切活动,像我们所描述的那样。

D 苏:我说,我们关于国家和政治制度的那些意见并非全属空想;它的实
现虽然困难,但还是可能的,只要路子走得对,像我们前面说过的那样做。
只要让真正的哲学家,或多人或一人,掌握这个国家的政权。他们把今人认
E 为的一切光荣的事情都看作是下贱的无价值的,他们最重视正义和由正义
而得到的光荣,把正义看作最重要的和最必要的事情,通过促进和推崇正义
使自己的城邦走上轨道。你看我说得对吗?

格:怎么做呢?

541 苏:他们将要求把所有十岁以上的有公民身份的孩子送到乡下去,他们
把这些孩子接受过来,改变他们从父母那里受到的生活方式影响,用自己制
定的习惯和法律(即我们前面所描述的)培养他们成人。这是我们所述及
B 的国家和制度借以建立起来,得到繁荣昌盛,并给人民带来最大福利的最便
捷的途径。

格:这确是非常便捷之径。我认为,苏格拉底啊,如果这种国家要得到实现的话,你已经很好地说明了它的实现方法了。

苏:至此我们不是已经充分地谈过了我们的这种国家以及与之相应的那种人了吗?须知,我们会提出需要什么样的人,这无疑是一清二楚的。

格:我想我已经回答完了你的问题了。这也是很清楚的。

第八卷

苏:很好,格劳孔,到这里我们一致同意:一个安排得非常理想的国家, I 543
必须妇女公有,儿童公有,全部教育公有。不论战时平时,各种事情男的女
的一样干。他们的王则必须是那些被证明文武双全的最优秀人物。

格:这些我们是意见一致的。

苏:其次,我们也曾取得过一致意见:治理者一经任命,就要带领部队驻 B
扎在我们描述过的那种营房里;这里的一切都是大家公有,没有什么是私人
的。除了上述营房而外,你还记得吗,我们同意过他们还应该有些什么
东西?

格:是的,我记得。我们原来认为他们不应当有一般人现在所有的那些
个东西。但是由于他们要训练作战,又要做护法者,他们就需要从别人那里 C
每年得到一年的供养,作为护卫整个国家的一种应有的报酬。

苏:你的话很对。我们已经把这方面所有的话都讲过了。请告诉我,我
们是从哪里起离开本题的?让我们还是回到本题去,言归正传吧。

格:要回到本题,那时(也可说刚刚)是并不难的。假定那时你已把国
家描写完毕,并进而主张,你所描述的那种国家和相应的那种个人是好的,
虽然我们现在看来,你还可以描写得更好些。无论如何,你刚才是说,如果 D
这国家是正确的,其他种种的国家必定是错误的。我还记得,你说过其他国 544
家制度有四种,这四种国家制度是值得考察其缺点和考察其相应的代表人
物的。当我们弄清楚了这些问题,对哪些是最善的人,哪些是最恶的人,这
些问题都取得了一致意见时,我们就可以确定最善的人是不是最幸福的,最

恶的人是不是最痛苦的；或者，是不是情况正好反过来？当我问起四种政制
B 你心里指的是哪四种时，玻勒马霍斯和阿得曼托斯立即插了进来，你就从头
重讲了起来，一直讲到现在。

苏：你的记忆力真了不得！

格：那么，让我们像摔跤一样，再来一个回合吧。当我问同样的问题时，
请你告诉我，你那时本想说什么的。

苏：尽我所能。

C 格：我本人的确极想听你说一说，四种政制你指的是什么？

苏：这并不难。我所指的四种制度正是下列有通用名称的四种。第一
种被叫做斯巴达和克里特政制，受到广泛赞扬的。第二种被叫做寡头政制，
少数人的统治，在荣誉上居第二位，有很多害处的。第三种被叫做民主政
制，是接着寡头政制之后产生的，又是与之相反对的。最后，第四种，乃是与
D 前述所有这三种都不同的高贵的僭主政制，是城邦的最后的祸害。你还能
提出任何别种政制的名称吗？所谓别种政制，我是指的能构成一个特殊种
的。有世袭的君主国，有买来的王国，以及其他介于其间的各种类似的政治
制度。在野蛮人中比在希腊人中，这种小国似乎为数更多。

格：许多离奇的政治制度，确曾听到传说过。

II 苏：那么，你一定知道，有多少种不同类型的政制就有多少种不同类型
的人们性格。你不要以为政治制度是从木头里或石头里产生出来的。不是
E 的，政治制度是从城邦公民的习惯里产生出来的；习惯的倾向决定其他一切
的方向。

格：制度正是由习惯产生，不能是由别的产生的。

苏：那么，如果有五种政治制度，就应有五种个人心灵。

格：当然。

苏：我们已经描述了与贵族政治或好人政治相应的人，我们曾经正确地
说他们是善者和正义者。

545 格：我们已经描述过了。

苏：那么，下面我们要考察一下较差的几种。一种是好胜争强、贪图荣
名的人，他们相应于斯巴达类型的制度；依次往下是：寡头分子、民主分子和
僭主。这样我们在考察了最不正义的一种人之后就可以把他和最正义的人

加以比较,最后弄清楚纯粹正义的人与纯粹不正义的人究竟哪一个快乐哪一个痛苦。这以后我们便可以或者听信色拉叙马霍斯,走不正义的路,或者相信我们现在的论述,走正义之路了。 B

格:无论如何,下一步我们一定要这样做。

苏:我们先来考察国家制度中的道德品质,然后再考察个人的道德品质,因为国家的品质比个人品质容易看得清楚。因此,现在让我们首先来考察爱荣誉的那种政制;在希腊文中我们找不到别的名词,只好叫它荣誉统治 C
或荣誉政制。然后我们将联系这种制度考察这种个人。其次考察寡头政制和寡头式的个人;接下来考察民主政制和民主式的个人;最后我们来到僭主统治的国家考察,再看一看僭主式的个人心灵。于是我们就可以试着来正确判断我们面临的问题了。你说这样做好吗?

格:我至少要说这是很合论证程序的研究方法与判断方法。

苏:好。那么,让我们来谈荣誉政制是怎样从贵族政制产生出来的。我 III
想,有一件事是很显然的。政治制度的变动全都是由领导阶层的不和而起 D
的。如果他们团结一致,哪怕只有很少的一致,政治制度变动也是不可能的。

格:这是真的。

苏:那么,格劳孔,我们的国家怎样才会起动乱的呢?我们的帮助者统治者怎样会彼此互相争吵同室操戈的呢?或者,你要不要我们像荷马那样祈求文艺女神告诉我们内讧是怎样第一次发生的呢?我们要不要想象这些 E
文艺之神像逗弄小孩子一样地,用悲剧的崇高格调一本正经地对我们说话呢?

格:怎么说呢?

苏:大致如下。一个建立得这么好的国家,要动摇它颠覆它确是不容易 546
的;但是,既然一切有产生的事物必有灭亡,这种社会组织结构当然也是不能永久的,也是一定要解体的。情况将如下述。不仅地下长出来的植物而且包括地上生出来的动物,它们的灵魂和躯体都有生育的有利时节和不利时节;两种时节在其循环转满了一圈时便周期地来到了。(活的时间长的东西周期也长,活的时间短的东西周期也短。)你们为城邦培训的统治者尽管 B
是智慧的,他们也不能凭感官观察和理性思考永远准确无误地为你们的种

族选定生育的大好时节,他们有时会弄错,于是不适当地生了一些孩子。神
圣的产生物有一个完善的数的周期;而有灭亡的产生物周期只是一个最小
的数——一定的乘法(控制的和被控制的,包括三级四项的),用它通过使
有相同单位的有理数相似或不相似,或通过加法或减法,得出一个最后的得
C 数。其4对3的基本比例,和5结合,再乘三次,产生出两个和谐;其中之一
是等因子相乘和100乘同次方结合的产物,另一是有的相等有的不相等的
因子相乘的产物,即,其一或为有理数(各减“1”)的对角线平方乘100,或为
无理数(各减“2”)平方乘100,另一为“3”的立方乘100①。这全部的几何数
D 乃是这事(优生和劣生)的决定性因素。如果你们的护卫者弄错了,在不是
生育的好时节里让新郎新娘结了婚,生育的子女就不会是优秀的或幸运的。
虽然人们从这些后代中选拔最优秀者来治理国家,但,由于他们实际上算不
上优秀,因此,当他们执掌了父辈的权力成为护卫者时,他们便开始蔑视我
们这些人,先是轻视音乐教育,然后轻视体育锻炼,以致年轻人愈来愈缺乏
E 教养。从他们中挑选出来的统治者已经丧失了真正护卫者的那种分辨金
547 种、银种、铜种、铁种——赫西俄德说过的,我们也说过的——的能力了。而
铁和银、铜和金一经混杂起来,便产生了不平衡:不一致和不和谐——不一
致和不和谐在哪里出现就在哪里引起战争和仇恨。不论冲突发生在何时何
地,你都必须认为这就是这种血统的冲突。

格:我们将认为女神的答复是正确的。

苏:既是女神,她们的答复必定是正确的。

B 格:女神接下去还会说些什么呢?

苏:这种冲突一经发生,统治者内部两种集团将采取两种不同的方向;
铜铁集团趋向私利,兼并土地房屋、敛聚金银财宝;而金银集团则由于其自
身心灵里拥有真正的财富而趋向美德和传统秩序;他们相互斗争,然后取得
C 某种妥协,于是分配土地、房屋,据为私有,把原先的朋友和供养人变成边民
和奴隶。护卫者本来是保卫后一类人的自由,终生专门从事战争捍卫他们
的,现在却变成奴役他们和压迫他们的人了。

① 柏拉图这里神秘地使用几何数的关系,说明天道有常。在吉利时节生的孩子才有智慧和好运,将来统治国家才能造福人民。

格:我以为,变动便是从这里发生的。

苏:那么,这种制度不是介于贵族制和寡头制之间的某种中间制度吗?

格:正是的。

苏:变动即如上述。变动后的情况会怎样呢?既然这种制度介于贵族 IV
制和寡头制之间,那么很显然,在有些事情上它就会像前一种制度,在另一 D
些事情上它又会像后一种制度。此外,也很显然,它会有自身的某些特点。
不是吗?

格:是这样。

苏:尊崇统治者,完全不让战士阶级从事农业、手工业和商业活动,规定公餐,以及统治者终生从事体育锻炼、竞技和战争——所有这些方面使它像前一种国家制度,不是吗?

格:是的。

苏:但是,不敢让智慧者执掌国家权力(因为国家现有的这些智者已不 E
再是从前那种单纯而忠诚的人物了,他们的品质已经混杂了),而宁可选择
较为单纯而勇敢的那种人来统治国家。这是一些不适于和平而更适于战争
的人,他们崇尚战略战术,大部分时间都在从事战争。——这些特征大都是 548
这种国家所特有的。不是吗?

格:是的。

苏:这种统治者爱好财富,这和寡头制度下的统治者相像。他们心里暗
自贪图得到金银,他们有收藏金银的密室,住家四面有围墙;他们有真正的
私室,供他们在里边挥霍财富取悦妇女以及其他宠幸者。 B

格:极是。

苏:他们一方面爱钱,另一方面又不被许可公开捞钱,所以他们花钱也
会是很吝啬的,但是他们很高兴花别人的钱以满足自己的欲望。他们由于
轻视了真正的文艺女神,这些哲学和理论之友,由于重视了体育而放弃了音
乐教育,因而受的不是说服教育而是强制教育。所以他们秘密地寻欢作乐, C
避开法律的监督,像孩子逃避父亲的监督一样。

格:你非常出色地描述了一个善恶混杂的政治制度。

苏:是的,已经混杂了。但是这种制度里勇敢起主导作用,因而仅有一个特征最为突出,那就是好胜和爱荣誉。

格:完全是这样。

苏:这种制度的起源和本性即如上所述,如果我们可以仅仅用几句话勾
D 勒一种制度的概貌而不必详加列举的话。因为这种概述已足够让我们看见
哪种人是最正义的哪种人是最不正义的了,而将各种形式的制度和各种习
性的人列举无遗也不是切实可行的。

格:对。

V 苏:与我们刚才概述的这种制度相应的个人是什么样的人呢?这种人
是怎么产生的?他们有怎样的性格特征?

E 阿得曼托斯:我想,这种人在好胜这一点上,近似格劳孔。

苏:在这一点上或许近似,但是在下述方面,我认为他们的性格不像他。

阿:在哪些方面?

苏:他们必须是比较自信的和比较缺乏文化的,但还喜爱文化喜爱听讲
549 的,虽然本人决不长于演讲。这种人对待奴隶的态度是严厉的,而不像一个
受过充分教育的人那样只是保持对他们的优越感。他们对自由人态度是和
蔼的,对长官是恭顺的。他们爱掌权爱荣誉,但不是想靠了能说会道以及诸
如此类的长处,而是想靠了战功和自己的军人素质达到这个目标。他们喜
爱锻炼身体,喜爱打猎。

阿:是的,这是和那种制度相适应的习性。

B 苏:这种人年轻时也未必重视钱财,但是随着年龄的增长,就会愈来愈
爱财了。这是因为随着年龄的增长他们的天性开始接触爱财之心,由于失
去了最善的保障,向善之心也不纯了。

阿:这个最善的保障你指的什么?

苏:掺合着音乐的理性。这是人一生美德的唯一内在保障,存在于拥有
美德的心灵里的。

阿:说得好。

苏:相应于爱荣誉的城邦的爱荣誉的年轻人的性格就是这样。

阿:完全对。

C 苏:这种性格是大致如下述这样产生的。譬如有个年轻人,他的父亲是
善的,住在一个政局混乱的城邦里。他不要荣誉、权力、也不爱诉讼以及一
切诸如此类的无事生非,为了少惹麻烦他宁愿放弃一些自己的权利。

阿:他的儿子怎么变成爱荣誉的呢?

苏:起初他听到他母亲埋怨说,他的父亲不当统治者,致使她在妇女群
中也受到轻视;当她看到丈夫不大注意钱财,在私人诉讼和公众集会上与人 D
不争,把所有这类事情看得很轻,当她看到丈夫全神贯注于自己的心灵修
养,对她也很淡漠,既无尊重也无不敬,看到所有这些情况她叹着气对儿子
说,他的父亲太缺乏男子汉气概,太懒散了。还有妇女们在这种场合惯常唠 E
叨的许多别的怨言。

阿:的确有许多这一类的怨言。

苏:你知道这种人家有些仆人表面上很忠实,同样会背了主人向孩子讲
这类话。他们看见欠债的或为非作歹的,主人不去控告,他们便鼓励孩子将
来长大起来要惩办那种人,比父亲做得更像一个堂堂的男子汉。孩子走到
外面去,所闻所见,也莫非如此。安分守己的人,大家瞧不起,当作笨蛋;到 550
处奔走专管闲事的人,反而得到重视,得到称赞。于是这个年轻人一方面耳
濡目染外界的这种情况,另一方面听惯了父亲的话语,并近看过父亲的举止
行为,发现与别人的所言所行,大相径庭。于是两种力量争夺青年有如拔河
一样,父亲灌输培育他心灵上的理性,别人的影响增强他的欲望和激情。他 B
由于不是天生的劣根性,只是在和别人的交往中受到了坏影响,两种力量的
争夺使他成了一个折衷性的人物,自制变成了好胜和激情之间的状态,他成
了一个傲慢的喜爱荣誉的人。

阿:我觉得你已经准确地描述了这种人的产生过程了。

苏:这样说来,我们对于第二类型国家制度和第二类型个人的描写可告 C
一段落了。

阿:是的。

苏:那么,我们要不要接下去像埃斯库罗斯所说的那样,谈论与另一种 VI
国家对应的另一种人呢?或者还是按照我们的计划,先谈论国家,后说个
人呢?

阿:当然先说国家。

苏:第三个类型的国家制度,据我看来,该是寡头政治了。

阿:这是什么制度?你懂得寡头政治是什么制度?

苏:是一种根据财产资格的制度。政治权力在富人手里,不在穷人 D

手里。

阿:我懂得。

苏:我们首先必须说明,寡头政治如何从荣誉政治产生出来的,是吗?

阿:是的。

苏:说实在的,这个产生过程就是一个瞎子也会看得清清楚楚的。

阿:这是怎么一回事?

苏:私人手里的财产,能破坏荣誉政治。这些人想方设法挥霍浪费,违
E 法乱纪,无恶不作。男人如此,女人们也跟在后面依样效尤。

阿:很可能的。

苏:据我看来,他们然后互相看着,互相模仿,统治阶级的大多数人形成了同一种风气。

阿:很可能的。

苏:长此下去,发了财的人,越是要发财,越是瞧得起钱财,就越瞧不起善德。好像在一个天平上,一边往下沉,一边就往上翘,两边总是相反,不是吗?

阿:确是如此。

551 苏:一个国家里尊重了钱财,尊重了有钱财的人,善德与善人便不受尊重了。

阿:显然是这样。

苏:受到尊重的,人们就去实践它,不受尊重的,就不去实践它。总是这样的。

阿:是的。

苏:于是,终于,好胜的爱荣誉的人变成了爱钱财的人了。他们歌颂富人,让富人掌权,而鄙视穷人。

阿:完全是这样的。

B 苏:这时他们便通过一项法律来确定寡头政制的标准,规定一个最低限度的财产数目;寡头制程度高的地方这个数目大些,寡头制程度低的地方规定的数目就小些。法律宣布,凡财产总数达不到规定标准的人,谁也不得当选。而这项法律的通过则是他们用武力来实现的,或者用恐吓以建立起自己的政府后实现的。你说寡头制是这样实现的吗?

阿:是的。

苏:那么,寡头政制的建立可说就是这样。

阿:是的。但是这种制度有什么特点?我们说它有什么毛病呢? C

苏:首先,表明制度本质的那个标准是有问题的。假定人们根据财产标 VII
准来选择船长,那么一个穷人虽然有更好的航海技术,也是不能当选的。

阿:那么,他们就会把一次航行搞得很糟。

苏:关于其他任何需要领导的工作,道理不也是一样的吗?

阿:我个人认为是的。

苏:政治除外吗?还是说,也是这个道理呢?

阿:政治上尤其应该这样,因为政治上的领导是最大最难的领导。

苏:因此寡头政治的一个毛病就在这里。 D

阿:显然是的。

苏:那么,这是一个比较小的毛病吗?

阿:什么?

苏:这样的城邦必然不是一个而是两个,一个是富人的国家,一个是穷人的国家,住在一个城里,总是在互相阴谋对付对方。

阿:说真的,这个毛病一点不小。

苏:在这种制度下很可能无法进行战争,这是它的另一个毛病。它的少数统治者要打仗,非武装人民群众不可。但是,他们害怕人民甚于害怕敌
人。如果不武装人民群众,而是亲自作战,他们会发现自己的确是孤家寡 E
人,统辖的人真是少得可怜了。此外,他们又贪财而吝啬。

阿:这真是个不光彩的毛病。

苏:还有一种现象,即同一人兼有多种不同的职业,既做农民,又做商
人,又要当兵。对这种现象你觉得怎么样?我们以前曾责备过这种事,现在 552
你看这样对吗?

阿:当然不对。

苏:下面让我们来考虑一下,这种制度是不是最早允许这种毛病中之最大者存在的?

阿:最大的毛病你指的什么?

苏:允许一个人出卖自己的全部产业,也允许别人买他的全部产业。卖

完了以后,还继续住在这个城里,不作为这个国家的任何组成部分,既非商人,又非工人,既非骑兵,又非步兵,仅仅作为一个所谓的穷人或依附者。

B 阿:是的。这是有这种情况发生的最早一个国家体制。

苏:在寡头制度里,没有什么法令是可以阻止这种情况发生的。否则就不会有的人变成极富有些人变得极穷了。

阿:对。

苏:还有一点请注意。即,当一个人在花费自己财富时,他在上述几个方面对社会有什么益处吗?或者,他是不是仅仅看上去像属于统治阶级,事实上既不领导别人,又不在别人领导下为社会服务,而只是一个单纯的生活资料的消费者呢?

C 阿:他就只是一个消费者,不管看上去像什么样的人。

苏:我们是不是可以称他为雄蜂?他在国家里成长,后来变为国家的祸害,像雄蜂在蜂房里成长,后来变为蜂房的祸害一样。

阿:这是一个恰当的比喻,苏格拉底。

苏:阿得曼托斯,你同意不同意这个看法:天生所有能飞的雄蜂,都没有刺,但是人类中的雄蜂就有不同,有些没有刺,有些有很可怕的刺;那些没有
D 刺的老来成为乞丐,那些有刺的就成了一些专干坏事的人了。

阿:很对。

苏:因此可见,在任何一个国家里,你在哪里看到有乞丐,也就在那里附近藏匿着小偷、扒手、抢劫神庙的盗贼,以及其他为非作歹的坏人。

阿:这是很明显的。

苏:那么,在寡头制城邦里你看到乞丐了吗?

阿:除了统治阶级以外差不多都是的。

E 苏:那么我们是否可以认为,这里也有大量有刺的雄蜂,即罪犯,被统治者严密地控制着呢?

阿:我们可以这样认为。

苏:那么,我们是不是可以说,这种公民的出现是由于这里缺少好的教育,好的培养和好的政治制度的缘故呢?

阿:可以这么说。

苏:不管怎么说,寡头政治就是这个样子。刚才所说这些,或许不止这

些，大概就是寡头制城邦的毛病。

阿：你说得差不多啦。 553

苏：因此，这种由财产资格决定统治权力的，被人们叫做寡头政治的制度，我们就说这些吧。接下去让我们讲与此相应的个人吧，让我们讲这种人的产生和他的性格特征。

阿：好。

苏：我以为从爱好荣誉的人转变到爱好钱财的人，大都经过如下的过 VIII
程。是吗？

阿：什么样的过程？

苏：爱好荣誉的统治者的儿子，起初效法他的父亲，亦步亦趋，后来看到
父亲忽然在政治上触了礁，人财两空——原先或许已是一个将军或掌握了 B
其他什么大权，后来被告密，受到法庭审判，被处死或流放，所有财产都被没收了。

阿：这是很可能发生的。

苏：我的朋友，这个儿子目击了这一切，经受了这一切，又丧失了家产，
我想他会变得胆小，他灵魂里的荣誉心和好胜心会立即动摇，他会因羞于贫 C
穷而转向挣钱，贪婪地、吝啬地，节省苦干以敛聚财富。你不认为这种人这时会把欲望和爱财原则奉为神圣，尊为心中的帝王，饰之以黄金冠冕，佩之以波斯宝刀吗？

阿：我是这样认为的。

苏：在这原则统治下，我认为理性和激情将被迫折节为奴。理性只被允 D
许计算和研究如何更多地赚钱，激情也只被允许崇尚和赞美财富和富人，只以致富和致富之道为荣耀。

阿：从好胜型青年到贪财型青年，再没有什么比这一变化更迅速更确定不移的了。

苏：这种青年不就是寡头政治型的人物吗？ E

阿：不管怎么说，我们这里所说的这种年轻人，反正是从和寡头政治所从发生的那种制度相对应的那种人转变来的。

苏：那么，让我们来看看这种人和这种制度有没有相似的特征。 554

阿：看吧。

IX 苏:他们的第一个相似特征不就是崇拜金钱吗?

阿:当然是的。

苏:他们的第二个相似特征不是省俭和勤劳吗?他们但求满足基本需要,绝不铺张浪费,其他一些欲望均被视为无益,加以抑制。

阿:正是。

苏:他实在是个寸利必得之徒,不断地积攒,是大家称赞的一种人。这
B 种人的性格不是恰恰与寡头制度对应一致的吗?

阿:我很同意。财富是最为这种国家和这种个人所重视的东西。

苏:据我看,这是因为这种人从来没有注意过他自己的文化教育。

阿:我想他没有注意过;否则他断不会选一个盲人做剧中的主角,让他得到最大荣誉的。[①]

苏:说得好。但请考虑一下,由于他们缺乏教养,雄蜂的欲念在他们胸中萌发,有的像乞丐,有的像恶棍。但由于他们的自我控制,自我监管,这些
C 欲念总算被压制下去了。我们能不能这样说呢?

阿:当然可以这样说。

苏:那么,你从什么地方可以看出这些人的恶棍特征呢?

阿:你说呢?

苏:从他们监护孤儿上面可以看出来,从他们为非作歹而不受惩罚时可以觉察出来。

阿:诚然。

苏:很清楚,在交易往来,签订契约方面,他们有似乎诚实的名声。这是
D 他们心灵中比较善良的部分起了作用,把心中邪恶的欲望压了下去——不是用委婉的劝导,也不是用道理说服,而是用强迫恐吓的方法,要自己为了保住财产而小心谨慎。

阿:完全是这样。

苏:我的好朋友,说真的,他们中大多数人一有机会花别人的钱时,你就能在他们身上看到有雄蜂似的嗜欲。

阿:肯定如此。

---

① 古希腊人相传,财神是个瞎子。阿里斯托芬有剧本《财神》传世。

苏:因此,这种人无法摆脱内心矛盾。他不是事实上的一个人,而是某种双重性格的人。然而一般讲来,他的较善的要求总能战胜较恶的要求。 E

阿:确是如此。

苏:因此,我以为,这种人或许要比许多其他的人更体面些可敬些;但是心灵自身和谐一致的真正的至善,在他身上是找不到的,离他远远的。

阿:我也这样想。

苏:再说,省俭吝啬者本人在城邦里往往是一个软弱的竞争者,难以取 555
得胜利和光荣。他们不肯花钱去争名夺誉,担心激起自己花钱的欲望来帮助赢得胜利支持好胜心。他们只肯花费一小部分钱财,作真正孤家寡人般的战斗。于是战斗失败了,他们的财富保全了!

阿:的确是这样。

苏:那么,对于吝啬的只想赚钱的人物与寡头政体的对应一致,我们还有什么怀疑的吗?

阿:一点没有了。 B

苏:我们下一步看来要讨论平民政治的起源和本性,进而讨论与之相类 X
似的个人品格了。我们还要把这种人和别种人物加以比较,作出我们的判断。

阿:这至少是个前后一贯的研究程序。

苏:那么,从寡头政治过渡到平民政治是不是经过这样一个过程——贪得无厌地追求最大可能的财富?

阿:请详为说明。 C

苏:统治者既然知道自己的政治地位靠财富得来,他们就不愿意用法律来禁止年轻人中出现的挥霍浪费祖产的现象;他们借钱给这些浪荡子,要他们用财产抵押,或者收买他们的产业,而自己则变得愈来愈富有,愈有影响和声誉。

阿:正是。

苏:崇拜财富与朴素节制的生活不能并存,二者必去其一。这个道理在一个国家的人民中不是不言而喻的吗? D

阿:这是不言而喻的。

苏:这样,一方面丝毫不能自制,一方面又崇拜金钱,铺张浪费,寡头社会里这种鼓励懒散和放荡的结果往往不断地把一些世家子弟变成为无产的贫民。

阿:是的,往往如此。

苏:我想,他们有的负债累累,有的失去了公民资格,有的两者兼有,他
们武装了,像有刺的雄蜂,同吞并了他们产业的以及其他的富而贵者住在一
E 个城里,互相仇恨,互相妒忌,他们急切地希望革命。

阿:是这样。

苏:但是,那些专讲赚钱的人们,终日孜孜为利,对这些穷汉熟视无睹,
只顾把自己金钱的毒饵继续抛出去,寻找受骗的对象,用高利率给以贷款,
556 仿佛父母生育子女一样,使得城邦里的雄蜂和乞丐繁殖起来,日益增多。

阿:结果必然如此。

苏:当这种恶的火焰已经燃烧起来时,他们还不想去扑灭它,或用一项禁止财产自由处置的法令,或用一项其他的适当法令。

阿:什么法律?

苏:不是一项最好法律,而是一项次于最好的法律,可以强使公民们留
B 意道德的。如果有一项法令规定自愿订立的契约,由订约人自负损失,则一
国之内唯利是图的无耻风气可以稍减,我们刚才所讲的那些恶事,也可以少
些了。

阿:会少得多。

苏:但是作为实际情况,由于上述这一切原因,在寡头制的国家里,统治
者使人民处于水深火热之中,他们自己养尊处优。他们的后辈不就变得娇
C 惯放纵,四体不勤,无所用心,苦乐两个方面都经不起考验,成了十足的懒汉
了吗?

阿:一定会的。

苏:他们养成习惯,除了赚钱,什么不爱。对于道德简直不闻不问,像一般穷人一样,不是吗?

阿:他们简直不管。

苏:统治者和被统治者平时关系如此。一旦他们走到一起来了,或一起
行军,或一同徒步旅行,或一处履行其他任务,或一起参加宗教庆典,或同在
D 海军中或陆军中一起参加战争,或竟同一战场对敌厮杀,他们彼此观察,那

时穷人就一点也不会被富人瞧不起了。相反地,你是不是相信会出现一种情况,即战场上一个瘦而结实的晒黑的穷人就站立在一个养得白白胖胖的富人旁边,看到后者那气喘吁吁,一副无可奈何的样子,你是不是相信,这时这个穷人会想到:是由于穷人胆小,这些有钱人才能保住自己财富的,当穷人遇到一起时,他们也会背后议论说:“这般人不是什么好样的?” E

阿:我很知道他们是这样做的。

苏:就像一个不健康的身体,只要遇到一点儿外邪就会生病,有的时候甚至没有外邪,也会病到,一个整体的人就是一场内战。一个国家同样,只要稍有机会,这一党从寡头国家引进盟友,那一党从民主国家引进盟友,这样这个国家就病了,内战就起了。有时没有外人插手,党争也会发生。不是吗?

阿:断然是这样。 557

苏:党争结果,如果贫民得到胜利,把敌党一些人处死,一些人流放国外,其余的公民都有同等的公民权及做官的机会——官职通常抽签决定。一个民主制度,我想就是这样产生的。

阿:对。这是民主制度,无论是通过武装斗争,或是通过恐吓手段建立起来的,最后结果反正一样,反对党被迫退出。

苏:那么在这种制度下人民怎样生活?这种制度的性质怎样?因为,很 XI
显然,这种性质的人将表明自己是民主的人。 B

阿:很显然。

苏:首先,他们不是自由吗?城邦不确确实实充满了行动自由与言论自由吗?不是每个人都被准许想做什么就做什么吗?

阿:据说是这样。

苏:既然可以这样随心所欲,显然就会每个人都有自己的一套过日子的计划,爱怎么过就怎么过啦。

阿:显然如此。

苏:于是这个城邦里就会有最为多样的人物性格。 C

阿:必定的。

苏:可能这样。这是政治制度中最美的一种人物性格,各色各样,有如锦绣衣裳,五彩缤纷,看上去确实很美。而一般群众也或许会因为这个缘故而断定,它是最美的,就像女人小孩只要一见色彩鲜艳的东西就觉得美是一样的。

阿:确实如此。

D 苏:是的,我的好友,这里是寻找一种制度的最合适的地方。

阿:为什么?

苏:由于这里容许有广泛的自由,所以它包括有一切类型的制度。很可能凡希望组织一个国家的人,像我们刚才说过的,必须去一个民主城邦,在那里选择自己所喜欢的东西作为模式,以确定自己的制度,如同到一个市场上去选购自己喜欢的东西一样。

E 阿:不管怎么说,在这个市场上他大概是不会选不到合适的模式的。

苏:又,在这种国家里,如果你有资格掌权,你也完全可以不去掌权;如果你不愿意服从命令,你也完全可以不服从,没有什么勉强你的。别人在作战,你可以不上战场;别人要和平,如果你不喜欢,你也可以要求战争;如果
558 有什么法令阻止你得到行政的或审判的职位,只要你想要,你也一样可以得到它们。就眼前而论,这不是妙不可言的赏心乐事吗?

阿:就眼前而论也许是的。

苏:那些判了刑的罪犯,那毫不在乎的神气,不有点使人觉得可爱吗?你一定看到过,在这种国家里,那些被判了死罪的或要流放国外的,竟好像没事人一样,照旧在人民中间来来往往,也竟好像来去无踪的精灵似的没人注意他们。

阿:我看到过不少。

B 苏:其次,这种制度是宽容的,它对我们那些琐碎的要求是不屑一顾的,对我们建立理想国家时所宣布的庄严原则是蔑视的。我们说过除非天分极高的人,不从小就在一个好的环境里游戏、学习受到好的教养,是不能成长为一个善人的。民主制度以轻薄浮躁的态度践踏所有这些理想,完全不问
C 一个人原来是干什么的,品行如何,只要他转而从政时声称自己对人民一片好心,就能得到尊敬和荣誉。

阿:实在是个好制度啊!

苏:这些以及类似的特点就是民主制度的特征。这看来是一种使人乐意的无政府状态的花哨的管理形式。在这种制度下不加区别地把一种平等

给予一切人,不管他们是不是平等者。

阿:你这话是很容易理解的。

苏:那么,让我们考察一下与这种社会相应的人物性格。我们要不要像 XII
在考察这种社会制度时一样首先来考察一下这种人的起源呢?

阿:要的。

苏:那么是不是这样?我的意思是说,我们吝啬的寡头政治家可能要按 D
照他自己的样子培育他的儿子。

阿:是很可能的。

苏:这个年轻人也会竭力控制自己的欲望,控制那些必须花钱而不能赚钱的所谓不必要的快乐。

阿:是的,显然会如此。

苏:那么我们为了辩论时不致摸黑走弯路,要不要先给欲望下一个定义,分清什么是必要的欲望,什么是不必要的欲望?

阿:好,要这样。

苏:有些欲望是不可避免的,它们可以正当地称为"必要的"。还有一些欲望满足了对我们是有益的,我想这些也可以说是"必要的"。因为这两
种欲望的满足是我们本性所需要的。不是吗? E

阿:当然是的。 559

苏:那么,我们可以正当地把"必要的"用于它们吗?

阿:可以。

苏:但是有些欲望如果我们从小注意是可以戒除的,而且这些欲望的存在,对我们没有好处,有时还有害处。我们是不是可以确当地把这种欲望称为"不必要的"呢?

阿:可以。

苏:让我们关于每一种各举一例,来说明我们的意思吧。

阿:行。

苏:为了维持健康和身体好要吃东西,只要求吃饭和肉。这些欲望必 B
要吗?

阿:我想是必要的。

苏:吃饭从两个方面看都是必要的,它对我们既是有益的,缺少了它又

是活不成的。

阿：是的。

苏：至于吃肉的欲望，就促进身体好而言，也是必要的。

阿：当然。

苏：欲望超过了这些，要求更多的花样，还有那些只要从小受过训练大
C 都可以纠正的，以及对身体有害的、对心灵达到智慧及节制有妨碍的等等欲望，难道我们不能说它们是不必要的吗？

阿：再正确不过了。

苏：我们不是可以把第一种欲望称为“浪费的”欲望，把第二种欲望称为“得利的”欲望吗？因为第二种欲望有利于生产。

阿：真的。

苏：关于色欲及其他欲望我们的看法同此。

阿：是的。

苏：我们刚才所称雄蜂型的那些人物，是一些充满了这种快乐和欲望
D 的，即受不必要的欲望引导的人物，所谓省俭型的寡头人物则是被必要的欲望所支配的。

阿：的确是的。

XIII 苏：让我们还是回到民主式的人物怎样从寡头式的人物演变出来的问题上来吧。据我看来大致是这样：

阿：怎样？

苏：当一个年轻人从刚才我们所说过的那种未见世面的吝啬的环境里培育出来以后，初次尝到了雄蜂的甜头，和那些粗暴狡猾之徒为伍，只知千
E 方百计寻欢作乐。你得毫不动摇地相信，他内心的寡头思想正是从这里转变为民主思想的。

阿：这是完全必然的。

苏：在一个城邦里，当一个党派得到同情于自己的国外盟友的支持时，变革于是发生。我们年轻人也同样，当他心灵里的这种或那种欲望在得到外来的同类或类似的欲望支持时，便发生心灵的变革。我们这样说对吗？

阿：当然对。

苏：我设想，假如这时又有一外力，或从他父亲那里或从其他家庭成员

那里来支持他心里的寡头思想成分的话，结果一定是他自己的内心发生矛 560
盾斗争。

阿：诚然。

苏：我认为有时民主成分会屈服于寡头成分，他的欲望有的遭到毁灭，有的遭到驱逐，年轻人心灵上的敬畏和虔诚感又得到发扬，内心的秩序又恢复过来。

阿：是的，有时这种情况是会发生的。

苏：有时由于父亲教育不得法，和那些遭到驱逐的欲望同类的另一些欲
望继之悄悄地被孵育出来，并渐渐繁衍增强。 B

阿：往往如此。

苏：这些又把他拉回到他的老伙伴那里，在秘密交合中它们得到繁殖、滋生。

阿：是的。

苏：终于它们把这年轻人的心灵堡垒占领了，发觉里面空无所有，没有
理想，没有学问，没有事业心——这些乃是神所友爱者心灵的最好守卫者和 C
保护者。

阿：是最可靠的守卫者。

苏：于是虚假的狂妄的理论和意见乘虚而入，代替它们，占领了他的心灵。

阿：确是如此。

苏：这时这年轻人走回头路又同那些吃忘忧果[①]的旧友们公开生活到
一起去了。如果他的家人亲友对他心灵中节俭成分给以援助，入侵者[②]便
会立刻把他心灵的堡垒大门关闭，不让援军进入。他们也不让他倾听良师
益友的忠告。他们会在他的内心冲突中取得胜利，把行己有耻说成是笨蛋 D
傻瓜，驱逐出去；把自制说成是懦弱胆怯，先加辱骂，然后驱逐出境；把适可
而止和有秩序的消费说成是“不见世面”是“低贱”；他们和无利有害的欲望
结成一帮，将这些美德都驱逐出境。

---

① 史诗《奥德赛》IX 82 以下。

② 指上述“虚假的狂妄的理论和意见”。

阿:的确这样。

E 苏:他们[①]既已将这个年轻人心灵中的上述美德除空扫净,便为别的成
分的进入准备了条件;当他们在一个灿烂辉煌的花冠游行的队伍中走在最
561 前头,率领着傲慢、放纵、奢侈、无耻行进时,他们赞不绝口,称傲慢为有礼,
放纵为自由,奢侈为慷慨,无耻为勇敢。你同意我的话吗:从那些必要的欲
望中培育出来的一个年轻人,就是这样蜕化变质为肆无忌惮的小人,沉迷于
不必要的无益欲望之中的?

阿:是的,你说得很清楚。

苏:我设想,他在一生其余的时间里,将平均地花费钱财、时间、辛劳在
那些不必要的欲望上,并像在必要的欲望上面花的一样多。如果他幸而意
B 气用事的时间不长,随着年纪变大,精神渐趋稳定,让一部分被放逐的成分,
先后返回,入侵者们将受到抑制。他将建立起各种快乐间的平等,在完全控
制下轮到哪种快乐,就让那种快乐得到满足,然后依次轮流,机会均等,各种
快乐都得到满足。

阿:完全是的。

苏:如果有人告诉他,有些快乐来自高贵的好的欲望,应该得到鼓励与
C 满足,有些快乐来自下贱的坏的欲望,应该加以控制与压抑,对此他会置若
罔闻,不愿把堡垒大门向真理打开。他会一面摇头一面说,所有快乐一律平
等,应当受到同等的尊重。

阿:他的心理和行为确实如此。

苏:事实上他一天又一天地沉迷于轮到的快乐之中。今天是饮酒、女
人、歌唱,明天又喝清水,进严格规定的饮食;第一天是剧烈的体育锻炼,第
D 二天又是游手好闲,懒惰玩忽;然后一段时间里,又研究起哲学。他常常想
搞政治,经常心血来潮,想起什么就跳起来干什么说什么。有的时候,他雄
心勃勃,一切努力集中在军事上,有的时候又集中在做买卖发财上。他的生
活没有秩序,没有节制。他自以为他的生活方式是快乐的,自由的,幸福的,
E 并且要把它坚持到底。

阿:你对一个平等主义信徒的生活,描述得好极了。

---

① 还是说的那些虚假的狂妄的意见。

苏:我的确认为,这种人是一种集合最多习性于一身的最多样的人,正如那种民主制城邦具有多面性复杂性一样。这种人也是五彩缤纷的,华丽的,为许多男女所羡妒的,包含最多的制度和生活模式的。

阿:确是如此。

苏:那么这个民主的个人与民主的制度相应,我们称他为民主分子是合 562
适的。我们就这样定下来,行吗?

阿:好,就这么定下来吧。

苏:现在只剩下一种最美好的政治制度和最美好的人物需要我们加以 XIV
描述了,这就是僭主政治与僭主了。

阿:诚然如此。

苏:那么,我亲爱的阿得曼托斯,僭主政治是怎样产生出来的呢?据我看来,很显然,这是从民主政治产生出来的。

阿:这是很明白的。

苏:那么僭主政治来自民主政治,是不是像民主政治来自寡头政治那样转变来的呢?

阿:请解释一下。 B

苏:我看,寡头政治所认为的善以及它所赖以建立的基础是财富,是吗?

阿:是的。

苏:它失败的原因在于过分贪求财富,为了赚钱发财,其他一切不管。

阿:真的。

苏:那么民主主义是不是也有自己的善的依据,过分追求了这个东西导致了它的崩溃?

阿:这个东西你说的是什么?

苏:自由。你或许听到人家说过,这是民主国家的最大优点。也因为这
个原因,所以这是富于自由精神的人们最喜欢去安家落户的唯一城邦。 C

阿:这话确是听说过的,而且听得很多的。

苏:那么,正像我刚才讲的,不顾一切过分追求自由的结果,破坏了民主社会的基础,导致了极权政治的需要。

阿:怎么会的?

苏:我设想,一个民主的城邦由于渴望自由,有可能让一些坏分子当上

D 了领导人,受到他们的欺骗,喝了太多的醇酒,烂醉如泥。而如果正派的领
导人想要稍加约束,不是过分放任纵容,这个社会就要起来指控他们,叫他们寡头分子,要求惩办他们。

阿:这正是民主社会的所作所为。

苏:而那些服从当局听从指挥的人,被说成是甘心为奴,一文不值,受到辱骂。而凡是当权的像老百姓,老百姓像当权的,这种人无论公私场合都受
E 到称赞和尊敬。在这种国家里自由走到极端不是必然的吗?

阿:当然是的。

苏:我的朋友,这种无政府主义必定还要渗透到私人家庭生活里去,最后还渗透到动物身上去呢!

阿:你说的什么意思?

苏:噢,当前风气是父亲尽量使自己像孩子,甚至怕自己的儿子,而儿子也跟父亲平起平坐,既不敬也不怕自己的双亲,似乎这样一来他才算是一个
563 自由人。此外,外来的依附者也认为自己和本国公民平等,公民也自认和依
附者平等;外国人和本国人彼此也没有什么区别。

阿:这些情况确实是有的。

苏:确是有的。另外还有一些类似的无聊情况。教师害怕学生,迎合学生,学生反而漠视教师和保育员。普遍地年轻人充老资格,分庭抗礼,侃侃
B 而谈,而老一辈的则顺着年轻人,说说笑笑,态度谦和,像年轻人一样行事,
担心被他们认为可恨可怕。

阿:你说的全是真的。

苏:在这种国家里自由到了极点。你看买来的男女奴隶与出钱买他们的主人同样自由,更不用说男人与女人之间有完全平等和自由了。

C 阿:那么,我们要不要"畅所欲言",有如埃斯库罗斯所说的呢?①

苏:当然要这样做。若非亲目所睹,谁也不会相信,连人们畜养的动物在这种城邦里也比在其他城邦里自由不知多少倍。狗也完全像谚语所说的"变得像其女主人一样"了,②同样,驴马也惯于十分自由地在大街上到处撞

① 见《残篇》351。

② 有谚语说:"有这种女主人,就有这种女仆人。"

人,如果你碰上它们而不让路的话。什么东西都充满了自由精神。 D

阿:你告诉我的,我早知道。我在城外常常碰到这种事。

苏:所有这一切总起来使得这里的公民灵魂变得非常敏感,只要有谁建
议要稍加约束,他们就会觉得受不了,就要大发雷霆。到最后像你所知道
的,他们真的不要任何人管了,连法律也不放心上,不管成文的还是不成 E
文的。

阿:是的,我知道。

苏:因此,朋友,我认为这就是僭主政治所由发生的根,一个健壮有力的 XV
好根。

阿:确是个健壮有力的根,但后来怎样呢?

苏:一种弊病起于寡头政治最终毁了寡头政治,也是这种弊病——在民
主制度下影响范围更大,由于放任而更见强烈——奴役着民主制度。“物极
必反”,这是真理。天气是这样,植物是这样,动物是这样,政治社会尤其是 564
这样。

阿:理所当然的。

苏:无论在个人方面还是在国家方面,极端的自由其结果不可能变为别的什么,只能变成极端的奴役。

阿:是这样。

苏:因此,僭主政治或许只能从民主政治发展而来,极端的可怕的奴役,我认为从极端的自由产生。

阿:这是很合乎逻辑的。

苏:但是我相信你所要问的不是这个。你要问的是,民主制度中出现的
是个什么和寡头政治中相同的毛病在奴役着或左右着民主制度。 B

阿:正是的。

苏:你总记得我还告诉过你有一班懒惰而浪费之徒,其中强悍者为首,较弱者附从。我把他们比作雄蜂,把为首的比作有刺的雄蜂,把附从的比作无刺的雄蜂。

阿:很恰当的比喻。

苏:这两类人一旦在城邦里出现,便要造成混乱,就像人体里粘液与胆
液造成混乱一样。因此一个好的医生和好的立法者,必须老早就注意反对 C

这两种人。像有经验的养蜂者那样,首先不让它们生长,如已生长,就尽快除掉它们,连同巢穴彻底铲除。

阿:真的,一定要这样。

苏:那么,为了我们能够更清楚地注视着我们的目标,让我依照下列步骤进行吧!

阿:怎么进行?

苏:让我们在理论上把一个民主国家按实际结构分成三个部分。我们
D 曾经讲过,第一部分由于听任其发展,往往不比寡头社会里少。

阿:姑且这么说。

苏:在民主国家里比在寡头国家里更为强暴。

阿:怎么会的?

苏:在寡头社会里这部分人是被藐视的,不掌权的,因此缺少锻炼,缺少力量。在民主社会里这部分人是处于主宰地位的,很少例外。其中最强悍的部分,演说的办事的都是他们。其余的坐在讲坛后面,熙熙攘攘、嘁嘁喳
E 喳地抢了讲话,不让人家开口。因此在民主国家里一切(除了少数例外)都掌握在他们手里。

阿:真是这样。

苏:还有第二部分,这种人随时从群众中冒出来。

阿:哪种人?

苏:每个人都在追求财富的时候,其中天性最有秩序最为节俭的人大都成了最大的富翁。

阿:往往如此。

苏:他们那里是供应雄蜂以蜜汁的最丰富最方便的地方。

阿:穷人身上榨不出油水。

苏:所谓富人者,乃雄蜂之供养者也。

阿:完全是的。

XVI 565 苏:第三种人大概就是所谓“平民”了[①]。他们自食其力,不参加政治活动,没有多少财产。在民主社会中这是大多数。要是集合起来,力量是最

---

① “平民”,δῆμος(德莫斯)。

大的。

阿:是的,不过他们不会时常集会,除非他们可以分享到蜜糖。

苏:他们会分享得到的。他们的那些头头,劫掠富人,把其中最大的一份据为己有,把残羹剩饭分给一般平民。

阿:是的,他们就分享到了这样的好处。

苏:因此,我认为那些被抢夺的人,不得不在大会上讲话或采取其他可 B
能的行动来保卫自己的利益。

阿:他们怎么会不如此呢?

苏:于是他们受到反对派的控告,被诬以反对平民,被说成是寡头派,虽然事实上他们根本没有任何变革的意图。

阿:真是这样。

苏:然后终于他们看见平民试图伤害他们(并非出于有意,而是由于误
会,由于听信了坏头头散布的恶意中伤的谣言而想伤害他们),于是他们也 C
就只好真的变成了寡头派了(也并非自愿这样,也是雄蜂刺螫的结果)。

阿:完全对。

苏:接着便是两派互相检举,告上法庭,互相审判。

阿:确是如此。

苏:在这种斗争中平民总要推出一个人来带头,做他们的保护人,同时他们培植他提高他的威望。

阿:是的,通常是这样。

苏:于是可见,僭主政治出现的时候,只能是从"保护"这个根上产 D
生的。

阿:很清楚。

苏:一个保护人变成僭主,其关键何在呢?——当他的所作所为变得像我们听说过的那个关于阿卡狄亚的吕克亚宙斯圣地的故事时,这个关键不就清楚了吗?

阿:那是个什么故事呀?

苏:这个故事说,一个人如果尝了哪怕一小块混和在其他祭品中的人肉 E
时,他便不可避免地要变成一只狼。你一定听说过这个故事吧?

阿:是的,我听说过。

苏:人民领袖的所作所为,亦是如此。他控制着轻信的民众,不可抑制地要使人流血;他诬告别人,使人法庭受审,谋害人命,罪恶地舔尝同胞的血
566 液;或将人流放域外,或判人死刑;或取消债款,或分人土地。最后,这种人或自己被敌人杀掉,或由人变成了豺狼,成了一个僭主。这不是必然的吗?

阿:这是完全必然的。

苏:这就是领导一个派别反对富人的那种领袖人物。

阿:是那种人。

苏:也可能会这样:他被放逐了,后来不管政敌的反对,他又回来了,成了一个道地的僭主回来了。

阿:显然可能的。

B 苏:要是没有办法通过控告,让人民驱逐他或杀掉他,人们就搞一个秘密团体暗杀他。

阿:常有这种事情发生。

苏:接着就有声名狼藉的策划出现:一切僭主在这个阶段每每提出要人民同意他建立一支警卫队来保卫他这个人民的保卫者。

阿:真的。

C 苏:我想,人民会答应他的请求,毫无戒心,只为他的安全担心。

阿:这也是真的。

苏:对于任何一个有钱的同时又有人民公敌嫌疑的人来说,现在该是他按照给克劳索斯①的那个神谕来采取行动的时候了。

“沿着多石的赫尔墨斯河岸逃跑,
不停留,不害羞,不怕人家笑话他怯懦。”②

阿:因为他一定不会再有一次害羞的机会。

苏:他要是给抓住,我以为非死不可。

阿:对,非死不可。

苏:这时很清楚,那位保护者不是被打倒在地“张开长大的肢体”③,而

---

① 吕底亚国王,以富有闻名。

② 希罗多德《历史》i,55。

③ 《伊利亚特》XVI 776。赫克托的驭者克布里昂尼斯被派特罗克洛斯杀死,张开长大的身躯四肢躺在地上。

是他打倒了许多反对者，攫取了国家的最高权力，由一个保护者变成了一个 D
十足的僭主独裁者。

阿：这是不可避免的结局。

苏：我们要不要描述这个人的幸福以及造就出这种人的那个国家的幸 XVII
福呢？

阿：要，让我们来描述吧！

苏：这个人在他早期对任何人都是满面堆笑，逢人问好，不以君主自居， E
于公于私他都有求必应，豁免穷人的债务，分配土地给平民和自己的随从，
到处给人以和蔼可亲的印象。

阿：必然的。

苏：但是，我想，在他已经和被流放国外的政敌达成了某种谅解，而一些不妥协的也已经被他消灭了时，他便不再有内顾之忧了。这时他总是首先挑起一场战争，好让人民需要一个领袖。

阿：很可能的。

苏：而且，人民既因负担军费而贫困，成日忙于奔走谋生，便不大可能有 567
功夫去造他的反了，是吧？

阿：显然是的。

苏：还有，如果他怀疑有人思想自由，不愿服从他的统治，他便会寻找借口，把他们送到敌人手里，借刀杀人。由于这一切原因，凡是僭主总是必定要挑起战争的。

阿：是的，他是必定要这样做的。

苏：他这样干不是更容易引起公民反对吗？ B

阿：当然啦。

苏：很可能，那些过去帮他取得权力现在正在和他共掌大权的人当中有一些人不赞成他的这些做法，因而公开对他提意见，并相互议论，而这种人碰巧还是些最勇敢的人呢。不是吗？

阿：很可能的。

苏：那么如果他作为一个僭主要保持统治权力，他必须清除所有这种人，不管他们是否有用，也不管是敌是友，一个都不留。

阿：这是明摆着的。

C 苏:因此,他必须目光敏锐,能看出谁最勇敢,谁最有气量,谁最为智慧,谁最富有;为了他自己的好运,不管他主观愿望如何,他都必须和他们为敌到底,直到把他们铲除干净为止。

阿:真是美妙的清除呀!

苏:是的。只是这种清除和医生对人体进行的清洗相反。医生清除最坏的,保留最好的,而僭主去留的正好相反。

阿:须知,如果他想保住他的权力,看来非如此不可。

XVIII 苏:他或者是死,或者同那些伙伴——大都是些没有价值的人,全都是
D 憎恨他的人——生活在一起,在这两者之间他必须作一有利的抉择。

阿:这是他命中注定的啊!

苏:他的这些所作所为越是不得人心,他就越是要不断扩充他的卫队,越是要把这个卫队作为他绝对可靠的工具。不是吗?

阿:当然是的。

苏:那么,谁是可靠的呢?他又到哪里去找到他们呢?

阿:只要他给薪水,他们会成群结队自动飞来的。

E 苏:以狗的名义起誓,我想,你又在谈雄蜂了,一群外国来的杂色的雄蜂。

阿:你猜得对。

苏:但是他不也要就地补充一些新兵吗?

阿:怎么个搞法呢?

苏:抢劫公民的奴隶,解放他们,再把他们招入他的卫队。

阿:是真的。他们将是警卫队里最忠实的分子。

苏:如果他在消灭了早期拥护者之后,只有这些人是他的朋友和必须雇
568 用的忠实警卫,那么僭主的幸运也真令人羡慕了!

阿:唔,就是这么搞的。

苏:我想,这时僭主所亲近的这些新公民是全都赞美他,而正派人是全都厌恶他,回避他。

阿:当然如此。

苏:悲剧都被认为是智慧的,而这方面欧里庇得斯还被认为胜过别人。这不是无缘无故的。

阿:为什么?

苏:因为在其他一些意味深长的话之外,欧里庇得斯还说过“以有智慧 B
的人为友的僭主是智慧的。”这句话显然意味着,僭主周围的这些人是有智
慧的人。

阿:他也说过,“僭主有如神明”,他还说过许多别的歌颂僭主的话。别的许多诗人也曾说过这种话。

苏:所以悲剧诗人既然像他们那样智慧,一定会饶恕我们以及那些和我们有同样国家制度的人们不让他们进入我们的国家,既然他们唱歌赞美僭主制度。

阿:我认为其中的明智之士会饶恕我们的。

苏:我设想他们会去周游其他国家,雇佣一批演员,利用他们美妙动听 C
的好嗓子,向集合在剧场上的听众宣传鼓动,使他们转向僭主政治或民主
政治。

阿:是的。

苏:为此他们将得到报酬和名誉。可以预料,主要是从僭主方面,其次是
从民主制度方面得到这些。但是,他们在攀登政治制度之山时,爬得愈高,名
誉却愈往下降,仿佛气喘吁吁地无力再往上攀登似的。 D

阿:说得极像。

苏:不过,这是一段题外话,我们必须回到本题。我们刚才正在谈到的 XIX
僭主私人卫队,一支人数众多、杂色而变化不定的美好军队。这支军队如何
维持呢?

阿:不言而喻,如果城邦有庙产,僭主将动用它,直到用完为止;其次是使用被他除灭了的政敌的财产;要求平民拿出的钱比较少。

苏:如果这些财源枯竭了,怎么办? E

阿:显然要用他父亲的财产来供养他和他的宾客们以及男女伙伴了。

苏:我懂了。你的意思是说那些养育了他的平民现在不得不供养他的一帮子了。

阿:他不得不如此。

苏:如果人民表示反对说,儿子已是成年还要父亲供养是不公道的,反
过来,儿子奉养父亲才是公道的;说他们过去养育他拥立他,不是为了在他 569

成为一个大人物以后,他们自己反而受自己奴隶的奴役,不得不来维持他和他的奴隶以及那一群不可名状的外国雇佣兵的,而是想要在他的保护之下自己可以摆脱富人和所谓上等人的统治的,现在他们命令他和他的一伙离开国家,像父亲命令儿子和他的狐朋狗友离开家庭一样——如果这样,你有什么想法呢?

B 阿:这时人民很快就要看清他们生育培养和抬举了一只什么样的野兽了。他已经足够强大,他们已经没有办法把他赶出去了。

苏:你说什么?你是不是说僭主敢于采取暴力对付他的父亲——人民,他们如果不让步,他就要打他们?

阿:是的,在他把他们解除武装以后。

苏:你看出僭主是杀父之徒,是老人的凶恶的照料者了。实际上我们这里有真相毕露、直言不讳的真正的僭主制度。人民发现自己像俗话所说的,

C 跳出油锅又入火炕;不受自由人的奴役了,反受起奴隶的奴役来了;本想争取过分的极端自由的,却不意落入了最严酷最痛苦的奴役之中了。

阿:实际情况的确是这样。

苏:好,我想至此我们有充分理由可以说,我们已经充分地描述了民主政治是如何转向僭主政治的,以及僭主政治的本质是什么的问题了。是不是?

阿:是的。

第九卷

苏：我们还剩下有待讨论的问题是关于僭主式个人的问题。问题包括：I 571
这种人物是怎样从民主式人物发展来的？他具有什么样的性格？他的生活
怎样，痛苦呢还是快乐？

阿：是的，还有这个问题要讨论。

苏：你知道另外还有什么问题要讨论的吗？

阿：还有什么？

苏：关于欲望问题。我觉得我们分析欲望的性质和种类这个工作还做
得不够。这个工作不做好，我们讨论僭主式人物就讨论不清楚。B

阿：那么，现在你的机会不是来了吗？

苏：很好。我想要说明的如下。在非必要的快乐和欲望之中，有些我认
为是非法的。非法的快乐和欲望或许在我们大家身上都有；但是，在受到法
律和以理性为友的较好欲望控制时，在有些人身上可以根除或者只留下微 C
弱的残余，而在另一些人的身上则留下的还比较多比较强。

阿：你指的是哪些个欲望？

苏：我指的是那些在人们睡眠时活跃起来的欲望。在人们睡眠时，灵魂
的其余部分，理性的、受过教化的、起控制作用的部分失去作用，而兽性的和
野性的部分吃饱喝足之后却活跃起来，并且力图克服睡意冲出来以求满足
自己的本性要求。你知道，在这种情况下，由于失去了一切羞耻之心和理
性，人们就会没有什么坏事想不出来的；就不怕梦中乱伦，或者和任何别的 D
人，和男人和神和兽类交媾，也就敢于起谋杀之心，想吃禁止的东西。总之，

他们没有什么愚昧无耻的事情不敢想做的了。

阿:你说得完全对。

苏:但是,我认为,如果一个人的身心处于健康明智的状况下,在他睡眠
之前已经把理性唤醒,给了它充分的质疑问难的机会;至于他的欲望,他则
E 既没有使其过饿也没有使其过饱,让它可以沉静下来,不致用快乐或痛苦烦
572 扰他的至善部分,让后者可以独立无碍地进行研究探求,掌握求知的事物,
包括过去的、现在的和未来的;如果他也同样地使自己的激情部分安静了下
来,而不是经过一番争吵带着怒意进入梦乡;如果他这样地使其灵魂中的两
个部分安静了下来,使理性所在的第三个部分活跃起来,而人就这样地睡着
B 了——你知道,一个人在这种状况下是最可能掌握真理,他的梦境最不可能
非法的。

阿:我想情况肯定是这样。

苏:这些话我们已经说得离题很远了。我的意思只是想说:可怕的强烈的非法欲望事实上在每一个人的心里,甚至在一些道貌岸然的人心里都有。它往往是在睡梦中显现出来的。你认为我的话是不是有点道理?你是不是同意?

阿:是的,我同意。

II 苏:现在让我们回顾一下民主式人物的性格。这种人是由节约省俭的
C 父亲从小教育培养出来的。这种父亲只知道经商赚钱,想要娱乐和风光的
那些不必要的欲望他是不准许有的。是这样吗?

阿:是的。

苏:但是,儿子随着和老于世故的人们交往,有了许多我们刚才所说的
这种欲望。这种影响把他推向各种的傲慢和无法无天,推动他厌恶父亲的
吝啬而采取奢侈的生活方式。但是由于他的天性本比他的教唆者为好,在
D 两种力量的作用下,他终于确定了中间道路。自以为吸取了两者之长,既不
奢侈又不吝啬,他过着一种既不寒伧又不违法的生活。于是他由一个寡头
派变成了民主派。

阿:这正是我们对这种类型人物的一贯看法。

苏:现在请再想象:随着年龄的增长,这个人也有了儿子,也用自己的生活方式教养自己的儿子成长。

阿:好,我也这样想象。

苏:请再设想这个儿子又一定会有和这个父亲同样的情况发生。他被
拉向完全的非法——他的教唆者称之为完全的自由。父亲和其他的亲人支 E
持折衷的欲望,而教唆者则支持极端的欲望。当这些可怕的魔术师和僭主
拥立者认识到他们这样下去没有控制这个青年的希望时,便想方设法在他 573
的灵魂里扶植起一个能起主宰作用的激情,作为懒散和奢侈欲望的保护者,
一个万恶的有刺的雄蜂。你还能想出什么别的东西来更好地比喻这种激
情吗?

阿:除此而外,没有什么更好的比喻了。

苏:其他的欲望围着它营营作声,献上鲜花美酒,香雾阵阵,让它沉湎于
放荡淫乐,用这些享乐喂饱养肥它,直到最后使它深深感到不能满足时的苦
痛。这时它就因它周围的这些卫士而变得疯狂起来蛮干起来。这时如果它
在这个人身上看到还有什么意见和欲望说得上是正派的和知羞耻的,它就 B
会消灭它们,或把它们驱逐出去,直到把这人身上的节制美德扫除清净,让
疯狂取而代之。

阿:这是关于僭主式人物产生的一个完整的描述。

苏:自古以来爱情总被叫做专制暴君,不也是因为这个道理吗?

阿:很可能是的。

苏:我的朋友,你看一个醉汉不也有点暴君脾气吗? C

阿:是的。

苏:还有,神经错乱的疯子不仅想象而且企图真的不仅统治人而且统治神呢。

阿:的确是的。

苏:因此,我的朋友,当一个人或因天性或因习惯或因两者,已经变成醉汉、色鬼或疯子时,他就成了一个十足的僭主暴君了。

阿:无疑的。

苏:这种人物的起源和性格看来就是这样。但是他的生活方式怎样呢? III

阿:你倒问我,我正要问你呢。还是你来告诉我吧。 D

苏:行,我来说。我认为,在一个人的心灵被一个主宰激情完全控制了之后,他的生活便是铺张浪费,纵情酒色,放荡不羁等等。

阿:这是势所必然的。

苏:还有许许多多可怕的欲望在这个主宰身边日夜不息地生长出来,要求许多东西来满足它们。是吧?

阿:的确是的。

苏:因此,一个人不管有多少收入,也很快花光了。

阿:当然。

E 苏:往后就是借贷和抵押了。

阿:当然了。

苏:待到告贷无门、抵押无物时,他心灵中孵出的欲望之雏鸟不是必然要不断地发出嗷嗷待哺的强烈叫声吗?他不是必然要被它们(特别是被作为领袖的那个主宰激情)刺激得发疯,因而窥测方向,看看谁有东西可抢劫或骗取吗?

574 阿:这是必定的。

苏:凡可以抢劫的他都必须去抢,否则他就会非常痛苦。

阿:必定的。

苏:正如心灵上新出现的快乐超过了原旧的激情而劫夺后者那样,这个人作为晚辈将声称有权超过他的父母,在耗光了他自己的那一份家产之后夺取父母的一份供自己继续挥霍。

阿:自然是这样。

B 苏:如果他的父母不同意,他首先会企图骗取他们的财产。是吗?

阿:肯定的。

苏:如果骗取不行,他下一步就会强行夺取。是吗?

阿:我以为会的。

苏:我的好朋友,如果老人断然拒绝而进行抵抗,儿子会手软不对老人使用暴君手段吗?

阿:面对这种儿子,我不能不为他的父母担心。

苏:说真的,阿得曼托斯,你是认为这种人会为了一个新觅得的可有可
C 无的漂亮女友而去虐待自己出生以来不可片刻或离的慈母,或者为了一个新觅得的可有可无的妙龄娈童去鞭打自己衰弱的老父,他最亲的亲人和相处最长的朋友吗?如果他把这些娈童美妾带回家来和父母同住,他会要自

己的父母低三下四屈从他们吗?

阿:是的,我有这个意思。

苏:做僭主暴君的父母看来是再幸运不过的了!

阿:真是幸运呀!

苏:如果他把父母的财产也都挥霍罄净了,而群聚在他心灵里的快乐欲 D
望却有增无已。这时他会怎么样呢?他不会首先逾墙行窃,或遇到迟归夜
行的人时扒人衣袋,并进而洗劫神庙的财产吗[①]?在这一切所作所为里,他
从小培养起来的那些关于高尚和卑鄙的信念,那些被认为是正义的见解,都
将被新释放出来的那些见解所控制。而后者作为主宰激情的警卫将在主宰
的支持下取得压倒优势。——所谓"新释放的见解",我是指的从前只是在
睡梦中才被放出来自由活动的那些见解;当时他由于还处在父亲和法律的 E
控制之下,心里还是拥护民主制度的。但是现在在主宰激情控制之下,他竟
在醒着的时候想做起过去只有在睡梦中偶一出现的事情了。他变得无法无
天,无论杀人越货还是亵渎神圣,什么事都敢做了。主宰他心灵的那个激情 575
就像一个僭主暴君,也是无法无天的,驱使他(像僭主驱使一个国家那样)
去干一切,以满足它自己和其他欲望的要求。而这些欲望一部分是外来的,
受了坏伙伴的影响;一部分是自内的,是被自身的恶习性释放出来的。这种
人的生活能不是这样吗?

阿:是这样。

苏:如果在一个国家里这种人只是少数,作为大多数的都是头脑清醒的
人。那么,这少数人便会出国去做某一外国僭主的侍卫,或在某一可能的战 B
争中做雇佣兵。但是如果他们生长在和平时期,他们便会留在本国作许多
小恶。

阿:你指的是哪种恶?

苏:做小偷、强盗、扒手,剥人衣服的,抢劫神庙的,拐骗儿童的;如果生就一张油嘴,他们便流为告密人、伪证人或受贿者。

阿:你说这些是小恶,我想是有条件的,是因为这种人人数还少。 C

苏:是的。因为小恶是和大恶相比较的小。就给国家造成的苦害而言,

① 古希腊风俗和法律都视之为罪大恶极。

这些恶加在一起和一个僭主暴君造成的危害相比,如俗话所说,还是小巫见大巫。然而一旦这种人及其追随者在一个国家里人数多得可观并且自己意
D 识到自己的力量时,他们再利用上民众的愚昧,便会将自己的同伙之一,一个自己心灵里有最强大暴君的人扶上僭主暴君的宝座。

阿:这是很自然的,因为他或许是最专制的。

苏:因此,如果人民听之任之,当然没有问题。但是,如果国家拒绝他,那么,他就也会如上面说过的那个人打自己的父母一样,惩戒自己的祖国(如果他能做得到的话),把新的密友拉来置于自己的统制之下,把从前亲爱的母国——如克里特人称呼的——或祖国置于自己奴役之下。而这大概也就是这种人欲望的目的。

E 阿:是的,目的正在于此。

苏:因此,这种人掌权之前的私人生活不是如此吗:他们起初和一些随时准备为之帮闲的阿谀逢迎之徒为伍;而如果他们自己有求于人的话,他们
576 也会奉迎拍马低三下四地表白自己的友谊,虽然一旦目的达到,他们又会另唱一个调门。

阿:的确如此。

苏:因此他们一生从来不真正和任何人交朋友。他们不是别人的主人便是别人的奴仆。僭主的天性是永远体会不到自由和真正友谊的滋味的。

阿:完全是的。

苏:因此,如果我们称他们是不可靠的人,不是对的吗?

阿:当然对!

苏:如果说我们前面一致同意的关于正义的定义是对的,那么我们关于
B 不正义的描述就是不能再正确的了。

阿:的确,我们是正确的。

苏:关于最恶的人让我们一言以蔽之。他们是醒着时能够干出睡梦中的那种事的人。

阿:完全对。

苏:这恰恰是一个天生的僭主取得绝对权力时所发生的事情。他掌握这个权力时间越长,暴君的性质就越强。[格劳孔这时候插上来说:]

格:这是必然的。

苏:现在不是可以看出来了吗:最恶的人不也正是最为不幸的人吗? 并 IV
且,因此,他执掌的专制权力愈大,掌权的时间愈长,事实上他的不幸也愈 C
大,不幸的时间也愈长吗? 当然,众人各有各的看法。

格:一定的。的确是这样。

苏:专制君主的人不是就像专制政治的国家吗? 民主的人不也就像民主政治的国家吗? 如此等等。

格:当然是的。

苏:我们可以作如下的推论:在美德和幸福方面,不同类型的个人间的
对比关系就像不同类型的国家之间的对比关系。是吗? D

格:怎么不是呢?

苏:那么,在美德方面僭主专政的国家和我们最初描述的王政国家对比起来怎么样呢?

格:它们正好相反:一个最善一个最恶。

苏:我不再往下深究哪个最善哪个最恶了。因为那是一明二白的。我
要你判断一下,在幸福和不幸方面它们是否也如此相反? 让我们不要只把
眼光放在僭主一个人或他的少数随从身上以致眼花缭乱看不清问题。我们
要既广泛又深入地观察整个城邦,应当经过这么巨细无遗地透视它的一切 E
方面,透彻地理解了它的全部实际生活,再来发表我们的看法。

格:这是一个很好的动议。大家都很明白:没有一个城邦比僭主统治的城邦更不幸的,也没有一个城邦比王者统治的城邦更幸福的。

苏:这不也是一个很好的提议吗:在论及相应的个人时,我们要求讨论 577
者能通过思考深入地一直理解到对象的心灵和个性,而不是像一个小孩子
那样只看到外表便被僭主的威仪和生活环境所迷惑? 只有这样的人才配得
上作出判断,我们才应当倾听他的判断——特别是,假如他不仅看到过僭主
在公众面前的表现,而且还曾经和僭主朝夕相处,目睹过此人在自己家里以 B
及在亲信中的所作所为(这是剥去一切伪装看到一个人赤裸裸灵魂的最好
场合)。因此我们不是应该请他来解答我们的这个问题吗:僭主的生活和别
种人物的生活比较起来究竟幸福还是不幸福?

格:这也是一个最好的提议。

苏:那么,我们要不要自称我们有判断能力,我们也有过和僭主型的那

种人一起相处的经验，因此我们自己当中可以有人答复我们的问题？

格：要。

V C 苏：那么，来吧，让我们这样来研究这个问题吧。先请记住城邦和个人性格之间都是相似的，然后再逐个地观察每一种城邦和个人的性格特点。

格：哪些性格特点？

苏：首先谈论一个国家。一个被僭主统治的国家你说它是自由的呢还是受奴役的？

格：是完全受奴役的。

苏：但是，在这样的国家你看到也有主人和自由人呀。

格：我看到这种人只是少数，而（所谓的）整体及其最优秀部分则处于屈辱和不幸的奴隶地位。

D 苏：因此，如果个人和国家相像，他必定有同样的状况。他的心灵充满大量的奴役和不自由，他的最优秀最理性的部分受着奴役；而一个小部分，即那个最恶的和最狂暴的部分则扮演着暴君的角色。不是吗？

格：这是必然的。

苏：那么你说这样一个灵魂是在受奴役呢还是自由的呢？

格：我认为是在受奴役。

苏：受奴役的和被僭主统治的城邦不是最不能做自己真正想做的事情的吗？

格：正是的。

E 苏：因此，实行僭主制的心灵——指作为整体的心灵——也最不能做自己想做的事情。因为它永远处在疯狂的欲望驱使之下，因此充满了混乱和悔恨。

格：当然啰。

苏：处于僭主暴君统治下的城邦必然富呢还是穷呢？

578 格：穷。

苏：因此，在僭主暴君式统治下的心灵也必定永远是贫穷的和苦于不能满足的。

格：是的。

苏：又，这样一个国家和这样一个人不是必定充满了恐惧吗？

格:是这样。

苏:那么你认为你能在别的任何国家里发现有比这里更多的痛苦、忧患、怨恨、悲伤吗?

格:绝对不能。

苏:又,你是否认为人也如此?在别的任何一种人身上会比这种被强烈欲望刺激疯了的僭主暴君型人物身上有更多的这种情况吗?

格:怎么会呢?

苏:因此,有鉴于所有这一切以及其他类似情况,我想你大概会判定,这 B
种城邦是所有城邦中最为不幸的了。

格:我这样说不对吗?

苏:完全对的。但是,有鉴于同样的这一切,关于僭主型个人你一定会有什么高见呢?

格:我必定会认为他是所有人中最最不幸的。

苏:这你可说得不对。

格:怎么不对?

苏:我们认为这个人还没达到不幸的顶点。

格:那么什么人达到了顶点呢?

苏:我要指出的那种人你或许会认为他是还要更不幸的。

格:哪种人? C

苏:一个有僭主气质的人,他不再过一个普通公民的生活,某种不幸的机会竟致不幸地使他得以成了一个实在的僭主暴君。

格:根据以上所说加以推论,我说你的话是对的。

苏:好。但是这种事情凭想必然是不够的。我们必须用如下的论证彻底地考察它们。因为我们这里讨论的是一切问题中最大的一个问题:善的生活和恶的生活问题。

格:再正确不过。

苏:因此请考虑,我的话是否有点道理。我认为我们必须从下述事例中
得出关于问题的见解。 D

格:从哪些事例中?

苏:以我们城邦里的一个拥有大量奴隶的富有私人奴隶主为例。在统

治许多人这一点上他们像僭主,而不同的只是所统治的人数不同而已。

格:是的,有这点不同。

苏:那么你知道他们不担心,不害怕自己的奴隶吗?

格:他们要害怕什么?

苏:什么也不用怕。但是你知道他们为什么不怕吗?

E 格:是的。我知道整个城邦国家保护每一个公民个人。

苏:说得好。但是假设有一个人,他拥有五十个或更多的奴隶。现在有一位神明把他和他的妻儿老小、他的财富奴隶一起从城市里用神力摄走,送往一个偏僻的地方,这里没有一个自由人来救助他。你想想看,他会多么害怕,担心他自己和他的妻儿老小要被奴隶所消灭呢?

格:我看这个恐惧是不能再大了。

579 苏:这时他不是必须要巴结讨好自己的一些奴隶,给他们许多许诺,放他们自由(虽然都不是出于真心自愿),以致一变而巴结起自己的奴隶来了吗?

格:大概必定如此,否则他就一定灭亡。

苏:但是现在假设神在他周围安置了许多邻人。他们又是不许任何人奴役别人的;如果有人想要奴役别人,他们便要处以严厉的处罚。这时怎么样呢?

B 格:我认为,这时他的处境还要更糟,他的周围就全是敌人了。

苏:这不正是一个具有我们描述过的那种天性,充满了许多各种各样恐
惧和欲望的僭主陷入的那种困境吗?他是这个城邦里唯一不能出国旅行或
参加普通自由公民爱看的节日庆典的人。虽然他心里渴望这些乐趣,但他
C 必须像妇女一样深居禁宫,空自羡慕别人能自由自在地出国旅游观光。

格:很对。

VI 苏:因此,僭主型的人物,即由于混乱在他内心里占了优势而造成恶果,
你因而判断他是最不幸的那种人物——当他不再作为一个普通的私人公
民,命运使他成了一个真正的僭主暴君,他不能控制自己却要控制别人,这
D 时他的境况一定还要更糟。这正如强迫一个病人或瘫痪的人去打仗或参加
体育比赛而不在家里治疗静养一样。

格:苏格拉底啊,你比得非常恰当,说得非常对。

苏:因此,亲爱的格劳孔,这种境况不是最不幸的吗?僭主暴君的生活不是比你断定最不幸的那种人的生活还要更不幸吗?

格:正是。

苏:因此,虽然或许有人会不赞同,然而这是真理:真正的僭主实在是一种依赖巴结恶棍的最卑劣的奴隶。他的欲望永远无法满足。如果你善于从 E
整体上观察他的心灵,透过欲望的众多你就可以看到他的真正贫穷。他的生活是一天到晚提心吊胆;如果国家状况可以反映其统治者的境况的话,那么他像他的国家一样充满了动荡不安和苦痛。是这样吗?

格:的确是的。 580

苏:除了我们前已说过的而外,他的权力将使他更加妒忌,更不忠实可信,更不正义,更不讲朋友交情,更不敬神明。他的住所藏垢纳秽。你可以看到,结果他不仅使自己成为极端悲惨的人,也使周围的人成了最为悲惨的人。

格:有理性的人都不会否认你这话的。

苏:那么快点,现在最后你一定要像一个最后评判员那样作一个最后的 B
裁判了。请你鉴定一下,哪种人最幸福,哪种人第二幸福,再同样地评定其余几种人,依次鉴定所有五种人:王者型、贪图名誉者型、寡头型、民主型、僭主型人物。

格:这个鉴定是容易做的。他们像舞台上的合唱队一样,我按他们进场的先后次序排列就是了。这既是幸福次序也是美德次序。

苏:那么,我们是雇一个传令官来宣布下述评判呢,还是我自己来宣布呢?"阿里斯同之子格劳孔已经判定:最善者和最正义者是最幸福的人。他 C
最有王者气质,最能自制。最恶者和最不正义者是最不幸的人。他又最有暴君气质,不仅对自己实行暴政而且对他的国家实行暴政。"

格:就由你自己来宣布吧。

苏:我想在上述评语后面再加上一句话:"不论他们的品性是否为神人所知,善与恶、幸与不幸的结论不变。"可以吗?

格:加上去吧。

苏:很好。那么,这是我们的证明之一。但是,下面请看第二个证明,看 VII
它是不是有点道理。 D

格:第二个证明是什么?

苏:正如城邦分成三个等级一样,每个人的心灵也可以分解为三个部分。因此我认为还可以有另外一个证明途径。

格:什么证明途径?

苏:请听我说。这三个部分我看到也有三种快乐,各各对应。还同样地有三种对应的欲望和统治。

格:请解释明白。

苏:我们说一个部分是人用来学习的。另一个部分是人用来发怒的。
还有第三个部分;这个部分由于内部的多样性,我们难以用一个简单而合适
E 的词来统括它,而只能用其中的一个最强烈的主要成分来命名它。我们根
据它强烈的关于饮食和爱的欲望以及各种连带的欲望,因而称它为"欲望"
581 部分。我们同样又根据金钱是满足这类欲望的主要手段这一点,因而称它
为"爱钱"部分。

格:对。

苏:如果我们还应该说,它的快乐和爱集中在"利益"上,我们为了在谈起心灵的这第三个部分时容易了解起见,最好不是应该把它集中到一个名下,把我们的话说得更准确些,把它叫做"爱钱"部分或"爱利"部分吗?

格:不管怎样,我认为是这样。

苏:再说,激情这个部分怎么样?我们不是说它永远整个儿地是为了优越、胜利和名誉吗?

B 格:的确。

苏:我们是不是可以恰当地把它称为"爱胜"部分或"爱敬"部分呢?

格:再恰当不过了。

苏:但是一定大家都清楚:我们用以学习的那个部分总是全力要想认识事物真理的,心灵的三个部分中它是最不关心钱财和荣誉的。

格:是的。

苏:"爱学"部分和"爱智"部分,我们用这名称称呼它合适吗?

格:当然合适。

C 苏:在有些人的心灵里是这个部分统治着,在另一些人的心灵里却是那两部分之一在统治着,依情况不同而不同。是吧?

格:是这样。

苏:正因为这个原因,所以我们说人的基本类型有三:哲学家或爱智者、爱胜者和爱利者。

格:很对。

苏:对应着三种人也有三种快乐。

格:当然。

苏:你知道吗?如果你想一个个地问这三种人,这三种生活哪一种最快
乐,他们都一定会说自己的那种生活最快乐。财主们会断言,和利益比起
来,受到尊敬的快乐和学习的快乐是无价值的,除非它们也能变出金钱来。 D

格:真的。

苏:爱敬者怎么样?他会把金钱带来的快乐视为卑鄙,把学问带来的快乐视为无聊的瞎扯(除非它也能带来敬意)。是吗?

格:是的。

苏:哲学家把别的快乐和他知道真理、永远献身研究真理的快乐相比较
时,你认为他会怎么想呢?他会认为别的快乐远非真正的快乐,他会把它们 E
叫做"必须"的快乐。因为,若非受到"必须"的束缚他是不会要它们的。
是吗?

格:无疑的。

苏:那么,既然三种快乐三种生活之间各有不同的说法,区别不是单纯 VIII
关于哪一种较为可敬哪一种较为可耻,或者哪一种较善哪一种较恶,而是关
于哪一种确实比较快乐或摆脱了痛苦,那么,我们怎么来判定哪一种说法最 582
正确呢?

格:我确实说不清。

苏:噢,请这样考虑。对事情作出正确的判断,要用什么作为标准呢?不是用经验、知识、推理作为标准吗?还有什么比它们更好的标准吗?

格:没有了。

苏:那么请考虑一下,这三种人中哪一种人对所有这三种快乐有最多的
经验?你认为爱利者在学习关于真理本身方面所得到的快乐经验能多于哲
学家在获利上所得到的快乐经验吗? B

格:断乎不是的。因为,哲学家从小就少不了要体验另外两种快乐;但

是爱利者不仅不一定要体验学习事物本质的那种快乐，而且，即使他想要这么做，也不容易做得到。

苏：因此，哲学家由于有两方面的快乐经验而比爱利者高明得多。

格：是要高明得多。

C 苏：哲学家和爱敬者比起来怎么样？哲学家在体验受尊敬的快乐方面还比不上爱敬者在学习知识方面的快乐经验吗？

格：不是的。尊敬是大家都可以得到的，如果他们都能达到自己目标的话。因为富人、勇敢者和智慧者都是能得到广泛尊敬的，因此大家都能经验到受尊敬的这种快乐。但是看到事物实在这种快乐，除了哲学家而外别的任何人都是不能得到的。

D 苏：既然他的经验最丰富，因此他也最有资格评判三种快乐。

格：很有资格。

苏：而且他还是唯一有知识和经验结合在一起的人。

格：的确是的。

苏：又且，拥有判断所需手段或工具的人也不是爱利者或爱敬者，而是爱智者或哲学家。

格：你说的什么意思？

苏：我们说判断必须通过推理达到。是吧？

格：是的。

苏：推理最是哲学家的工具。

格：当然。

E 苏：如果以财富和利益作为评判事物的最好标准，那么爱利者的毁誉必定是最真实的。

格：必定是的。

苏：如果以尊敬、胜利和勇敢作为评判事物的最好标准，那么爱胜者和爱敬者所赞誉的事物不是最真实的吗？

格：这道理很清楚。

苏：那么，如果以经验、知识和推理作为标准，怎样呢？

格：必定爱智者和爱推理者所赞许的事物是最真实的。

583 苏：因此，三种快乐之中，灵魂中那个我们用以学习的部分的快乐是最真实的快乐，而这个部分在灵魂中占统治地位的那种人的生活也是最快乐的生活。是吗？

格：怎么能不是呢？无论如何，当有知识的人说自己的生活最快乐时，他的话是最可靠的。

苏：下面该评哪一种生活哪一种快乐第二呢？

格：显然是战士和爱敬者的第二，因为这种人的生活和快乐比起挣钱者的来接近第一种。

苏：看来爱利者的生活和快乐居最后了。

格：当然了。

苏：正义的人已经在接连两次的交锋中击败了不正义的人，现在到了第 B IX
三次交锋了。照奥林匹亚运动会的做法这次是呼求奥林匹亚的宙斯保佑的。请注意，我好像听到一个有智慧的人说过呢：除了有智慧的人而外，别的任何人的快乐都不是真实的纯净的，而只是快乐的一种影像呀！这次如果失败了，可就是最大最决定性的失败啦！

格：说得对。但还得请你解释一下。

苏：如果在我探求着的时候你肯回答我的问题，我就来解释。 C

格：你尽管问吧。

苏：那么请告诉我：我们不是说痛苦是快乐的对立面吗？

格：当然。

苏：没有一种既不觉得快乐也不觉得痛苦的状态吗？

格：有的。

苏：这不是这两者之间的一种状态，一种中间的，灵魂的两个方面都平静的状态吗？你的理解是不是这样？

格：是这样。

苏：你记不记得人们生病时说的话？

格：什么话？

苏：他们说，没有什么比健康更快乐的了，虽然他们在生病之前并不曾 D
觉得那是最大的快乐。

格：我记得。

苏：你有没有听到过处于极端痛苦中的人说过？他们会说，没有什么比停止痛苦更快乐的了。是吧?

格:听到过。

苏:我想你一定注意到过,在许多诸如此类的情况下,人们在受到痛苦时会把免除和摆脱痛苦称赞为最高的快乐。这个最高的快乐并不是说的什么正面得到的享受。

格:是的。须知在这种情况下平静或许便成了快乐的或可爱的了。

E 苏:同样,当一个人停止快乐时,快乐的这种平静也会是痛苦的。

格:或许是的。

苏:因此,我们刚才说是两者之中间状态的平静有时也会是既痛苦也快乐。

格:看来是的。

苏:两者皆否的东西真能变成两者皆是吗?

格:我看不行。

苏:快乐和痛苦在心灵中产生都是一种运动。对吗?

格:对的。

584 苏:我们刚才不是说明了吗?既不痛苦也不快乐是一种心灵的平静,是两者的中间状态。是吗?

格:是的。

苏:因此,没有痛苦便是快乐,没有快乐便是痛苦,这种想法怎么可能正确呢?

格:绝不可能正确。

苏:因此,和痛苦对比的快乐以及和快乐对比的痛苦都是平静,不是真实的快乐和痛苦,而只是似乎快乐或痛苦。这些快乐的影像和真正的快乐毫无关系,都只是一种欺骗。

格:无论怎么说,论证可以表明这一点。

B 苏:因此,请你看看不是痛苦之后的那种快乐,你就可以和仍然缠着你的下列这个想法真正一刀两断了:实质上,快乐就是痛苦的停止,痛苦就是快乐的停止。

格:你叫我往哪里看,你说的是哪种快乐?

苏:这种快乐多得很,尤其是跟嗅觉有联系的那种快乐,如果你高兴注意它们的话。这种快乐先没有痛苦,突然出现,一下子就很强烈;它们停止之后也不留下痛苦。

格:极是。

苏:因此,让我们别相信这种话了:脱离了痛苦就是真正的快乐,没有了 C
快乐就是真正的痛苦。

格:是的,别相信这话。

苏:然而,通过身体传到心灵的那些所谓最大的快乐,大多数属于这一类,是某种意义上的脱离痛苦①。

格:是的。

苏:走在这类苦和乐前头的那些由于期待它们而产生的快乐和痛苦不也是这一类吗?

格:是这一类。

苏:那么你知道它们是什么样的,它们最像什么吗? D X

格:什么?

苏:你是不是认为自然有上、下、中三级?

格:是的。

苏:那么人自下升到中,他不会认为已经升到了上吗?当他站在中向下看他的来处时,他不会因为从未看见过真正的上而认为自己已经在上了吗?

格:我想他不能有别的什么想法。

苏:假设他再向下降,他会认为自己是在向下,他的想法不是对的吗? E

格:当然对的。

苏:他之所以发生这一切情况,不都是因为他没有关于真正的上、中、下的经验吗?

格:显然是的。

苏:那么,没有经验过真实的人,他们对快乐、痛苦及这两者之中间状态的看法应该是不正确的,正如他们对许多别的事物的看法不正确那样。因
此,当他们遭遇到痛苦时,就会认为自己处于痛苦之中,认为他们的痛苦是 585
真实的。他们会深信,从痛苦转变到中间状态就能带来满足和快乐。而事

① 例如吃食的快乐有饥饿的痛苦在先。

实上,由于没有经验过真正的快乐,他们是错误地对比了痛苦和无痛苦。正如一个从未见过白色的人把灰色和黑色相比那样。你认为这种现象值得奇怪吗?

格:不,我不觉得奇怪。如果情况不是这样,我倒反而会很觉奇怪的。

B 苏:让我们再像下面这样来思考这个问题吧。饥渴等不是身体常态的一种空缺吗?

格:当然是的。

苏:无知和无智不也是心灵常态的一种空缺吗?

格:的确是的。

苏:吃了饭学了知识,身体和心灵的空缺不就充实了吗?

格:当然就充实了。

苏:充实以比较不实在的东西和充实以比较实在的东西,这两种充实哪一种是比较真实的充实?

格:显然是后一种。

苏:一类事物如饭、肉、饮料,总的说是食物。另一类事物是真实意见、
C 知识、理性和一切美德的东西。这两类事物你认为哪一类比较地更具有纯粹的实在呢?换句话说,一种紧密连接着永远不变不灭的真实的,自身具有这种本性并且是在具有这种本性的事物中产生的事物,和另一种事物,一种永远变化着的可灭的,自身具有这一种本性并且是在具有这一种本性的事物中产生的事物——这两种事物你认为哪一种更具有纯粹的实在呢?

格:永远不变的那种事物比较地实在得多。

苏:永恒不变的事物,其实在性是不是超过其可知性呢?

格:绝对不。

苏:真实性呢?

格:也不。

苏:比较地不真实也就比较地不实在吗?

格:必然的。

D 苏:因此总的说,保证身体需要的那一类事物是不如保证心灵需要的那一类事物真实和实在的。

格:差得多呢!

苏:那么,身体本身你是不是认为同样不如心灵本身真实和实在呢?

格:我认为是的。

苏:那么,用以充实的东西和受到充实的东西愈是实在,充实的实在性不也愈大吗?

格:当然是的。

苏:因此,如果我们得到了适合于自然的东西的充实,我们就感到快乐
的话,那么,受到充实的东西和用以充实的东西愈是实在,我们所感到的快
乐也就愈是真实;反之,如果比较地缺少实在,我们也就比较地不能得到真 E
实可靠的充实满足,也就比较地不能感受到可靠的真实的快乐。

格:这是毫无疑义的。

苏:因此,那些没有智慧和美德经验的人,只知聚在一起寻欢作乐,终生 586
往返于我们所比喻的中下两级之间,从未再向上攀登,看见和到达真正的最
高一级境界,或为任何实在所满足,或体验到过任何可靠的纯粹的快乐。他
们头向下眼睛看着宴席,就像牲畜俯首牧场只知吃草,雌雄交配一样。须 B
知,他们想用这些不实在的东西满足心灵的那个不实在的无法满足的部分,
是完全徒劳的。由于不能满足,他们还像牲畜用犄角和蹄爪互相踢打顶撞
一样地,用铁的武器互相残杀。

格:苏格拉底啊,你描述众人的生活完全像发布神谕呀。

苏:因此,这种人的快乐之中岂不必然地混杂着痛苦,因而不过是真快
乐的影子和画像而已?在两相比照下快乐表面上好像很强烈,并且在愚人 C
们的心中引起疯狂的欲望,促使他们为之争斗,有如斯特锡霍洛斯所说,英
雄们在特洛亚为海伦的幻影①而厮杀一样。都是由于不知真实。是这
样吗?

格:事情一定是这样的。

苏:关于激情部分你以为怎样?不必定是同样的情况吗?要是一个人 XI
不假思考不顾理性地追求荣誉、胜利或意气,那么他的爱荣誉爱胜利和意气 D
的满足便能导致嫉妒、强制和愤慨。不是吗?

格:在这种场合必不可免地发生同样的情况。

---

① 斯特锡霍洛斯传说,真正的海伦留在埃及,只有她的幻影被带到了特洛亚。

苏:因此我们可以有把握地作出结论:如果爱利和爱胜的欲望遵循知识
和推理的引导,只选择和追求智慧所指向的快乐,那么它们所得到的快乐就
会是它们所能得到的快乐中最真的快乐;并且,由于受到真所引导,也是它
E 们自己固有的快乐,如果任何事物的最善都可以说成最是自己的话。我们
可以这么说吗?

格:的确最是自己固有的。

苏:因此,如果作为整体的心灵遵循其爱智部分的引导,内部没有纷争,
那么,每个部分就会是正义的,在其他各方面起自己作用的同时,享受着它
587 自己特有的快乐,享受着最善的和各自范围内最真的快乐。

格:绝对是的。

苏:如果是在其他两个部分之一的引导之下,它就不能得到自己固有的快乐,就会迫使另两部分追求不是它们自己的一种假快乐。

格:是的。

苏:离开哲学和推理最远的那种部分造成的这个效果不是会最显著吗?

格:正是。

苏:离理论最远的不就是离法律和秩序最远的吗?

格:显然是的。

苏:我们不是看出了:离法律和秩序最远的是爱的欲望和僭主暴君的欲望吗?

格:正是。

B 苏:王者的有秩序的欲望最近,是吗?

格:是的。

苏:因此,我认为僭主暴君离真正的固有的快乐最远,王者离它最近。

格:必然的。

苏:因此僭主暴君过的是最不快乐的生活,王者过的是最快乐的生活。

格:必定无疑的。

苏:那么,你知道僭主的生活比王者的生活不快乐多少吗?

格:你告诉我,我就知道了。

苏:快乐看来有三类,一类真,两类假。僭主在远离法律和推理方面超
C 过了两类假快乐,被某种奴役的雇佣的快乐包围着。其卑劣程度不易表达,

除非这样或许……

格:怎样?

苏:僭主远在寡头派之下第三级,因为中间还隔着个民主派。

格:是的。

苏:如果我们前面的话不错,那么他所享有的快乐就不过是快乐的一种幻象,其真实性还远在那种幻象之下第三级呢。不是吗?

格:是这样。

苏:又,寡头派还在王者之下第三级呢,如果我们假定贵族派和王者是 D
一回事的话。

格:是在下面第三级。

苏:因此僭主距离真正的快乐的间隔是三乘三得九,如果用数字来表示的话。

格:这是显而易见的。

苏:因此僭主快乐的幻象据长度测定所得的数字如所看到的是个平面数。

格:完全是的。

苏:但是,一经平方再立方,其间拉开的差距变得怎样,是很清楚的。

格:对于一个算术家来说这是很清楚的。

苏:换句话说,如果有人要想表示王者和僭主在真快乐方面的差距,他 E
在做完三次方计算之后会发现,王者的生活比僭主的生活快乐 729 倍,反过来说僭主的生活比王者的生活痛苦 729 倍。

格:这是一个神奇的算法,可以表明在快乐和痛苦方面正义者和不正义
者之间差距之大的。 588

苏:此外,这还是一个适合于人的生活的正确的数,既然日、夜、月、年适合人的生活①。

格:当然是。

---

① 这话准确的涵义不清楚。但是毕达哥拉斯派的费洛劳斯主张:一年有 $364\frac{1}{2}$ 个白天,大概也有同样数目的夜晚;$364\frac{1}{2}\times 2 = 729$。费洛劳斯还相信一个有 729 个月的"大年"。柏拉图不一定完全顶真,但是这种数字公式对于他像对于许多希腊人一样永远具有一定的魅力。

苏:既然善的、正义的人在快乐方面超过恶的、不正义的人如此之多,那么在礼貌、生活的美和道德方面不是要超过无数吗?

格:真的,会超过无数的。

XII 苏:很好。现在我们的论证已经进行到这里了。让我们再一次回到引
B 起我们讨论并使我们一直讨论到这里的那个说法上去吧。那个说法是:“不正义对于一个行为完全不正义却有正义之名的人是有利的。”是这么说的吗?

格:是这么说的。

苏:既然我们已经就行为正义和行为不正义各自的效果取得了一致的看法,那么,现在让我们来跟这一说法的提出者讨论讨论吧。

格:怎么讨论呢?

苏:让我们在讨论中塑造一个人心灵的塑像,让这一说法的提出者可以清楚地从中看到这一说法的涵义。

C 格:什么样的塑像?

苏:一种如古代传说中所说的生来具有多种天性的塑像,像喀迈拉或斯库拉或克尔贝洛斯①或其他据说有多种形体长在一起的怪物那样的。

格:是有这种传说的。

苏:请设想一只很复杂的多头的兽类。它长有狂野之兽的头,也有温驯之兽的头。头还可以随意变换随意长出来。

D 格:造这么一个塑像是一件只有能工巧匠才能办得到的事情呀。不过,既然言语是一种比蜡还更容易随意塑造的材料,我们就假定怪兽的像已经塑成这样了吧。

苏:然后再塑造一个狮形的像和一个人形的像,并且将第一个像塑造得最大,狮像作为第二个造得第二大。

格:这更容易,说一句话就成了。

苏:然后再将三像合而为一,就如在某种怪物身上长在一起那样。

---

① 喀迈拉(Χιμαίρα)为一狮头羊身蛇尾怪物,能喷火。见荷马史诗《伊利亚特》VI 179—182;柏拉图《费德罗篇》229D。斯库拉(Σκύλλη)为一海怪。见史诗《奥德赛》XII 85 以下。克尔贝洛斯(Κέρβερος)为守卫地府的狗,蛇尾,有三头,一说有五十个头。见赫西俄德《神谱》311—312。

格:造好了。

苏:然后再给这一联合体造一人形的外壳,让别人的眼睛看不到里面的 E
任何东西,似乎这纯粹是一个人的像。

格:也造好了。

苏:于是,让我们对提出“行事不正义对行事者有利,行事正义对行事者
不利”这一主张的人说,他这等于在主张:放纵和加强多头怪兽和狮精以及
一切狮性,却让人忍饥受渴,直到人变得十分虚弱,以致那两个可以对人为
所欲为而无须顾忌,这样对人是有利的。或者说,他这等于在主张:人不应 589
该企图调解两个精怪之间的纠纷使它们和睦相处,而应当任其相互吞并残
杀而同归于尽。

格:赞成不正义正是这个意思。

苏:反之,主张正义有利说的人主张:我们的一切行动言论应当是为了
让我们内部的人性能够完全主宰整个的人,管好那个多头的怪兽,像一个农 B
夫栽培浇灌驯化的禾苗而铲锄野草一样。他还要把狮性变成自己的盟友,
一视同仁地照顾好大家的利益,使各个成分之间和睦相处,从而促进它们生
长。是这样吗?

格:是的,这正是主张正义有利说的人的意思。

苏:因此,无论从什么角度出发,结论都是:主张正义有利说的人是对 C
的,主张不正义有利说的人是错的。因此,无论考虑到的是快乐、荣誉还是
利益,主张正义有利说的人论证是对的,而反对者则是没有理由的,对自己
所反对的东西是没有真知的。

格:我想完全是这样。

苏:那么,我们是不是要用和蔼的态度去说服我们的论敌?因为他不是
故意要犯错误呀。我们要用下述这样的话来问他:“亲爱的朋友,我们应该
说,法律和习惯认定是美的或丑的东西,不也是根据下述同一理由吗:所谓 D
美好的和可敬的事物乃是那些能使我们天性中兽性部分受制于人性部分
(或可更确切地说受制于神性部分)的事物,而丑恶和卑下的事物乃是那些
使我们天性中的温驯部分受奴役于野性部分的事物?”我们是不是要这样
问他呢?他会表示赞同吗?

格:如果他听我的劝告,他是能被说服的。

苏:如果一个人照这种说法不正义地接受金钱,如果他在得到金钱的同时使自己最善的部分受到了最恶部分的奴役,这对他能有什么好处呢?换
E 言之,如果有人把自己的儿子或女儿卖给一个严厉而邪恶的主人为奴,不管他得到了多么高的身价,是不会有人说这对他是有利的。是吗?如果一个
590 人忍心让自己最神圣的部分受奴役于最不神圣的、最可憎的部分的话,这不是一宗可悲的受贿,一件后果比厄里芙勒为了一副项链出卖自己丈夫生命①更可怕的事吗?

格:如果我可以代他回答的话,我要说这是非常可怕的。

XIII 苏:放纵经常受到谴责,你不认为也是由于它给了我们内部的多形怪兽以太多的自由吗?

格:显然是的。

B 苏:固执和暴躁受到谴责,不是因为它使我们内部的狮性或龙性②的力量增加和强壮到了太高的程度吗?

格:肯定是的。

苏:同样,奢侈和柔弱受到谴责,不是因为它们使狮性减少削弱直至它变成懒散和懦弱吗?

格:当然是的。

苏:当一个人使自己的狮性,即激情,受制于暴民般的怪兽野性,并为了钱财和无法控制的兽欲之故,迫使狮子从小就学着忍受各种侮辱,结果长大成了一只猴子而不是一头狮子。这时人们不是要谴责这个人谄媚卑鄙吗?

C 格:的确。

苏:手工技艺受人贱视,你说这是为什么?我们不是只有回答说,那是因为一个人的最善部分天生的虚弱,不能管理控制好内部的许多野兽,而只能为它们服务,学习如何去讨好它们吗?

格:看来是这样。

苏:因此,我们所以说这种人应当成为一个最优秀的人物(也就是说,一

---

① 安菲拉俄斯的妻子接受了玻琉尼克斯的贿赂,派丈夫参加了七将攻忒拜的送命的征战。

② 大蟒形的蛇怪。

个自己内部有神圣管理的人)的奴隶,其目的不是为了使他可以得到与一
个最优秀人物相同的管理吗?我们这样主张并不是因为,我们认为奴隶应 D
当(像色拉叙马霍斯对被统治者的看法)接受对自己有害的管理或统治,而
是因为,受神圣的智慧者的统治对于大家都是比较善的。当然,智慧和控制
管理最好来自自身内部,否则就必须从外部强加。为的是让大家可以在同
一指导下成为朋友,成为平等者。对吗?

格:确实对的。

苏:也很明白,制定法律作为城邦所有公民的盟友,其意图就在这里。E
我们管教儿童,直到已经在他们身上确立了所谓的宪法管理时,才放他们自
由。直到已经靠我们自己心灵里的最善部分帮助,在他们心灵里培养出了
最善部分来,并使之成为儿童心灵的护卫者和统治者时,我们才让他们自 591
由。——我们这样做的目的也就在这里。

格:是的,这是很明白的。

苏:那么,格劳孔,我们有什么方法可用来论证:做一个不正义的自我放纵的人,或者做任何卑劣的事情获得更多的金钱和权力而使自己变得更坏的人,是有利的呢?

格:无法论证。

苏:一个人做了坏事没被发现因而逃避了惩罚对他能有什么益处呢?
他逃避了惩罚不是只有变得更坏吗?如果他被捉住受了惩罚,他的兽性部 B
分不就平服了驯化了吗?他的人性部分不就被释放了自由了吗?他的整个
心灵不就在确立其最善部分的天性时,获得了节制和正义(与智慧一起),
从而达到了一种难能可贵的状态吗?虽然人的身体在得到了力和美(与健
康结合在一起)时,也能达到一种可贵的状态,但心灵的这种状态是比身体
的这种状态更为可贵得多的,就像心灵比身体可贵得多一样。是吗?

格:极是。

苏:因此有理性的人会毕生为此目标而尽一切努力;他首先会重视那些 C
能在他心灵中培养起这种品质的学问而贱视别的。是吗?

格:显然是的。

苏:其次,在身体的习惯和锻炼方面他不仅不会听任自己贪图无理性的野蛮的快乐,把生活的志趣放在这个方面,甚至也不会把身体的健康作为自

己的主要目标,把寻求强壮、健康或美的方法放在首要的地位,除非因为这
D 些事情有益于自制精神。他会被发现是在时刻为自己心灵的和谐而协调自
己的身体。

格:如果他要成为一个真正的音乐家,他是必定可以的。

苏:在追求财富上他不会同样注意和谐和秩序的原则吗?他会被众人的恭维捧得忘乎所以并敛聚大量财富而给自己带来无穷的害处吗?

格:我想,他不会的。

E 苏:他会倾向于注视自己心灵里的宪法,守卫着它,不让这里因财富的
过多或不足而引起任何的纷乱。他会因此根据这一原则尽可能地或补充一点或散去一点自己的财富,以保持正常。

格:确实是的。

592 苏:在荣誉上,他遵循如下的同一原则:荣誉凡能使他人格更善的,他就
高高兴兴地接受。荣誉若是有可能破坏他已确立起来的习惯的,无论公私方面,他都避开它。

格:如果他最关心的是这个,那么他是不会愿意参与政治的。

苏:说真的,在合意的城邦里他是一定愿意参加政治的。但是在他出生的城邦里他是不会愿意的,除非出现奇迹。

格:我知道合意的城邦你是指的我们在理论中建立起来的那个城邦,那
B 个理想中的城邦。但是我想这种城邦在地上是找不到的。

苏:或许天上建有它的一个原型,让凡是希望看见它的人能看到自己在那里定居下来。至于它是现在存在还是将来才能存在,都没关系。反正他只有在这种城邦里才能参加政治,而不能在别的任何国家里参加。

格:好像是的。

第十卷

苏:确实还有许多其他的理由使我深信,我们在建立这个国家中的做法 I 595
是完全正确的,特别是(我认为)关于诗歌的做法。

格:什么样的做法?

苏:它绝对拒绝任何模仿。须知,既然我们已经辨别了心灵的三个不同
的组成部分,我认为拒绝模仿如今就显得有更明摆着的理由了。 B

格:请你解释一下。

苏:噢,让我们私下里说说——你是不会把我的话泄露给悲剧诗人或别的任何模仿者的——这种艺术对于所有没有预先受到警告,不知道它的危害性的那些听众的心灵,看来是有腐蚀性的。

格:请你再解释得深入些。

苏:我不得不直说了。虽然我从小就对荷马怀有一定的敬爱之心,不愿
意说他的不是。因为他看来是所有这些美的悲剧诗人的祖师爷呢。但是, C
不管怎么说,我们一定不能把对个人的尊敬看得高于真理,我必须(如我所
说的)讲出自己的心里话。

格:你一定得说出心里话。

苏:那么请听我说,或者竟回答我的问题更好。

格:你问吧。

苏:你能告诉我,模仿一般地说是什么吗?须知,我自己也不太清楚,它的目的何在。

格:那我就更不懂了!

苏:其实你比我懂些也没什么可奇怪的,既然视力差的人看东西比视力
596 好的人清楚也是常事。

格:说得是。不过在你面前,我即使看得见什么,也是不大可能急切地想告诉你的。你还是自己看吧!

苏:那么下面我们还是用惯常的程序来开始讨论问题,好吗?在凡是我们能用同一名称称呼多数事物的场合,我认为我们总是假定它们只有一个形式或理念的。你明白吗?

格:我明白。

B 苏:那么现在让我们随便举出某一类的许多东西,例如说有许多的床或桌子。

格:当然可以。

苏:但是概括这许多家具的理念我看只有两个:一个是床的理念,一个是桌子的理念。

格:是的。

苏:又,我们也总是说制造床或桌子的工匠注视着理念或形式分别地制造出我们使用的桌子或床来;关于其他用物也是如此。是吗?至于理念或形式本身则不是任何匠人能制造得出的,这是肯定的。是吗?

格:当然。

C 苏:但是现在请考虑一下,下述这种工匠你给他取个什么名称呢?

格:什么样的匠人?

苏:一种万能的匠人:他能制作一切东西——各行各业的匠人所造的各种东西。

格:你这是在说一种灵巧得实在惊人的人。

苏:请略等一等。事实上马上你也会像我这么讲的。须知,这同一个匠人不仅能制作一切用具,他还能制作一切植物、动物,以及他自身。此外他还能制造地、天、诸神、天体和冥间的一切呢。

D 格:真是一个神奇极了的智者啊!

苏:你不信?请问,你是根本不信有这种匠人吗?或者,你是不是认为,这种万能的工匠在一种意义上说是能有的,在另一种意义上说是不能有的呢?或者请问,你知不知道,你自己也能“在某种意义上”制作出所有这些

东西?

格:在什么意义上?

苏:这不难,方法很多,也很快。如果你愿意拿一面镜子到处照的话,你就能最快地做到这一点。你就能很快地制作出太阳和天空中的一切,很快
地制作出大地和你自己,以及别的动物、用具、植物和所有我们刚才谈到的 E
那些东西。

格:是的。但这是影子,不是真实存在的东西呀!

苏:很好,你这话正巧对我们的论证很有帮助。因为我认为画家也属于这一类的制作者。是吗?

格:当然是的。

苏:但是我想你会说,他的“制作”不是真的制作。然而画家也“在某种意义上”制作一张床。是吗?

格:是的,他也是制作床的影子。

苏:又,造床的木匠怎么样?你刚才不是说,他造的不是我们承认其为 II
真正的床或床的本质的形式或理念,而只是一张具体特殊的床而已吗? 597

格:是的,我是这么说的。

苏:那么,如果他不能制造事物的本质,那么他就不能制造实在,而只能制造一种像实在(并不真是实在)的东西。是吗?如果有人说,造床的木匠或其他任何手艺人造出的东西是完全意义上的存在,这话就很可能是错的。是吗?

格:无论如何,这终究不大可能是善于进行我们这种论证法的人的观点。

苏:因此,如果有人说这种东西[1]和真实比较起来也不过是一种暗淡的阴影。这话是不会使我们感到吃惊的。

格:我们是一定不会吃惊的。 B

苏:那么,我们是不是打算还用刚才这些事例来研究这个摹仿者的本质呢?即,究竟谁是真正的摹仿者?

格:就请这么做吧!

---

[1] 指§597处所举出的例如木匠造的床,参见本书边码。

苏:那么下面我们设有三种床,一种是自然的[1]床,我认为我们大概得说它是神造的。或者,是什么别的造的吗?

格:我认为不是什么别的造的。

苏:其次一种是木匠造的床。

格:是的。

苏:再一种是画家画的床,是吗?

格:就算是吧。

苏:因此,画家、造床匠、神,是这三者造这三种床。

格:是的,这三种人。

C 苏:神或是自己不愿,或是有某种力量迫使他不能制造超过一个的自然床,因而就只造了一个本质的床,真正的床。神从未造过两个或两个以上这样的床,它以后也永远不会再有新的了。

格:为什么?

苏:因为,假定神制造两张床,其背后就会又有第三张出现,那两个都以它的形式为自己的形式,结果就会这第三个是真正的本质的床,那两个不是了。

格:对。

苏:因此,我认为神由于知道这一点,并且希望自己成为真实的床的真
D 正制造者而不只是一个制造某一特定床的木匠,所以他就只造了唯一的一张自然的床。

格:看来是的。

苏:那么我们把神称为床之自然的创造者,可以吗?还是称为什么别的好呢?

格:这个名称是肯定正确的,既然自然的床以及所有其他自然的东西都是神的创造。

苏:木匠怎么样?我们可以把他称为床的制造者吗?

格:可以。

苏:我们也可以称画家为这类东西的创造者或制造者吗?

格:无论如何不行。

---

① 即本质的床,床的理念。

苏:那么你说他是床的什么呢?

格:我觉得,如果我们把画家叫做那两种人[1]所造的东西的模仿者,应 E
该是最合适的。

苏:很好。因此,你把和自然隔着两层的作品的制作者称作模仿者?

格:正是。

苏:因此,悲剧诗人既然是模仿者,他就像所有其他的模仿者一样,自然地和王者[2]或真实隔着两层。

格:看来是这样。

苏:那么,关于模仿者我们已经意见一致了。但是请你告诉我,画家努
力模仿的是哪一种事物?你认为是自然中的每一事物本身还是工匠的制 598
作品?

格:工匠的作品。

苏:因此这是事物的真实还是事物的影像?——这是需要进一步明确的。

格:我不明白你的意思。

苏:我的意思如下:例如一张床,你从不同的角度看它,从侧面或从前面或从别的角度看它,它都异于本身吗?或者,它只是样子显得不同,事实上完全没有什么不同,别的事物也莫不如此。是吗?

格:只是样子显得不同,事实上没有任何区别。

苏:那么请研究下面这个问题。画家在作关于每一事物的画时,是在模 B
仿事物实在的本身还是在模仿看上去的样子呢?这是对影像的模仿还是对
真实的模仿呢?

格:是对影像的模仿。

苏:因此,模仿术和真实距离是很远的。而这似乎也正是它之所以在只
把握了事物的一小部分(而且还是表象的一小部分)时就能制造任何事物
的原因。例如,我们说一个画家将给我们画一个鞋匠或木匠或别的什么工
匠。虽然他自己对这些技术都一窍不通,但是,如果他是个优秀的画家的 C

① 指创造者(神)和制造者(工匠)。

② 比喻性用语。“王者”即“最高”“真理”之意。

话，只要把他所画的例如木匠的肖像陈列得离观众有一定的距离，他还是能骗过小孩和一些笨人，使他们信以为真的。

格：这话当然对的。

苏：我的朋友，我认为，在所有这类情况下，我们都应该牢记下述这一
点。当有人告诉我们说，他遇到过一个人，精通一切技艺，懂得一切只有本
D 行专家才专门懂得的其他事物，没有什么事物他不是懂得比任何别人都清
楚的。听到这些话我们必须告诉他说："你是一个头脑简单的人，看来遇到了魔术师或巧于模仿的人，被他骗过了。你之所以以为他是万能的，乃是因为你不能区别知识、无知和模仿。"

格：再对不过了。

III 苏：那末下面我们必须考察悲剧诗人及其领袖荷马了。既然我们听到
E 有些人说，这些诗人知道一切技艺，知道一切与善恶有关的人事，还知道神
事。须知，一般的读者是这样想的：一个优秀的诗人要正确地描述事物，他
就必须用知识去创造，否则是不行的。对此我们必须想一想：这种读者是不
是碰上了魔术师般的那种模仿者了；受了他们的骗，以致看着他们的作品却
599 不知道这些作品和真实隔着两层，是即使不知真实也容易制造得出的呢
（因为他们的作品是影像而不是真实）？或者，是不是一般读者的话还是有点道理的，优秀的诗人对自己描述的事物（许多读者觉得他们描述得很好）还是有真知的呢？

格：我们一定要考察一下。

苏：那么，如果一个人既能造被模仿的东西，又能造影像，你认为他真会
B 热心献身于制造影像的工作，并以此作为自己的最高生活目标吗？

格：我不这样认为。

苏：我认为，如果他对自己模仿的事物有真知的话，他是一定宁可献身于真的东西而不愿献身于模仿的。他会热心于制造许多出色的真的制品，留下来作为自己身后的纪念。他会宁愿成为一个受称羡的对象，而不会热心于做一个称羡别人的人的。

格：我赞成你的话。能这样做，他的荣誉和利益一定会同样大的。

C 苏：因此我们不会要求荷马或任何其他诗人给我们解释别的问题；我们
不会问起：他们之中有谁是医生而不只是一个模仿医生说话的人，有哪个诗

人(无论古时的还是现时的)曾被听说帮助什么病人恢复过健康,像阿斯克
勒比斯那样,或者,他们曾传授医术给什么学生,像阿斯克勒比斯传授门徒
那样。我们不谈别的技艺,不问他们这方面的问题。我们只谈荷马所想谈
论的那些最重大最美好的事情——战争和指挥问题、城邦治理问题和人的
教育问题。我们请他回答下述问题肯定是公道的:“亲爱的荷马,假定你虽 D
然是我们定义为模仿者的那种影像的制造者,但是离美德方面的真实并不
隔开两层,而是只相隔一层,并且能够知道怎样的教育和训练能够使人在公
私生活中变好或变坏,那么,请问:有哪一个城邦是因为你而被治理好了的,
像斯巴达因为有莱库古,别的许多大小不等的城邦因为有别的立法者那样? E
有哪一个城邦把自己的大治说成是因为你是他们的优秀立法者,是你给他
们造福的?意大利和西西里人曾归功于卡龙达斯,我们归功于梭伦。有谁
曾归功于你?”他荷马能回答得出吗?

格:我想他是回答不出的。连荷马的崇拜者自己也不曾有人说荷马是一个优秀立法者。

苏:那么,你曾听说过荷马活着的时候有过什么战争是在他指挥或赞划 600
下打胜了的吗?

格:从未听说过。

苏:那么,正如可以期望于一个长于实际工作的智者的,你曾听说过荷马在技艺或其他实务方面有过多项精巧的发明,像米利都的泰勒斯和斯库西亚的阿那哈尔息斯[①]那样?

格:一项也没听说过。

苏:如果他从未担任过什么公职,那么,你有没有听说过他创建过什么
私人学校,在世的时候学生们乐于从游听教,死后将一种荷马楷模传给后
人,正像毕达哥拉斯那样?毕达哥拉斯本人曾为此而受到特殊的崇敬,而其 B
继承者时至今日还把一种生活方式叫做“毕达哥拉斯楷模”,并因此而显得
优越。荷马也如此吗?

格:从没听说过这种事。苏格拉底啊,要知道,荷马的学生克里昂夫洛

① 第奥根尼·拉尔修《名哲言行录》i,105,传说他是锚和陶轮的发明者。

斯作为荷马教育的一个标本,或许甚至比自己的名字①还更可笑呢,如果关
于荷马的传说可靠的话。据传说他于荷马在世时就轻视他。

IV 苏:是有这个传说的。但是,格劳孔啊,如果荷马真能教育人提高人的
C 品德,他确有真知识而不是只有模仿术的话,我想就会有许多青年跟他学
习,敬他爱他了。你说是吗?既然阿布德拉的普罗泰戈拉、开奥斯的普洛蒂
卡斯和许多别的智者能以私人教学使自己的同时代人深信,人们如果不受
D 智者的教育,就不能管好家务治好国家;他们靠这种智慧赢得了深深的热
爱,以致他们的学生只差一点没把他们顶在自己的肩上走路了。同样道理,
如果荷马真能帮助自己的同时代人得到美德,人们还能让他(或赫西俄德)
流离颠沛,卖唱为生吗?人们会依依难舍,把他看得胜过黄金,强留他住在
E 自己家里的。如果挽留不住,那么,无论他到哪里,人们也会随侍到哪里,直
到充分地得到了他的教育为止的。你说我的这些想法对吗?

格:苏格拉底啊,我觉得你的话完全对的。

苏:因此我们是不是可以肯定下来:从荷马以来所有的诗人都只是美德
或自己制造的其他东西的影像模仿者,他们完全不知道真实?这正如我们
刚才说的,画家本人虽然对鞋匠的手艺一无所知,但是能画出像是鞋匠的人
601 来,只要他们自己以及那些只知道凭形状和颜色判断事物的观众觉得像鞋
匠就行了。不是吗?

格:正是的。

苏:同样地,我认为我们要说,诗人虽然除了模仿技巧而外一无所知,但
他能以语词为手段出色地描绘各种技术,当他用韵律、音步和曲调无论谈论
B 制鞋、指挥战争还是别的什么时,听众由于和他一样对这些事情一无所知,
只知道通过词语认识事物,因而总是认为他描绘得再好没有了。所以这些
音乐性的成分所造成的诗的魅力是巨大的;如果去掉了诗的音乐彩色,把它
变成了平淡无奇的散文,我想你是知道的,诗人的语言将变成个什么样子。
我想你已经注意过这些了。

格:是的,我已经注意过了。

---

① Κρεώφυλος,从字面上看,意为"吃肉氏族的人"。据说是一位出身开俄斯岛的史诗作家。

苏:它们就像一些并非生得真美,只是因为年轻而显得好看的面孔,如今青春一过,容华尽失似的。

格:的确像这样。

苏:请再考虑下面这个问题:影像的创造者,亦即模仿者,我们说是全然不知实在而只知事物外表的。是这样吗?

格:是的。 C

苏:让我们把这个问题说全了,不要半途而废。

格:请继续说下去。

苏:我们说,画家能画马缰和嚼子吧?

格:对。

苏:但是,能制造这些东西的是皮匠和铜匠吧?

格:当然。

苏:画家知道缰绳和嚼子应当是怎样的吗?或许,甚至制造这些东西的皮匠和铜匠也不知道,而只有懂得使用这些东西的骑者才知道这一点吧?

格:完全正确。

苏:我们可不可以这样说,这是一个放之一切事物而皆准的道理呢? D

格:什么意思?

苏:我意思是说:不论谈到什么事物都有三种技术:使用者的技术、制造者的技术和模仿者的技术,是吧?

格:是的。

苏:一切器具、生物和行为的至善、美与正确不都只与使用——作为人与自然创造一切的目的——有关吗?

格:是这样。

苏:因此,完全必然的是:任何事物的使用者乃是对它最有经验的,使用者把使用中看到的该事物的性能好坏通报给制造者。例如吹奏长笛的人报告制造长笛的人,各种长笛在演奏中表现出来的性能如何,并吩咐制造怎样 E
的一种,制造者则按照他的吩咐去制造。

格:当然。

苏:于是,一种人知道并报告关于笛子的优劣,另一种人信任他,照他的要求去制造。

格:是的。

苏:因此,制造者对这种乐器的优劣能有正确的信念(这是在和对乐器
602 有真知的人交流中,在不得不听从他的意见时的信念),而使用者对它则能有知识。

格:的确是的。

苏:模仿者关于自己描画的事物之是否美与正确,能有从经验与使用中得来的真知吗?或者他能有在与有真知的人不可少的交往中,因听从了后者关于正确制造的要求之后得到的正确意见吗?

格:都不能有。

苏:那么,模仿者关于自己模仿得优还是劣,就既无知识也无正确意见了。

格:显然是的。

苏:因此诗人作为一种模仿者,关于他所创作的东西的智慧是最美的了①。

格:一点也不是。

B 苏:他尽管不知道自己创作的东西是优是劣,他还是照样继续模仿下去。看来,他所模仿的东西对于一无所知的群众来说还是显得美的。

格:还能不是这样吗?

苏:看来我们已经充分地取得了如下的一致意见:模仿者对于自己模仿的东西没有什么值得一提的知识。模仿只是一种游戏,是不能当真的。想当悲剧作家的诗人,不论是用抑扬格还是用史诗格写作的,尤其都只能是模仿者。

格:一定是的。

V C 苏:说实在的,模仿不是和隔真理两层的第三级事物相关的吗?

格:是的。

苏:又,模仿是人的哪一部分的能力?

格:我不明白你的意思。

苏:我的意思是说:一个同样大小的东西远看和近看在人的眼睛里显得

---

① 这是一句讽刺挖苦的话,应当反过来理解。但是格劳孔回答的态度是认真的。

不一样大。

格:是不一样大的。

苏:同一事物在水里看和不在水里看曲直是不同的。由于同样的视觉错误,同一事物外表面的凹凸看起来也是不同的。并且显然,我们的心灵里有种种诸如此类的混乱。绘画所以能发挥其魅力正是利用了我们天 D
性中的这一弱点,魔术师和许多别的诸如此类的艺人也是利用了我们的这一弱点。

格:真的。

苏:量、数和称不是已被证明为对这些弱点的最幸福的补救行为吗?它们不是可以帮助克服"好像多或少"、"好像大或小"和"好像轻或重"对我们心灵的主宰,代之以数过的数、量过的大小和称过的轻重的主宰吗?

格:当然。 E

苏:这些计量活动是心灵理性部分的工作。

格:是这个部分的工作。

苏:但是,当它计量了并指出了某些事物比别的事物"大些"或"小些"或"相等"时,常常又同时看上去好像相反。

格:是的。

苏:但是我们不是说过吗:我们的同一部分对同一事物同时持相反的两种看法是不能容许的?

格:我们的话是对的。 603

苏:心灵的那个与计量有相反意见的部分,和那个与计量一致的部分不可能是同一个部分。

格:当然不能是。

苏:信赖度量与计算的那个部分应是心灵的最善部分。

格:一定是的。

苏:因此与之相反的那个部分应属于我们心灵的低贱部分。

格:必然的。

苏:因此这就是我们当初说下面这些话时想取得一致的结论。我们当初曾说,绘画以及一般的模仿艺术,在进行自己的工作时是在创造远离真实的作品,是在和我们心灵里的那个远离理性的部分交往,不以健康与真理为 B

目的地在向它学习。

格:一定是的。

苏:因此,模仿术乃是低贱的父母所生的低贱的孩子。

格:看来是的。

苏:这个道理只适用于眼睛看的事物呢,还是也适用于耳朵听的事物,适用于我们所称的诗歌呢?[①]

格:大概也适用于听方面的事物。

苏:让我们别只相信根据绘画而得出的"大概",让我们来接着考察一
C 下从事模仿的诗歌所打动的那个心灵部分,看这是心灵的低贱部分还是高贵部分。

格:必须这样。

苏:那么让我们这么说吧:诗的模仿术模仿人的行为——或被迫或自愿的行为,以及,作为这些行为的后果,他们交了好运或恶运(设想的),并感受到了苦或乐。除此而外还有什么别的吗?

格:别无其他了。

D 苏:在所有这些感受里,人的心灵是统一的呢,或者还是,正如在看的方面,对同一的事物一个人自身内能同时有分歧和相反的意见那样,在行为方面一个人内部也是能有分裂和自我冲突的呢?不过我想起来了:在这一点上我们现在没有必要再寻求一致了。因为前面讨论时我们已经充分地取得了一致意见:我们的心灵在任何时候都是充满无数这类冲突的。

格:对。

苏:对是对。不过,那时说漏了的,我想现在必须提出来了。

E 格:漏了什么?

苏:一个优秀的人物,当他不幸交上了恶运,诸如丧了儿子或别的什么心爱的东西时,我们前面[②]不是说过吗,他会比别人容易忍受得住的。

格:无疑的。

苏:现在让我们来考虑这样一个问题:这是因为他不觉得痛苦呢,还是

---

① 古代诗歌的两种主要形式,史诗和悲剧,都是唱的。所以听众都是用耳朵的。

② 387D—E。

说,他不可能不觉得痛苦,只是因为他对痛苦能有某种节制呢?

格:后一说比较正确。

苏:关于他,现在我请问你这样一个问题:你认为他在哪一种场合更倾 604
向于克制自己的悲痛呢,是当着别人的面还是在独处的时候?

格:在别人面前他克制得多。

苏:但是当他独处时,我想,他就会让自己说出许多怕被人听到的话,做出许多不愿被别人看到的事来的。

格:是这样的。

苏:促使他克制的是理性与法律,怂恿他对悲伤让步的是纯情感本身。B VI
不是吗?

格:是的。

苏:在一个人身上同时关于同一事物有两种相反的势力表现出来,我们认为这表明,他身上必定存在着两种成分。

格:当然是的。

苏:其中之一准备在法律指导它的时候听从法律的指引。不是吗?

格:请作进一步的申述。

苏:法律会以某种方式告知:遇到不幸时尽可能保持冷静而不急躁诉
苦,是最善的。因为,这类事情的好坏是不得而知的;不作克制也无补于事;
人世生活中的事本也没有什么值得太重视的;何况悲痛也只能妨碍我们在 C
这种情况下尽可能快地取得我们所需要的帮助呢!

格:你指的什么帮助呢?

苏:周密地思考所发生的事情呀!就像在(掷骰子时)骰子落下后决定
对掷出的点数怎么办那样,根据理性的指示决定下一步的行动应该是最善
之道。我们一定不能像小孩子受了伤那样,在啼哭中浪费时间,而不去训练 D
自己心灵养成习惯,尽快地设法治伤救死,以求消除痛苦。

格:这的确是面临不幸时处置不幸的最善之道。

苏:因此我们说,我们的最善部分是愿意遵从理性指导的。

格:显然是的。

苏:因此,我们不是也要说,一味引导我们回忆受苦和只知悲叹而不能充分地得到那种帮助的那个部分,是我们的无理性的无益的部分,是懦弱的

伙伴？

格：是的，我们应该这么说。

E 苏：因此，我们的那个不冷静的部分给模仿提供了大量各式各样的材
料。而那个理性的平静的精神状态，因为它几乎是永远不变的，所以是不容
易模仿的，模仿起来也是不容易看懂的，尤其不是涌到剧场里来的那一大群
杂七杂八的人所容易了解的。因为被模仿的是一种他们所不熟悉的感情。

605 格：一定的。

苏：很显然，从事模仿的诗人本质上不是模仿心灵的这个善的部分的，
他的技巧也不是为了让这个部分高兴的，如果他要赢得广大观众好评的话。
他本质上是和暴躁的多变的性格联系的，因为这容易模仿。

格：这是很明显的。

苏：到此，我们已经可以把诗人捉住，把他和画家放在并排了。这是很
公正的。因为像画家一样，诗人的创作是真实性很低的；因为像画家一样，
B 他的创作是和心灵的低贱部分打交道的。因此我们完全有理由拒绝让诗人
进入治理良好的城邦。因为他的作用在于激励、培育和加强心灵的低贱部
分毁坏理性部分，就像在一个城邦里把政治权力交给坏人，让他们去危害好
C 人一样。我们同样要说，模仿的诗人还在每个人的心灵里建立起一个恶的
政治制度，通过制造一个远离真实的影像，通过讨好那个不能辨别大和小，
把同一事物一会儿说大一会儿又说小的无理性部分。

格：确实是的。

VII 苏：但是，我们还没有控告诗歌的最大罪状呢。它甚至有一种能腐蚀最
优秀人物（很少例外）的力量呢。这是很可怕的。

格：如果它真有这样的力量，确是很可怕的。

苏：请听我说。当我们听荷马或某一悲剧诗人模仿某一英雄受苦，长时
D 间地悲叹或吟唱，捶打自己的胸膛，你知道，这时即使是我们中的最优秀人
物也会喜欢它，同情地热切地听着，听入了迷的。我们会称赞一个能用这种
手段最有力地打动我们情感的诗人是一个优秀的诗人的。

格：我知道，是这样的。

苏：然而，当我们在自己的生活中遇到了不幸时，你也知道，我们就会反
过来，以能忍耐能保持平静而自豪，相信这才是一个男子汉的品行，相信过

去在剧场上所称道的那种行为乃是一种妇道人家的行为。 E

格:是的,我也知道这个。

苏:那么,当我们看着舞台上的那种性格——我们是羞于看到自己像那样的——而称赞时,你认为这种称赞真的正确吗?我们喜欢并称赞这种性格而不厌恶它,这样做是有道理的吗?

格:说真的,看来没有道理。

苏:特别是假如你这样来思考这个问题的话。 606

格:怎样思考?

苏:你请作如下的思考。舞台演出时诗人是在满足和迎合我们心灵的
那个(在我们自己遭到不幸时被强行压抑的)本性渴望痛哭流涕以求发泄
的部分。而我们天性最优秀的那个部分,因未能受到理性甚或习惯应有的
教育,放松了对哭诉的监督。理由是:它是在看别人的苦难,而赞美和怜悯
别人——一个宣称自己有美德而又听任自己极端苦痛的人——是没什么可 B
耻的。此外,它[1]认为自己得到这个快乐全然是好事,它是一定不会同意因
反对全部的诗歌而让这种快乐一起失去的。因为没有多少人能想到,替别
人设身处地的感受将不可避免地影响我们为自己的感受,在那种场合养肥
了的怜悯之情,到了我们自己受苦时就不容易被制服了。

格:极为正确。 C

苏:关于怜悯的这个论证法不也适用于喜剧的笑吗?虽然你自己本来是羞于插科打诨的,但是在观看喜剧表演甚或在日常谈话中听到滑稽笑话时,你不会嫌它粗俗反而觉得非常快乐。这和怜悯别人的苦难不是一回事吗?因为这里同样地,你的理性由于担心你被人家看作小丑,因而在你跃跃欲试时克制了的你那个说笑本能,在剧场上你任其自便了,它的面皮愈磨愈厚了。于是你自己也不知不觉地在私人生活中成了一个爱插科打诨的人了。

格:确实是的。 D

苏:爱情和愤怒,以及心灵的其他各种欲望和苦乐——我们说它们是和我们的一切行动同在的——诗歌在模仿这些情感时对我们所起的作用也是

---

① 心灵的理性部分。

这样的。在我们应当让这些情感干枯而死时诗歌却给它们浇水施肥。在我们应当统治它们,以便我们可以生活得更美好更幸福而不是更坏更可悲时,诗歌却让它们确立起了对我们的统治。

格:我没有异议。

E 苏:因此,格劳孔啊,当你遇见赞颂荷马的人,听到他们说荷马是希腊的
教育者,在管理人们生活和教育方面,我们应当学习他,应当按照他的教导
607 来安排我们的全部生活,这时,你必须爱护和尊重说这种话的人。因为他们
的认识水平就这么高。你还得对他们承认,荷马确是最高明的诗人和第一个悲剧家。但是你自己应当知道,实际上我们是只许可歌颂神明的、赞美好人的颂诗进入我们城邦的。如果你越过了这个界限,放进了甜蜜的抒情诗和史诗,那时快乐和痛苦就要代替公认为至善之道的法律和理性原则成为你们的统治者了。

格:极其正确。

VIII 苏:到此,让我们结束重新讨论诗歌以及进一步申述理由的工作吧。我
B 们的申述是:既然诗的特点是这样,我们当初把诗逐出我们国家的确是有充
分理由的。是论证的结果要求我们这样做的。为了防止它①怪我们简单粗
暴,让我们再告诉它,哲学和诗歌的争吵是古已有之的。例如,什么"对着主
C 人狂吠的爱叫的狗",什么"痴人瞎扯中的大人物",什么"统治饱学之士的
群盲",什么"缜密地思考自己贫穷的人"②,以及无数其他的说法都是这方
面的证据。然而我们仍然申明:如果为娱乐而写作的诗歌和戏剧能有理由
证明,在一个管理良好的城邦里是需要它们的,我们会很高兴接纳它。因为
我们自己也能感觉到它对我们的诱惑力。但是背弃看来是真理的东西是有
D 罪的。我的朋友,你说是这样吗?你自己没有感觉到它的诱惑力吗,尤其是
当荷马本人在蛊惑你的时候?

格:的确是的。

苏:那么,当诗已经申辩了自己的理由,或用抒情诗格或用别的什么格律——它可以公正地从流放中回来吗?

---

① 拟人。"它"指诗。

② 这些话出处不明。第一句和第三句话看来是骂诗人的,第四句话是讽刺哲学家的。

格:当然可以。

苏:我们大概也要许可诗的拥护者——他们自己不是诗人只是诗的爱
好者——用无韵的散文申述理由,说明诗歌不仅是令人愉快的,而且是对有
秩序的管理和人们的全部生活有益的。我们也要善意地倾听他们的辩护, E
因为,如果他们能说明诗歌不仅能令人愉快而且也有益,我们就可以清楚地
知道诗于我们是有利的了。

格:我们怎样才能有利呢?

苏:不过,我的好朋友,如果他们说不出理由来,我们也只好像那种发觉
爱情对自己不利时即冲破情网——不论这样做有多么不容易——的恋人一
样了。虽然我们受了我们美好制度[①]的教育已养成了对这种诗歌的热爱, 608
因而我们很乐意能听到他们提出尽可能有力的理由来证明诗的善与真。但
是,如果他们做不到这一点,我们就要在心里对自己默念一遍自己的理由,
作为抵制诗之魅力的咒语真言,以防止自己堕入众人的那种幼稚的爱中去
了。我们已经得以知道,一定不能太认真地把诗歌当成一种有真理作依据
的正经事物看待。我们还要警告诗的听众,当心它对心灵制度的不良影响, B
要他们听从我们提出的对诗的看法才好。

格:我完全同意。

苏:亲爱的格劳孔,这场斗争是重大的。其重要性程度远远超过了我们的想象。它是决定一个人善恶的关键。因此,不能让荣誉、财富、权力,也不能让诗歌诱使我们漫不经心地对待正义和一切美德。

格:根据我们所作的论证,我赞同你的这个结论。并且我想别的人也会赞同你的话的。

苏:但是,你知道,我们还没有论述至善所能赢得的最大报酬和奖励呢。 IX C

格:你指的一定是一个无法想象的大东西,如果还有什么别的比我们讲过的东西大的话。

苏:在一段短短的时间里哪能产生什么真正大的东西呀!因为一个人从小到老一生的时间和时间总体相比肯定还是很小的。

格:是的,不能产生任何大东西的。

---

① 反话。

苏:那么怎么样?你认为一个不朽的事物应当和这么短的一段时间相
D 关,而不和总的时间相关吗?

格:我认为它应和总的时间相关。但是这个不朽的事物你指的是什么呢?

苏:你不知道我们的灵魂是不朽不灭的吗?

格:[惊讶地看着苏格拉底]天哪,我真的不知道,但是,你打算这么主张么?

苏:是的,我应当这样主张。我想你也应该这样主张。这没什么难的。

格:这在我是很难的。但我还是乐意听你说说这个不难的主张。

苏:请听我说。

格:尽管说吧。

苏:你用"善"和"恶"这两个术语吗?

E 格:我用。

苏:你对它们的理解和我相同吗?

格:什么理解?

苏:一切能毁灭能破坏的是恶,一切能保存有助益的是善。

格:我赞同。

苏:你认为怎么样?是不是每一种事物都有其特有的善与恶,例如眼睛
609 的发炎、整个身体的疾病、粮食的霉烂、树木的枯朽、铜铁的生锈?照我看,
实际上一切事物都有其与生俱来的恶或病,你说是不是?

格:是的。

苏:那么,当一种恶生到一个事物上去时,它不就使这事物整个儿地也变恶而终至崩溃毁灭吗?

格:当然。

苏:那么,是每一事物特有的恶或病毁灭该事物。如果它不能毁灭该事
B 物,也就不再有别的什么能毁坏它了。因为善是显然永不毁灭什么事物的,
而既不善也不恶的"中"也是不会毁灭任何事物的。

格:当然不能。

苏:那么,如果我们发现什么东西,虽有专损害它的恶,但不能使它崩解灭亡,我们就可以知道,具有这种天赋素质的事物必定是不可毁灭的。

对吗?

格:看来是的。

苏:因此怎么样? 有没有使心灵恶的东西呢?

格:的确有。我们刚才所列述的一切:不正义、无节制、懦弱、无知都是。 C

苏:其中任何一个都崩解和毁灭心灵吗? 请注意不要想错了,不要说,一个不正义的愚人在做坏事时被捉住了,这是被不正义毁灭了。(不正义是心灵特有的恶。)我们还是宁可说:正如削弱和毁灭身体使它终至不再成其为身体的是身体特有的恶(它是疾病),同样,在所有我们列举的例子里,生到一个事物上并留存在那个事物里起毁灭它的作用,从而使它不再成其为 D
该事物的,是特有的恶。是这样吗?

格:是这样。

苏:那么,来吧,让我们也这样来讨论心灵。不正义和其他内在的恶,能通过内在和长上去的途径以破坏毁灭心灵,直至使它死亡使它和肉体分离吗?

格:无论如何也不能。

苏:但是,认为一个事物能被别的事物的恶所毁灭,它自身的恶不毁灭它——这种想法肯定是没有道理的。

格:是没有道理的。

苏:因为,格劳孔啊,请注意,我们不会认为如下的说法是确当的:人的 E
身体被食物的恶——无论是发霉还是腐烂,还是别的什么——所毁灭。虽然当食物的恶在人体里造成人体的毛病时,我们会说身体"因为"这些食物而"被"它自己的恶,即疾病所毁灭,但是我们永远不会认为身体(作为一物)可能被食物(作为另一物)的恶,一个外来的恶(没有造成身体的疾病) 610
所毁灭。

格:你的话十分正确。

苏:同样道理,如果说肉体的恶不能在灵魂里造成灵魂的恶,我们就永 X
远不能相信,灵魂能被一个外来的恶(离开灵魂本身的恶)所灭亡,即一事物被它事物的恶所灭亡。

格:这是很合理的。

苏:因此,我们必须批驳下述论点,指出它的错误。或者,如果不去驳斥 B

它，我们也必须永远坚持：热病或别的什么病，刀杀或碎尸万段能使灵魂灭亡——这说法看来也不像有更多的理由，除非有人能证明，灵魂能因肉体的
C 这些遭受而变得更不正义或更恶。我们不能承认，无论灵魂还是别的什么可以因有别的事物的恶和它同在（没有它自己的恶）而被灭亡的。

格：无论如何，不会有人能证明，一个临死的人的灵魂能因死亡而变得更不正义的。

苏：但是，如果有人胆敢固执这个论点，为了避免被迫走上承认灵魂不朽，他说：一个临死的人是变得更恶更不正义的。这时我们将仍然主张：如
D 果他的话是真的，那么不正义对于不正义者是致命的，就像疾病致死一样。如果不正义天然能杀死不正义的人，那么染上不正义的人就会死于不正义，最不正义者就会死得最快，不正义较少的人就会死得较慢了。但是当前事实上，不正义者不是死于不正义，而是因干坏事死于别人所施加的惩罚。

格：的确是的。不正义如果对于不正义者是致命的，结果它就不会显得是一个可怕的东西了，因为它（如果这样就）会是一个能除恶的东西了。我倒宁可认为，它将表明正好相反，表明它是一个（只要可能就）会杀死别人
E 的东西，是一个的确能使不正义者活着的东西。——不仅使他活着，而且，我认为，还能给他以充沛的精力，和致命远远分离。

苏：你说得很对。如果特有的病和特有的恶不能杀死和毁灭灵魂，那么，本来就是用以毁灭别的东西的恶就更不能毁灭灵魂或任何其他事物了，除了毁灭它专毁灭的那个东西而外。

格：看来是更不能了。

611 苏：既然任何恶——无论特有的还是外来的——都不能毁灭它，可见，它必定是永恒存在的。既然是永恒存在的，就必定是不朽的。

格：必定是不朽的。

XI 苏：这一点到此让我们就这样定下来吧。又，如果这一点定下来了，那么你就会看到，灵魂永远就是这些。灵魂既不会减少，因为其中没有一个能灭亡。同样，也不会有增加。因为，如果不朽事物能增加，你知道，必定就要有事物从可朽者变为不可朽者了，结果就一切事物都能不朽了。

格：你说得对。

B 苏：我们一定不能有这个想法，因为它是理性所不能许可的。我们也一

定不能相信，灵魂实实在在本质上是这样一种事物：它内部有许多的不同、不像和矛盾。

格：我该如何理解你这话呢？

苏：我们已证明灵魂不朽。一个事物如果是由多种部分合成而又不是最好地组织在一起的，它要不朽是不容易的。

格：看来的确是不容易的。

苏：刚才的论证以及其他的论证[①]大概已使我们不得不承认灵魂不死
了。但是，为了认识灵魂的真相，我们一定不能像现在这样，在有肉体或其 C
他的恶和它混在一起的情况下观察它。我们必须靠理性的帮助，充分地细
看它在纯净状况下是什么样的。然后你将发现它要美得多，正义和不正义
以及我们刚才讨论过的一切也将被辨别得更清楚。不过，虽然我们刚才已
经讲了灵魂目前被看到的"真实"状况，但是我们所看见的还是像海神格劳 D
卡斯像一样，它的本相并不是可以一望而知那么容易看清楚的，就像海神的
本相已不易看清一样：他原来肢体的各部分已被海水多年浸泡冲刷得断离
碎散，身上又盖上了一层贝壳、海草和石块之类，以致本相尽失，看上去倒更
像一个怪物。这就是我们所看到的灵魂被无数的恶糟蹋成的样子。格劳孔
啊，我们必须把目光转向别处。

格：何处？

苏：它的爱智部分。请设想一下，它凭着和神圣、不朽、永恒事物之间的 E
近亲关系，能使自己和它们之间的交往、对它们的理解经历多久的时间。再
请设想一下，如果它能完全听从这力量的推动，并从目前沉没的海洋中升
起，如果它能除去身上的石块和贝壳——因为它是靠这些被人们认为能带 612
来快乐的尘世俗物过日子的，因此身上裹满了大量野蛮的尘俗之物。——
它能变成个什么样子。这时人们大概就能看得见灵魂的真相了，无论它的
形式是复杂的还是单一的还是别的什么可能样的。不过，到此关于灵魂在
人世生活中的感受和形式，我看我们已经描述得足够清楚了。

格：的确是的。

苏：因此，我们已经满足了论证的其他要求。我们没有祈求正义的报酬 XII

① 其他论证见于《斐多篇》和《费德罗篇》等处。

B 和美名，像你们说赫西俄德和荷马所做的那样[1]，但是我们已经证明了，正义本身就是最有益于灵魂自身的。为人应当正义，无论他有没有巨吉斯的戒指[2]，以及哈得斯的隐身帽。[3]

格：你的话十分正确。

苏：因此，格劳孔，如果我们现在把所有各种各样的报酬给予正义和其
C 他美德，让人们因有正义和美德在生前和死后从人和神的手里得到它们，对此还能再有什么反对意见吗？

格：一定不会再有了。

苏：那么，你肯把在讨论中借去的东西还给我吗？

格：那是指的什么？

苏：我曾经容许你们说，正义者被认为不正义，而不正义者被认为正义。因为那时你们认为：虽然这些事事实上瞒不过神和人，但是，为了讨论的目
D 的，还是应当作出让步，以便判明真正的正义和真正的不正义。你不记得了？

格：赖账是不公道的。

苏：正义与不正义既已判明，我要求你把正义从人神处得来的荣誉归还给正义，我要求我们一致同意它被这样认为，以便相信它能够把因被认为正义而赢得的奖品搜集起来交给有正义的人，既然我们的讨论已经证明它能把来自善的利益赠给那些真正探求并得到了它的人而不欺骗他们。

格：这是一个公正的要求。

E 苏：那么，神事实上不是不知道正义者或不正义者的性质。——这不是你要归还的第一件吗？

格：我们归还这个。

苏：既然他们是瞒不了的，那么，一种人将是神所爱的，[4]另一种人将是神所憎的。——我们一开始[5]就曾对此取得过一致意见。

---

① 363B—C。

② 359D 以下；367E。

③ 《伊利亚特》V 845。

④ 参见《菲勒布篇》39 E。

⑤ 参见 352B。

格：是这样。

苏：又，我们要一致相信：来自神的一切都将最大可能地造福于神所爱
的人，除非他因有前世的罪孽必须受到某种惩罚。是吧？ 613

格：当然。

苏：因此我们必须深信，一个正义的人无论陷入贫困、疾病，还是遭到别
的什么不幸，最后都将证明，所有这些不幸对他（无论活着的时候还是死
后）都是好事。因为一个愿意并且热切地追求正义的人，在人力所及的范围
内实践神一般的美德，这样的人是神一定永远不会忽视的。 B

格：这种人既然像神一样，理应不会被神所忽视。

苏：关于不正义的人我们不是应当有相反的想法吗？

格：理所当然。

苏：因此，这些就是神赐给正义者的胜利奖品。

格：至少我认为是这样。

苏：但是一个正义者从人间得到什么呢？如果应当讲真实，情况不是如
下述这样吗？狡猾而不正义的人很像那种在前一半跑道上跑得很快，但是
在后一半就不行了的赛跑运动员。是吗？他们起跑很快，但到最后精疲力 C
竭，跑完时遭到嘲笑嘘骂，得不到奖品。真正的运动员能跑到终点，拿到奖
品夺得花冠。正义者的结局不也总是这样吗：他的每个行动、他和别人的交
往，以及他的一生，到最后他总是能从人们那里得到光荣取得奖品的？

格：的确是的。

苏：因此，你允许我把过去你们说是不正义者的那些益处现在归还给正 D
义者吗？因为我要说，正义者随着年龄的增长，只要愿意，就可以治理自己
的国家，要跟谁结婚就可以跟谁结婚，要跟谁攀儿女亲家就可以跟谁攀亲
家，还有你们过去说成属不正义者的，现在我说成属正义者的一切好处。我
还要说到不正义者。他们即使年轻时没有被人看破，大多数到了人生的最
后还会被捉住受到嘲弄，他们的老年将过得很悲惨，受到外国人和本国同胞
的唾骂。他们将遭到鞭笞，受到一切你正确地称之为野蛮的那些处罚[1]，还 E
有拷问、烙印。他们所遭受的一切请你假定自己已全听我说过了。但是，请

① 参见361E。

你考虑一下，要不要容许我说这些事是真实的。

格：当然。你的话是公正的。

XIII 苏：这些就是正义者活着的时候从神和人处得到的奖品、薪俸和馈赠
614 （除正义本身赐予的福利而外）。

格：这是一些美好的可靠的报酬。

苏：然而这些东西和死后等着正义者和不正义者的东西比较起来，在数上和量上就都又算不上什么了。你们必须听听关于这两种人的一个故事，以便每一种人都可以得到我们的论证认为应属于他的全部报应。

B 格：请讲吧。比这更使我高兴听的事情是不多的。

苏：我要讲的故事不像奥德修斯对阿尔刻诺斯讲的那么长，但也是一个关于勇士的故事①。这个勇士名叫厄洛斯，是阿尔米纽斯之子②，出身潘菲里亚种族。在一次战斗中他被杀身死。死后第十天尸体被找到运回家去。第十二天举行葬礼。当他被放上火葬堆时竟复活了。复活后他讲述了自己
C 在另一个世界所看到的情景。他说，当他的灵魂离开躯体后，便和大伙的鬼魂结伴前行。他们来到了一个奇特的地方。这里地上有两个并排的洞口。和这两个洞口正对着的，天上也有两个洞口。法官们就坐在天地之间。他们每判决一个人，正义的便吩咐从右边升天，胸前贴着判决证书；不正义的
D 便命令他从左边下地，背上带着表明其生前所作所为的标记。厄洛斯说，当他自己挨近时，法官却派给他一个传递消息给人类的任务，要他把那个世界的事情告诉人类，吩咐他仔细听仔细看这里发生的一切。于是他看到，判决通过后鬼魂纷纷离开，有的走上天的洞口有的走下地的洞口。同时也有鬼
E 魂从另一地洞口上来，风尘仆仆，形容污秽，也有鬼魂从另一天洞口下来，干净纯洁。不断到来的鬼魂看上去都像是经过了长途跋涉，现在欣然来到一片草场，搭下帐篷准备过节样的。他们熟人相逢，互致问候。来自地下的询
615 问对方在天上的情况，来自天上的询问对方在地下的情况。他们相互叙说自己的经历。地下来的人追述着自己在地下行程中（一趟就是一千年）遭

① 见史诗《奥德赛》IX—XII。奥德修斯用这么一个长篇故事对法埃刻亚国王阿尔刻诺斯讲了自己遇险的经历。这故事后来成了长故事的代名词。

② 和厄洛斯 'Ηρός读音相近的词 ἥρως，是“英雄”或“战士”之意。

遇的痛苦和看到的事情。他们一面说一面悲叹痛哭。天上来的人则叙述他
们看到天上的不寻常的美和幸福快乐。格劳孔啊,所有这些通通说出来得
花我们很多时间。简而言之,厄洛斯告诉人们说,一个人生前对别人做过的
坏事,死后每一件都要受十倍报应。也就是说每百年受罚一次,人以一百年 B
算作一世,因此受到的惩罚就十倍于罪恶。举例说,假定一个人曾造成过许
多人的死亡,或曾在战争中投敌,致使别人成了战俘奴隶,或参与过什么别
的罪恶勾当,他必须为每一件罪恶受十倍的苦难作为报应。同样,如果一个 C
人做过好事,为了公正、虔诚,他也会得到十倍的报酬。厄洛斯还讲到了出
生不久就死了的或只活了很短时间就死了的婴儿,但这些不值得我再复述。
厄洛斯还描述了崇拜神灵孝敬父母的人受到的报酬更大,亵渎神灵忤逆父
母谋害人命的人受到的惩罚也更大。例如他告诉人们说,他亲目所睹,有人
问“阿尔蒂阿依俄斯大王在哪里?”这个阿尔蒂阿依俄斯刚好是此前整整一
千年的潘非里亚某一城邦的暴君。据传说,他曾杀死自己年老的父亲和自 D
己的哥哥,还做过许多别的邪恶的事情。因此回答这一问话的人说:“他没 XIV
来这里,大概也不会来这里了。因为下述这件事的确是我们所曾遇到过的
可怕事情之一。当我们走到洞口即将出洞,受苦也已到头时,突然看见了
他,还有其他一些人。他们差不多大部分是暴君,虽然有少数属于私人生活 E
上犯了大罪的。当他们这种人想到自己终于将通过洞口而出时,洞口是不
会接受的。凡罪不容赦的或者还没有受够惩罚的人要想出洞,洞口就会发
出吼声。有一些样子凶猛的人守在洞旁,他们能听懂吼声。于是他们把有
些人捉起来带走,而对像阿尔蒂阿依俄斯那样的一些人,则捆住手脚头颈, 616
丢在地上,剥皮,在路边上拖,用荆条抽打。同时把这些人为什么受这种折
磨的缘由,以及还要被抛入塔尔塔洛斯地牢的事告知不时从旁边走过的人
们。”他说,那时他们虽然碰见过许多各式各样可怕的事情,但是最可怕的还
是担心自己想出去时听到洞口发出吼声。要是走出来没有吼声,就再庆幸
不过了。审判和惩罚就如上述,给正义者的报酬与此相反。但是一批又一 B
批的人在草场上住满了七天,到第八天上就被要求动身继续上路。走了四
天他们来到一个地方。从这里他们看得见一根笔直的光柱,自上而下贯通
天地,颜色像虹,但比虹更明亮更纯净。又走了一天他们到了光柱所在地。C
他们在那里在光柱中间看见有自天而降的光线的末端。这光柱是诸天的枢

纽,像海船的龙骨,把整个旋转的圆碗形维系在一起。推动所有球形天体运转的那个"必然"之纺锤吊挂在光线的末端。光柱和它上端的挂钩是好铁

D 的,圆碗是好铁和别的物质合金的。圆碗的特点如下:它的形状像人间的圆碗,但是照厄洛斯的描述,我们必须想象最外边的是一个中空的大圆碗。由外至内第二个碗比第一个小,正好可以置于其中。第二个中间空处正好可以置入第三个。第三个里面置入第四个,如此等等,直到最后第八个,一共像大小相套的一套碗。由于所有八个碗形彼此内面和外面相契合,从上面

E 看去它们的边缘都呈圆形,合起来在光柱的周围形成一个单一的圆碗连续体,光柱笔直穿过第八个碗形的中心。最外层那个圆碗的碗边最宽,碗边次宽的是第六个,依次是第四个、第八个、第七个、第五个、第三个,最窄的是第二个。最外层的那个碗边颜色复杂多样;第七条边最亮;第八条边反射第七

617 条的亮光,颜色同它一样;第二条和第五条边颜色彼此相同,但比前两者黄些;第三条边颜色最白;第四条边稍红;第六条边次白。旋转起来整个的纺锤体系是一个运动;但是在这整个运动内部,里面七层转得慢,方向和整个

B 运动相反;其中第八层运动得最快;第七、第六、第五彼此一起转动,运动得其次快;有返回原处现象的第四层在他们看起来运动速度第三;第三层速度第四;第二层速度第五。[①] 整个纺锤在"必然"的膝上旋转。在每一圆碗的边口上都站着一个海女歌妖,[②]跟着一起转,各发出一个音,八个音合起来

---

① 这是柏拉图的宇宙构想图:

(一)古希腊纺锤(示意图) (二)圆碗各圈边口图(从上面看)

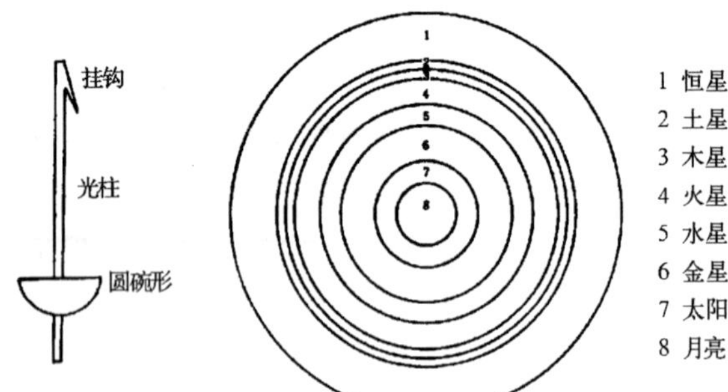

② αἰΣειρρῆυϵς,用歌声诱杀航海者的女妖。在荷马史诗中是两人,在柏拉图笔下是八人。这里无妖精害人之意。

形成一个和谐的音调。此外还有三个女神,距离大约相等,围成一圈坐在自 C
己的座位上。他们是“必然”的女儿,“命运”三女神[①],身着白袍头束发带。
她们分别名叫拉赫西斯、克洛索、阿特洛泊斯,和海妖们合唱着。拉赫西斯
唱过去的事,克洛索唱当前的事,阿特洛泊斯唱将来的事。克洛索右手不时
接触纺锤外面,帮它转动;阿特洛泊斯用左手以同样动作帮助内面转;拉赫 D
西斯两手交替着两面帮转。

当厄洛斯一行的灵魂到达这里时,他们直接走到拉赫西斯面前。这时 XV
有一个神使出来指挥他们排成次序和间隔,然后从拉赫西斯膝上取下阄和
生活模式,登上一座高坛宣布道:“请听‘必然’的闺女拉赫西斯如下的神
意:‘诸多一日之魂,你们包含死亡的另一轮回的新生即将开始了。不是神 E
决定你们的命运,是你们自己选择命运。谁拈得第一号,谁就第一个挑选自
己将来必须度过的生活。美德任人自取。每个人将来有多少美德,全看他
对它重视到什么程度。过错由选择者自己负责,与神无涉。’”说完,神使把
阄撒到他们之间。每个灵魂就近拾起一阄。厄洛斯除外,神不让他拾取。618
拾得的人看清自己抽得的号码。接着神使把生活模式放在他们面前的地
上,数目比在场人数多得多。模式各种各样,有各种动物的生活和各种人的
生活。其中有僭主的生活。僭主也有终生在位的,也有中途垮台因而受穷
的,被放逐的或成乞丐的。还有男女名人的荣誉生活,其中有因貌美的,有 B
因体壮的,有因勇武的,有因父母高贵的,有靠祖先福荫的。还有在这些方
面有坏名声的男人和女人的生活。灵魂的状况是没有选择的,因为不同生
活的选择必然决定了不同的性格。而其他的事物在选定的生活中则都是不
同程度地相互混合着的,和富裕或贫穷、疾病或健康,以及各种程度的中间
状况混合着的。亲爱的格劳孔,这个时刻看来对于一个人是一切都在危险
中的。这就是为什么我们每个人都宁可轻视别的学习而应当首先关心寻师 C
访友,请他们指导我们辨别善的生活和恶的生活,随时随地选取尽可能最善
的生活的缘故。我们应当对我们所讨论的这一切加以计算,估价它们(或一
起或分别地)对善的生活的影响;了解美貌而又贫困或富裕,或,美貌结合着

① αἱΜοῖραι(Fates),“命运”三女神。拉赫西斯决定人的命运;克洛索在三姊妹中最年长,为纺生命之线者;阿特洛泊斯最年幼,被叫做“不可逆转的阿特洛泊斯”。

D 各种心灵习惯,对善或恶有什么影响;了解出身贵贱、社会地位、职位高低、
体质强弱、思想敏捷或迟钝,以及一切诸如此类先天的或后得的心灵习
惯——彼此联系着——又有什么影响。考虑了所有这一切之后,一个人就
E 能目光注视着自己灵魂的本性,把能使灵魂的本性更不正义的生活名为较
恶的生活,把能使灵魂的本性更正义的生活名为较善的生活,因而能在较善
的生活和较恶的生活之间作出合乎理性的抉择。其余一切他应概不考虑,
619 因为我们已经知道,无论对于生时还是死后这都是最好的选择。人死了也
应当把这个坚定不移的信念带去冥间,让他即使在那里也可以不被财富或
其他诸如此类的恶所迷惑,可以不让自己陷入僭主的暴行或其他许多诸如
此类的行为并因而受更大的苦,可以知道在这类事情方面如何在整个的今
B 生和所有的来世永远选择中庸之道而避免两种极端。因为这是一个人的最
大幸福之所在。

XVI 据厄洛斯告诉我们,神使在把生活模式让大家选择之前布告大家:"即
使是最后一个选择也没关系,只要他的选择是明智的、他的生活是努力的,
仍然有机会选到能使他满意的生活。愿第一个选择者审慎对待,最后一个
C 选择者不要灰心。"神使说完,拈得第一号的灵魂走上来选择。他挑了一个
最大僭主的生活。他出于愚蠢和贪婪作了这个选择,没有进行全面的考察,
因此没有看到其中还包含着吃自己孩子等可怕的命运在内。等定下心来一
细想,他后悔了,于是捶打自己的胸膛,号啕痛哭。他忘了神使的警告:不幸
是自己的过错。他怪命运和神等等,就是不怨自己。这是一个在天上走了
D 一趟的灵魂,他的前世生活循规蹈矩。但他的善是由于风俗习惯而不是学
习哲学的结果。确实,广而言之,凡是受了这种诱惑的人大多数来自天上,
没有吃过苦头,受过教训;而那些来自地下的灵魂不但自己受过苦也看见别
人受过苦,就不会那么匆忙草率地作出选择了。大多数灵魂的善恶出现互
换,除了拈阄中的偶然性之外,这也是一个原因。我们同样可以确信,凡是
E 在人间能忠实地追求智慧,拈阄时又不是拈得最后一号的话——如果这里
所讲的故事可信的话——这样的人不仅今生今世可以期望得到快乐,死后
以及再回到人间来时走的也会是一条平坦的天国之路,而不是一条崎岖的
地下之路。

620 厄洛斯告诉我们,某些灵魂选择自己的生活是很值得一看的,其情景是

可惊奇的、可怜的而又可笑的。他们的选择大部分决定于自己前生的习性。
例如他看见俄耳甫斯[①]的灵魂选取了天鹅的生活。他死于妇女之手，因而
恨一切妇女而不愿再生于妇女。赛缪洛斯[②]的灵魂选择了夜莺的生活。也
有天鹅夜莺等歌鸟选择人的生活的。第二十号灵魂选择了雄狮的生活，那 B
是特拉蒙之子埃阿斯的灵魂。他不愿变成人，因为他不能忘记那次关于阿
喀琉斯的武器归属的裁判[③]。接着轮到阿伽门农[④]。他也由于自己受的苦
难而怀恨人类，因此选择鹰的生活。选择进行到大约一半时轮到阿塔兰
忒[⑤]。她看到做一个运动员的巨大荣誉时不禁选择了运动员的生活。在她 C
之后是潘诺佩俄斯之子厄佩俄斯[⑥]，他愿投生为一有绝巧技术的妇女。在
远远的后边，滑稽家赛尔息特斯[⑦]的灵魂正在给自己套上一个猿猴的躯体。
拈阄的结果拿到最后一号，最后一个来选择的竟是奥德修斯[⑧]的灵魂。由
于没有忘记前生的辛苦劳累，他已经抛弃了雄心壮志。他花了很多时间走
过各处，想找一种只须关心自己事务的普通公民的生活。他好不容易发现
了这个模式。它落在一个角落里没有受到别人的注意。他找到它时说，即 D
使抽到第一号，他也会同样很乐意地选择这一生活模式。同样，还有动物变
成人的，一种动物变成另一种动物的。不正义的变成野性的动物，正义的变
成温驯的动物，以及一切混合的和联合的变化。

总之，当所有的灵魂已经按照号码次序选定了自己的生活时，他们列队
走到拉赫西斯跟前。她便给每个灵魂派出一个监护神[⑨]，以便引领他们度 E
过自己的一生完成自己的选择。监护神首先把灵魂领到克洛索处，就在她

---

① Ὀρφεύς，宗教歌唱家。死于酒神的一群妇女崇拜者之手。

② Θαμύρας，另一宗教歌唱家，由于向缪斯挑战比赛唱歌，结果失败，被罚成了瞎子，并被剥夺了歌唱的天赋。参见《伊利亚特》II 595。

③ Αἴας，见索福克勒斯悲剧《埃阿斯》。

④ 史诗《伊利亚特》中希腊远征军统帅。出征之初被迫以女儿祭神。战争结束回国，自己又被妻所杀。

⑤ 阿卡底亚公主。优秀的女猎手。传说向她求婚的人得和她赛跑，输给她的就得被杀。

⑥ Ἐπειός，著名的特洛亚木马的制造者。

⑦ Θερσίτης，参见《伊利亚特》II 212 以下。

⑧ 史诗《奥德赛》的主人翁。

⑨ 个人命运之神。

的手下方在纺锤的旋转中批准了所选择的命运。跟她接触之后,监护神再
621 把灵魂引领到阿特洛泊斯旋转纺锤的地方,使命运之线不可更改。然后每个灵魂头也不回地从“必然”的宝座下走过。一个灵魂过来了,要等所有其他的灵魂都过来了,才大家再一起上路。从这里他们走到勒塞[①]的平原,经过了可怕的闷热,因为这里没有树木和任何的植物。傍晚他们宿营于阿米勒斯河[②]畔,它的水没有任何瓶子可盛。他们全都被要求在这河里喝规定数量的水,而其中一些没有智慧帮助的人便饮得超过了这个标准数量。一
B 喝这水他们便忘了一切。他们睡着了。到了半夜,便可听到雷声隆隆,天摇地动。所有的灵魂便全被突然抛起,像流星四射,向各方散开去重新投生。厄洛斯本身则被禁止喝这河的水,但他说不知道自己是怎样回到自己肉体的。他只知道,自己睁开眼睛时,天已亮了,他正躺在火葬的柴堆上。

格劳孔啊,这个故事就这样被保存了下来,没有亡佚。如果我们相信
C 它,它就能救助我们,我们就能安全地渡过勒塞之河,而不在这个世上玷污了我们的灵魂。不管怎么说,愿大家相信我如下的忠言:灵魂是不死的,它能忍受一切恶和善。让我们永远坚持走向上的路,追求正义和智慧。这样
D 我们才可以得到我们自己的和神的爱,无论是今世活在这里还是在我们死后(像竞赛胜利者领取奖品那样)得到报酬的时候。我们也才可以诸事顺遂,无论今世在这里还是将来在我们刚才所描述的那一千年的旅程中。

---

① Λήθη,“忘记”女神。

② 'Αμελης,冥国一河名,意为“疏忽”。在后世文学作品中就被叫作勒塞(“忘记”)之河了,如《埃涅阿斯纪》vi,714 以下。

索　引

书中各学科专名表。名词前冠词从略。

P

Σ

T

Y

人名地名索引之一

六画

七画

八画

九画

人名地名索引之二

Θ

Θαμύρας	Thamyras	620	赛缪洛斯
Θεάγης	Theages	496B	塞亚格斯
Θεμιστοκλῆς	Themistocles	329E	色弥斯托克勒
Θερσίτης	Theristes	620C	塞尔息特斯
Θέμις	Themis	380	泰米斯
Θέτις	Thetis	381D	忒提斯
Θηβαίος	Theban	336	忒拜人
Θησεύς	Theseus	391D	提修斯
Θρᾶκες	Thracian	327	色雷斯人
Θρᾴκη	Thracia	435E	色雷斯
Θρασύμαχος	Thrasymachus	328B	色拉叙马霍斯

Ι

Ἰδᾶιος	Idás	391E	伊达山的
῎Ιλιον	Ilion	393B	伊里翁,特洛亚
Ἰνάχος	Inachus	381D	伊纳霍斯
Ἰθάκη	Ithaca	393B	伊塔卡
Ἰσμηνῖας	Ismenias	336	伊斯梅尼阿
Ἰωνία	Ionia	399	伊奥尼亚

Κ

Κέος 或 Κέως	Ceos	600C	开奥斯岛
Κέρβερος	Cerberus	588C	克尔贝洛斯
Κεφάλος	Cephalus	327B	克法洛斯
Κιειτοφῶν	Kleitophon	328B	克勒托丰
Κλωθώ	Clotho	617C	克洛索
Κρόνος	Cronos	377E	克罗诺斯
Κώκυτος	Cocytus	387C	科库托斯

Λ

Λάχεσις	Lachesis	617C	拉赫西斯
Λεόντιος	Leontius	439E	勒翁提俄斯
Λήθη	Oblivion	621	勒塞,“忘记”女神
Λυδία	Lydia	359D	吕底亚
Λυσανίας	Lysanias	330B	吕萨略斯

Φρυγία	Phrygia	399	佛里其亚
Φωκυλίδης	Phocylides	407	福库利得斯

X

Χαλκηδών	Chalcedon	328B	卡克冬
Χαρμαντίδης	Charmantides	328B	哈曼提得斯
Χαρώνδας	Charondas	599E	卡龙达斯
Χείρων	Cheiron	391C	赫戎
Χιμαίρα	Chimaera	588C	喀迈拉
Χίος	Chios	600B	开俄斯岛
Χρύσης	Chryses	392E	赫律塞斯

经典译林

Yilin Classics

书名	单价	书名	单价
癌症楼	78.00 元	艾青诗集	35.00 元
爱的教育	39.00 元	爱丽丝漫游奇境	29.00 元
安娜·卡列尼娜	65.00 元	安徒生童话选集	42.00 元
傲慢与偏见	36.00 元	奥德赛	92.00 元
八十天环游地球	32.00 元	巴黎圣母院	42.00 元
白洋淀纪事	39.00 元	百万英镑	35.00 元
包法利夫人	38.00 元	悲惨世界（上、下）	98.00 元
背影	28.00 元	被侮辱与被损害的人	39.00 元
边城	36.00 元	变色龙：契诃夫中短篇小说集	39.00 元
变形记 城堡	38.00 元	草叶集：惠特曼诗选	39.00 元
茶馆	32.00 元	茶花女	35.00 元
查拉图斯特拉如是说	38.00 元	沉思录	29.00 元
城南旧事	29.00 元	大卫·科波菲尔（上、下）	79.00 元
当代英雄	45.00 元	稻草人	29.00 元
地心游记	32.00 元	飞鸟集·新月集：泰戈尔诗选	39.00 元
飞向太空港	39.00 元	福尔摩斯探案集	58.00 元
复活	42.00 元	傅雷家书	49.00 元
富兰克林自传	36.00 元	钢铁是怎样炼成的	39.00 元
高老头	39.00 元	格列佛游记	35.00 元
格林童话全集	49.00 元	给青年的十二封信	38.00 元

书名	单价	书名	单价
古希腊悲剧喜剧集（上、下）	118.00 元	海底两万里	38.00 元
红楼梦	55.00 元	红与黑	49.00 元
呼兰河传	35.00 元	呼啸山庄	39.00 元
基督山伯爵（上、下）	108.00 元	纪伯伦散文诗经典	42.00 元
寂静的春天	35.00 元	假如给我三天光明	32.00 元
简·爱	39.00 元	金银岛	35.00 元
经典常谈	29.00 元	荆棘鸟	45.00 元
静静的顿河	128.00 元	镜花缘	49.00 元
局外人·鼠疫	38.00 元	菊与刀	35.00 元
克雷洛夫寓言	32.00 元	宽容	32.00 元
昆虫记	39.00 元	老人与海	32.00 元
理想国	45.00 元	聊斋志异	55.00 元
列那狐的故事	39.00 元	猎人笔记	38.00 元
林肯传	39.00 元	鲁滨逊漂流记	39.00 元
鲁迅杂文选集	36.00 元	绿山墙的安妮	36.00 元
罗马神话	16.80 元	罗生门	39.00 元
骆驼祥子	32.00 元	美丽新世界	35.00 元
名人传	39.00 元	拿破仑传	49.00 元
呐喊	29.00 元	牛虻	38.00 元
欧·亨利短篇小说选	36.00 元	欧也妮·葛朗台	32.00 元
彷徨	32.00 元	培根随笔全集	38.00 元
飘（上、下）	88.00 元	普希金诗选	42.00 元
骑鹅旅行记	36.00 元	乞力马扎罗的雪	39.80 元
热爱生命·海狼	38.00 元	人间草木：汪曾祺散文精选	49.00 元

书名	单价	书名	单价
人类群星闪耀时	36.00 元	人性的弱点	39.00 元
日瓦戈医生	68.00 元	儒林外史	42.00 元
三个火枪手	59.00 元	三国演义	59.00 元
沙乡年鉴	42.00 元	莎士比亚喜剧悲剧集	49.00 元
少年维特的烦恼	28.00 元	神秘岛	48.00 元
神曲（共三册）	128.00 元	十日谈	68.00 元
世说新语（上、下）	89.00 元	双城记	45.00 元
水浒传	69.00 元	四世同堂（上、下）	78.00 元
苔丝	39.00 元	谈美	26.00 元
谈美书简	36.00 元	汤姆·索亚历险记	32.00 元
汤姆叔叔的小屋	45.00 元	唐诗三百首	39.00 元
堂吉诃德	78.00 元	天方夜谭	42.00 元
童年	38.00 元	童年·在人间·我的大学	49.00 元
瓦尔登湖	36.00 元	我是猫	39.00 元
乌合之众	35.00 元	物种起源	42.00 元
雾都孤儿	44.00 元	西顿野生动物故事集	38.00 元
西游记	48.00 元	希腊古典神话	49.00 元
乡土中国	36.00 元	小妇人	45.00 元
小王子	29.00 元	星星离我们有多远	35.00 元
羊脂球	38.00 元	一九八四	36.00 元
一间自己的房间	36.00 元	伊利亚特	82.00 元
伊索寓言全集	35.00 元	尤利西斯	58.00 元
约翰·克利斯朵夫（上、下）	98.00 元	月亮和六便士	45.00 元
战争与和平（上、下）	108.00 元	朝花夕拾	22.00 元

书名	单价	书名	单价
中国民间故事	39.00 元	子夜	49.00 元
最后一课	36.00 元	罪与罚	66.00 元